中共山东省委党校
创新工程科研支撑重大项目

山东新旧动能转换研究

杨 珍 丁兆庆 孔宪香 著

中国财经出版传媒集团
经济科学出版社
Economic Science Press

图书在版编目（CIP）数据

山东新旧动能转换研究/杨珍，丁兆庆，孔宪香著．
—北京：经济科学出版社，2018.10
ISBN 978-7-5141-9885-0

Ⅰ.①山…　Ⅱ.①杨…②丁…③孔…　Ⅲ.①区域经济-经济结构调整-研究-山东　Ⅳ.①F127.52

中国版本图书馆 CIP 数据核字（2018）第 245187 号

责任编辑：周秀霞
责任校对：蒋子明
版式设计：齐　杰
责任印制：李　鹏

山东新旧动能转换研究
杨　珍　丁兆庆　孔宪香　著
经济科学出版社出版、发行　新华书店经销
社址：北京市海淀区阜成路甲 28 号　邮编：100142
总编部电话：010-88191217　发行部电话：010-88191522
网址：www.esp.com.cn
电子邮件：esp@esp.com.cn
天猫网店：经济科学出版社旗舰店
网址：http://jjkxcbs.tmall.com
北京密兴印刷有限公司印装
710×1000　16 开　13.25 印张　240000 字
2018 年 10 月第 1 版　2018 年 10 月第 1 次印刷
ISBN 978-7-5141-9885-0　定价：40.00 元
（图书出现印装问题，本社负责调换。电话：010-88191510）

前　言

习近平总书记在党的十九大报告中指出，我国经济已由高速增长阶段转向高质量发展阶段，正处在转变发展方式、优化经济结构、转换增长动力的攻关期。培育新动能、推动传统动能转型升级，实现新旧动能转换，是我国引领新常态、落实新发展理念，实现高质量发展的内在要求。

山东地处黄河下游，东临黄渤海，是我国由南向北扩大开放、由东向西梯度发展的战略节点，在全国发展大局中具有重要地位。作为经济大省，山东省经济发展同全国情况类似，存在经济发展不平衡、经济结构不合理、经济发展新动能不足等问题，目前处于新旧动能转换的关键时期。为深入贯彻落实习近平总书记系列重要讲话精神和对山东工作重要指示批示精神，落实李克强总理考察山东的重要指示，山东省第十一次党代会确定，把加快新旧动能转换作为统领经济发展的重大工程，积极创建山东新旧动能转换综合试验区，努力提升山东省综合实力和核心竞争力，打造新的区域经济增长极。加快推进新旧动能转换，是山东省在决胜全面建成小康社会、开启全面建设社会主义现代化国家新征程中走在前列的重要战略部署，也是实现山东由大到强战略性转变、建设经济文化强省的根本举措。无论是从全球视野，还是从全国大局或是山东现实出发，都迫切需要加快推进新旧动能转换，为山东省实现创新发展、持续发展、领先发展提供源源不断的新动力。

全国第一个新旧动能转换综合试验区在山东省设立。这对山东省既是重大机遇，也是重大责任，更是重大挑战。加快新旧动能转换，将深刻影响山东乃至全国的发展全局。李克强总理考察山东时曾讲到，现在中国经济出现一个很大的变化，就是走势分化的情况从“东西差距”变成了以黄河为界的“南北差距”。山东刚好是黄河穿流而过的省份，山东把新旧动能转换这篇文章做好，对整个经济格局都会起到关键作用。

从我国学术界的研究来看，以新旧动能转换为主题进行研究，是从2015年下半年才开始的，并很快成为热点问题。目前，这方面的专著很少。本书是在政治经济学、发展经济学、国民经济学等学科基础上，从理论和实践相结合角度，对山东新旧动能转换问题进行了系统的研究，旨在推动新旧动能转换进程。本书在结构安排上共设有8章。

第一章，新旧动能转换的理论分析。从理论方面对一般意义上的新旧动能转换进行研究，是全书的基础。内容包括：对新旧动能转换的内涵进行了界定；首次概括出新旧动能转换的特征：过程的动态性、内容的综合性、方式的质变性、路径的多样性；首次从理论基础、理论依据及国际借鉴三个层面对新旧动能转换进行了系统梳理和分析。

第二章，山东新旧动能转换的现实依据。从第二章开始进入山东省新旧动能转换实践的系统研究。第二章从全球、全国和山东三个维度对山东新旧动能转换的必要性进行了剖析。

第三章，山东新旧动能转换的总体要求与发展布局。根据山东实际，提出了“五个坚持”的总要求，进一步明确和阐述了“四新”和“四化”的关系。

第四章，山东新旧动能转换的主攻方向。对山东新旧动能转换的主攻方向做了系统梳理，不仅揭示了“四新”“四化”的内涵，阐释了二者之间的关系，而且对“四新”和“四化”进行了案例分析，实现了理论和实践的有效对接。

第五章，山东新旧动能转换的重点领域。根据山东投入产出表，对山东新旧动能转换重点领域的选择进行了实证分析，找出山东主导产业选择和培育的方向；系统论述了山东“十强”产业的地位作用、发展方向和路径。

第六章，突出供给侧结构性改革主线。系统论述了供给侧结构性改革的主线地位和作用，揭示了供给侧结构性改革和新旧动能转换的内在联系；阐述了当前深化供给侧结构性改革的主要任务及路径。

第七章，构建新旧动能转换的支撑体系。结合山东实际，阐述如何通过强化创新驱动增强新旧动能转换的动力；以扩大开放释放新旧动能转换的潜力；以提升政府服务效能、人才优先发展、强化基础设施建设提供新旧动能转换的支撑保障，从而建立完善一整套动力系统和支撑体系，保障新旧动能转换的系统性、整体性、协同性。

第八章，健全新旧动能转换的体制机制。结合山东实际，阐述如何通过制度创新，推动新经济新动能的培育和发展。突出深化体制机制改革，充分发挥市场的作用，构建新旧动能转换政策体系，把“有效市场”和“有为政府”更好地结合起来。

本书既从理论层面对新旧动能转换进行了多角度分析，也从实践层面对山东实施新旧动能转换进行了系统阐述，具有一定的理论研究价值和实践价值。

本书适合各级领导干部、政府部门工作人员阅读，也适合理论研究者阅读。

本书系中共山东省委党校创新工程科研支撑重大项目成果。作者均多年从事经济学的教学与研究。第一章和第六章由杨珍撰写；第二章、第三章和第四章由丁兆庆撰写；第五章、第七章和第八章由孔宪香撰写。本书在写作过程中参考和借鉴了国内外一些专家、学者的相关著作及文章，并尽可能在注释和参考文献中列出，在此一并表示衷心感谢！限于我们的知识和水平，本书难免有不足和欠妥之处，欢迎读者批评指正。

CONTENTS 目录

第一章 新旧动能转换的理论分析

现阶段，中国处于新一轮新旧动能转换的历史进程中。实施新旧动能转换和经济发展进入新常态有着必然联系。从 2015 年 10 月 13 日李克强总理提出我国经济正处在新旧动能转换的艰难进程中①，到党的十九大报告提出“在中高端消费、创新引领、绿色低碳、共享经济、现代供应链、人力资本服务等领域培育新增长点、形成新动能”，② 再到山东实施的新旧动能转换重大工程上升为国家发展战略，新旧动能转换体现了新时代中国经济发展的理论逻辑和实践逻辑，是对中国经济适应国际国内形势变化，走上高质量发展道路的高度概括和总结，也是实现经济高质量发展的重要途径和保证。

第一节 新旧动能转换的内涵及特征

一、新旧动能转换的提出

“动能”很长一段时间内一直属于物理学词汇，物体由于运动而具有的能量就是物体的动能，它的大小受物体质量和速度的影响。后来，才扩展到其他领域。把动能引入经济领域，指的是推动、促进经济发展的能量。2015 年 10 月 13 日，国务院总理李克强在主持召开部分省（区、市）负责人经济形势座谈会上提出：“当前，我国经济正处在新旧动能转换的艰难进程中，传统动能

① 《李克强主持经济形势座谈会：巩固经济基本面培育发展新动能》，中国证券网，2015 年 10 月 15 日。

② 习近平：《决胜全面建成小康社会夺取新时代中国特色社会主义伟大胜利——在中国共产党第十九次全国代表大会上的报告》，人民出版社 2017 年版。

弱化加大了经济下行压力，但新动能也正在加快成长。”[①] 这是我国首次提出新旧动能转换的概念，“新旧动能转换”也从政策层面进入人们视野。2015年10月18日，习近平主席在接受路透社采访时指出：“中国经济发展进入新常态，正经历新旧动能转化的阵痛，但中国经济稳定发展的基本面没有改变”[②]。从此，“新旧动能”开始不断出现在政策层面和经济实践中。

2015年12月中央经济工作会议提出，要加快培育新的发展动能，改造提升比较优势，增强持续增长动力。2016年3月16日，李克强总理在答记者问时指出：我们说要发展“新经济”是要培育新动能，促进中国经济转型。“新经济”的覆盖面和内涵是很广泛的，它涉及一、二、三产业，不仅仅是指三产中的“互联网+”、物联网、云计算、电子商务等新兴产业和业态，也包括工业制造当中的智能制造、大规模的定制化生产等，还涉及一产当中像有利于推进适度规模经营的家庭农场、股份合作制，农村一、二、三产融合发展等等。而且，发展“新经济”，小微企业可以大有作为，大企业可以有更大作为[③]。可见，发展“新经济”就是要培育新动能。2016年4月26日，习近平总书记在中国科技大学先进技术研究院同科技人员交谈时强调，我国经济发展进入新常态，必须用新动能推动新发展。要依靠创新，不断增加创新含量，把我国产业提升到中高端[④]。

中央提出发展新经济、培育新动能后，国务院在“互联网+”、“大众创业万众创新”、“中国制造2025”、大数据、物联网等多个领域出台了一系列政策措施。《中华人民共和国国民经济和社会发展第十三个五年规划纲要》提出，拓展发展动力新空间，增强发展新动能。李克强总理在所作的《2016年政府工作报告》中有三处提及“新旧动能”：做好“十三五”时期经济社会发展工作，要加快新旧发展动能接续转换；经济发展过程必然伴随着“新旧动能迭代更替”的过程；初步判断国内经济形势：长期积累的矛盾和风险进一步显现，经济增速换挡、结构调整阵痛、新旧动能转换相互交织，经济下行压力加大。

2017年1月20日，国务院办公厅印发了《关于创新管理优化服务培育壮大经济发展新动能加快新旧动能接续转换的意见》，这是我国培育新动能、加速新旧动能接续转换的第一份文件。其中明确指出，我国经济发展进入新常

---

① 《李克强主持经济形势座谈会：巩固经济基本面培育发展新动能》，中国证券网，2015年10月15日。

② 《习近平接受路透社采访》，新华网，2015年10月18日。

③ 《2016年李克强总理答记者问实录》（全文），中国网，2016年3月16日。

④ 《习近平考察中国科技大学》，人民网，2016年4月27日。

态，创新驱动发展战略深入实施，大众创业万众创新蓬勃兴起，诸多新产业、新业态蕴含巨大发展潜力，呈现技术更迭快、业态多元化、产业融合化、组织网络化、发展个性化、要素成果分享化等新特征，以技术创新为引领，以新技术新产业新业态新模式为核心，以知识、技术、信息、数据等新生产要素为支撑的经济发展新动能正在形成。

2017 年“两会期间”，李克强总理参加山东代表团审议时指出，山东发展得益于动能转换，希望山东在国家发展中继续挑大梁，在新旧动能转换中继续打头阵。李克强总理在《2017 年政府工作报告》中有两处提到“新旧动能转换”：做好 2017 年政府工作要“依靠创新推动新旧动能转换和结构优化升级”；“双创”是推动新旧动能转换和经济结构升级的重要力量。2017 年 4 月 18 日，李克强总理在贯彻新发展理念培育发展新动能座谈会上强调，实现经济结构转型升级，须加快新旧动能转换。这种转换既来自“无中生有”的新技术、新业态、新模式，也来自“有中出新”的传统产业改造升级。两者相辅相成、有机统一。

2017 年 6 月，山东省第十一次党代会报告把加快新旧动能转换作为统领经济发展的重大工程。党的十九大报告强调，中国特色社会主义进入新时代，我国经济已由高速增长阶段转向高质量发展阶段，要力争加快培育新增长点、形成新动能。

2018 年 1 月，国务院批复山东省设立新旧动能转换综合试验区，这是党的十九大闭幕以后国务院批复的首个以新旧动能转换为主题的区域性国家发展战略。标志着山东新旧动能转换综合试验区建设不仅成为国家战略，而且山东要在全国新旧动能转换中先行先试、提供示范。2018 年 3 月 5 日，李克强总理在政府工作报告再次强调，运用新技术、新业态、新模式，大力改造提升传统产业，发展壮大新动能。

从我国新旧动能转换的政策要求和实践轨迹看，2015 年实施“大众创业、万众创新”，主要聚焦于对新兴产业的创新发展；2016 年实施的“供给侧结构性改革”，聚焦于对传统产业的转型发展；“新旧动能转换”则突出了新兴产业（新动能）和传统产业（旧动能）的协调互动发展。这一实践探索，凸显了我国经济发展思路的演化升级。伴随着新旧动能转换实践的推进，其内涵不断丰富和完善，其地位作用也日益凸显出来。

二、新旧动能转换的内涵

动能说到底，就是动力源泉。新旧动能转换，离不开新动能和旧动能。界定了新动能，和它相对应的就是旧动能。就新动能来说，尽管2015年以来经常出现在相关政策文件之中，但至今，学术界没有严格一致的界定。其包含的内容丰富，涉及的范围广泛。

新动能是指能给经济增长带来的新活力、新动力、新能量。具体说，新动能是以技术创新为引领，以新技术、新产业、新业态、新模式为核心，以知识、技术、信息、数据等新生产要素为支撑，形成的引领经济持续健康发展的动力。与以往的经济增长动力来源相比，凡是能为经济带来增量增长的动力就是新动能，新技术、新产业、新业态、新模式都属于新动能，这种动力是对原有动力的替代或改造。与传统的规模速度导向、GDP导向、传统低端产业发展、粗放投入型要素配置为特征的"旧动能"不同，"新动能"突出质量效益导向、创新与可持续引领、新兴高端产业发展、高级要素配置。

新动能意味着支撑经济发展的基本要素发生了深刻变化。新动能包含有第三产业中的"互联网+"、物联网、云计算、电子商务等新产业新业态，也包括工业制造中的智能制造、大规模定制化生产等，还涉及第一产业中适度规模经营的家庭农场、股份合作制企业以及农村一二三产业融合发展等。总体上看，第四次工业革命中出现的知识、信息、创新等新生产要素，出现的可植入技术、无人驾驶、3D打印、基因测序等一大批颠覆性创新，催生出高端制造、普适计算、智慧城市等新产业、新业态、新模式，这些主要依靠科技进步、高素质人力资本驱动经济高质量发展的都是新动能。与此不同，旧动能是依靠大量资源，主要是依靠土地、资本、劳动、能源资源等传统生产要素投入，较高环境成本和社会成本来驱动经济增长的动能。新动能的本质是效率，强调集约高效高质发展；旧动能突出高速粗放发展。

作为一国经济持续发展的动力，新旧动能转换具有深刻的历史内涵和鲜明的时代特征。新旧动能转换过程，是一个长期、渐进的过程，不可能一蹴而就、一步到位。由此，新旧动能转换过程也是带有阵痛的结构调整过程，同时又是充满希望的质量跃升过程。

目前，我国学者们从很多视角研究新旧动能转换，涉及的领域也非常宽泛。比如，认为新动能=新动力+新能力。新动能包括质量效益型目标导向、创新型主体支撑、可持续制度引领、新兴高端产业发展、高级要素配置等内容，拥有新制度、新要素、新市场、新产业形态、新主体等表现形式（李佐军，2018）。从产业发展着眼，新兴产业代表未来发展的方向，是发展中国经济新动能的重要一环，同时要加快运用新技术改造提升传统产业，多方面发展中国经济新动能（张立群，2017）。樊纲则认为，中国经济增长有四大"新动能”，即制度供给、融资创新、中国制造的“外部效应”以及消费增长（樊纲，2018）。也有学者认为，所谓新动能，就是新产业、新业态、新商业模式（宁吉喆，2018）。按照黄少安的研究，新动能主要来自四个方面：一是体制机制创新，把已经积累的各方面潜能激发出来，包括国有企业改革；二是技术创新，主要依靠体制创新推动技术创新，激发各市场主体进行技术创新；三是“两条腿”走路：既注重运用新体制、新技术、新管理、新理念改造和提升传统产业，又选择性的发展新兴战略性产业；四是针对没有完成的工业化和城市化，需要继续投资，强调提高投资的技术含量，优化投资结构（黄少安，2018）。还有学者把新旧动能转换分成微观、中观和宏观三个层次[①]：第一，微观视角下，新旧动能转换是要素组合方式、要素利用效率、生产技术水平的组合所创造的增长方式的综合改变，从一种较低的平衡增长路径跃升至较高的平衡增长路径的动态过程；第二，中观视角下，新旧动能转换是地区、城乡、产业从非均衡增长向均衡增长转变的动态过程；第三，宏观视角下，新旧动能转换是整个社会由高速度增长向高质量发展转变的动态过程。理论界的这些研究，有力地推动了我国新旧动能转换实践，加快了新旧动能转换的步伐。

从实践层面看，新旧动能转换具有了明确的统计范围和内容。国家统计局开展了“三新”专项调查，制定了“三新”统计分类，使新动能有了统计标准。2017 年，国家统计局印发了《新产业新业态新商业模式统计分类（试行）》和《中国国民经济核算体系（2016）》。按照新的分类标准，新兴经济是以新产业、新业态、新商业模式为主体的一种经济状态，具有跨界、融合的特点，统计单位以产业活动单位进行核算。这些突破性和开创性工作，为我国新动能的统计测度工作奠定了良好基础，有力推动了新旧动能转换实践的发展。

山东实施新旧动能转换重大工程，把发展“四新”、促进“四化”、实现“四提”作为主攻方向。其中“四新”是指新技术、新产业、新业态、新模式。山东重点发展新一代信息技术、高端装备、新能源新材料、现代海洋、医养健康、高端化工、现代高效农业、文化创意、精品旅游、现代金融服务等“十强产业”。促进“四化”，即促进产业智慧化、智慧产业化、跨界融合化、品牌高端化。发展“四新”、促进“四化”，是要实现“四提”，即实现传统产业提质效、新兴产业提规模、跨界融合提潜能、品牌高端提价值。山东实施的新旧动能转换，一方面是落实中央关于新旧动能转换的一系列新要求，也融入

① 杨蕙馨、焦勇：《新旧动能转换的理论探索与实践研判》，载《经济与管理研究》2018 年第 7 期。

了理论界诸多研究成果，另一方面是紧密结合山东经济发展实际而探索的一条新时代新旧动能转换之路，将为全国新旧动能转换提供可借鉴、可复制的模板和经验，因而备受关注。

三、新旧动能转换的特征

1. 新旧动能转换过程的动态性

新动能与新科技革命密不可分，每一次科技和产业革命都会产生新的技术，形成新的产业，带来新的发展动能。因此，新动能是一个动态演进的概念。同样，旧动能也不是静态、一成不变的，而是随着社会发展而变化，是相对的、历史的和发展的概念。对一个国家和地区的经济增长而言，旧动能经过升级改造可以变成新动能。比如，传统产业通过引进先进技术，实行产业转型升级和提升发展效率和质量，可转换为新动能；传统的商业模式通过转型，实现实体产业与互联网产业融合，形成新的发展模式，也能转换为新动能。当然，新动能自身随着时代发展、技术革新也会衰落成旧动能。同时，基于新技术发展要求的新动能也将不断出现。现阶段，我国的新动能主要是以新技术、新产业、新业态、新模式为核心推动经济持续发展，由于新技术、新产业、新业态、新模式具有高渗透性、高融合性、高成长性等特征，决定了在创造新动能的同时，也加速改造传统经济，使传统经济焕发新的活力。因此，新旧动能转换总是呈现出动态演进的特点。其中，既包括积极培育新动能，也包括利用新动能改造传统产业、传统动能，形成的新动能。当传统动能由强变弱时，通过新动能异军突起和传统动能转型升级，形成了新的“双引擎”，能够有力地推动经济持续增长。

在新旧动能转换过程中，新动能与传统动能是并存的、处于变动之中的。在培育和发展新动能的同时，既要注重改造提升传统动能，发掘其中蕴藏的新的生命力，使之焕发新的生机与活力，还要挖掘和培育发展新动能，及时根据技术发展前沿调整培育方向。发展新兴产业是增加新动能，改造提升传统产业，达到一个新的高度也是新动能。新动能不仅成为经济发展的引擎，也是改造提升传统动能，促进实体经济发展的动力。对我国目前来说，推进新旧动能转换，不仅要推动新技术、新产业、新业态、新模式“四新”的发展，更需要高度重视传统技术、传统产业、传统业态、传统模式的优化升级过程。

新旧动能转换的动态演进是伴随阵痛的不断调整过程，是新动能不断增强、旧动能不断减弱的相互协调、有机统一的过程。这一过程是“增量崛起”

与“存量变革”并举，既要培育发展前景广阔的新兴产业，也要化解淘汰过剩落后产能、运用新技术改造提升传统产业，实现“老树发新芽”，促进社会生产力整体跃升。因此，新旧动能转换是一个不断持续的动态演进过程。不仅如此，新旧动能转换还包括在体制机制方面。如何形成发展新动能、扬弃旧动能的激励机制；在制度层面，如何形成新的发展理念，促进旧动能转型，鼓励新动能发展；如何用制度巩固新旧动能转换成果，开辟产业持续优化的路径，形成产业持续优化的新机制，等等，这些体制机制的建立也体现出动态性。

2. 新旧动能转换内容的综合性

新旧动能转换包含丰富内容，具有综合性特征。从“新”来看，新动能往往和新经济的出现密不可分。新经济发展的根本动力是新技术革命，尤其是信息技术、生物技术、制造技术、新材料技术的革命。新经济是由新一轮科技革命和产业革命所催生的新产品、新服务、新产业、新业态、新模式等“五新”的综合①。新经济的核心技术基础包含“互联网+”、大数据、云计算、物联网、智能化、传感感应技术等。比如，出租车行业不是新经济，但是，互联网+出租车产生了约车行业，产生了滴滴、优步，就是新经济。当前，新经济已从技术变革层面拓展到企业运行、产业融合、社会生活、人类交往的各个方面，正在展现它推动产业融合、经济转型升级和社会变迁进步的巨大能量。因此，新经济的发展过程也就是新动能的培育过程。新旧动能转换，一方面通过不断培育新技术、新产业等培育壮大新动能，逐渐替代旧动能，促进经济稳定增长。另一方面借助大众创业、万众创新等创造更多的新业态、新模式，不断改变传统动能，为传统动能转变为新动能赢得更多的发展空间。新旧动能转换通过“互联网+”、大数据、云计算等新一代信息技术与制造业深度融合，使企业的商业模式、生产模式、管理模式和组织模式等发生全面变革，具有鲜明的时代特征和构成要素的综合特征。

从新动能的形态看，包括新技术、新产业、新业态、新模式四种基本形态，和它对应的旧动能形态也很多。实现新旧动能转换，就要以“四新”促进“四化”，即产业智慧化、智慧产业化、跨界融合化、品牌高端化。无论是“四新”，还是“四化”，都不是单一的构成要素发挥作用，而是多种要素综合发挥作用。新技术、新产业、新业态、新模式四种基本要素中至少两种要素相互结合、相互渗透形成新动能；以“四新”促进“四化”中，各种要素相互协同、高效配置、高效链接形成新动能；以“四新”促进“四化”形成的新

① 马建堂：《加快发展新经济　培育壮大新动能》，人民网-理论频道，2016年7月19日。

动能也是分层次、分产业的。比如在制造业内部，拥有新动能的制造业有着较快的增长速度。其中，最为明显的就是电子信息制造业的发展。2008～2016年，全国规模以上电子信息制造业增加值年均增速达到10.9%，2016年，全国规模以上电子信息制造业增加值同比增长10%，快于全国规模以上工业增速4个百分点①。与传统动能的制造业内部行业逐步分化开来。这些新动能的多种要素、多种形态，都影响和作用于新旧动能的转换。

3. 新旧动能转换方式的质变性

新旧动能转换不是技术和生产方式的量变，而是社会整体生产技术的更新迭代、生产理念的重塑过程，是新动能培育和旧动能转型量变累积到一定水平和程度后所发生的质变过程。因此，推动新旧动能转换，就是在培育和发展以技术创新为引领，以新技术、新业态、新模式等为核心，以知识、技术、信息、数据等新生产要素为支撑的新型生产力。新旧动能转换之后，社会的生产力水平得到大幅度提升，生产理念也实现飞跃，带来的是更高水平的生产能力。

新旧动能转换的实质是经济发展方式的转变，是经济发展方式由规模速度型的粗放式发展转换为质量效率型的集约式发展、由资源和低成本劳动力等要素驱动转向创新驱动、由高速度增长转向高质量发展的过程。因此，需要有足够的创新要素储备，需要加快体制机制等领域的深层次改革来提高创新要素的配置效率和使用效率，还需要有畅通的融合渠道来加速新兴产业对传统产业的渗透改造。可见，新旧动能转换方式的质变过程是系统工程，需要持续稳步推进。

从工业领域来看，新一代信息和互联网技术、数字智能制造技术等正在引发新一轮的工业革命。将新一代信息技术与传统产业结合，利用物联网、移动互联网、云计算、大数据等新一代信息技术，架起人、机器与资源之间的智能互联桥梁，在推动智能制造过程中，促使传统产业价值链上的各个环节产生新动能。比如，我国实施的"互联网+"行动计划，互联网能够从传统产业的研发设计、流程再造、市场营销及物流配送等多个方面起到引领带动作用，甚至互联网在推动传统产业技术、工业、装备等方面，也会加速传统产业数字化、网络化和智能化转型。可见，新工业革命不仅产生以互联网为支撑的大规模定制化和智能化的生产方式，而且将直接导致传统产业制造模式的根本性的变革。这一变革，通过深入落实《中国制造2025》和"互联网+"，构建国家

① 余典范：《2017中国产业报告——新旧动能转换》，上海人民出版社2017年版。

制造业创新体系，提升工业基础能力和制造业创新能力，促进工业向智能制造、服务型制造、绿色制造、优质制造转型，从而推动制造业发展由数量和规模扩张向质量和效益提升转变，能显著增强我国经济发展的质量优势，加快建设工业强国。

4. 新旧动能转换路径的多样性

通过新技术、新产业、新业态、新模式，实现产业智慧化、智慧产业化、跨界融合化、品牌高端化。以“四新”促进“四化”是新旧动能转换的主攻方向和基本路径，它在实践中有多种组合，每一种组合都是一条具体路径。每一个产业、每一个企业都可结合实际，寻找到不同的新旧动能转换的突破口。并且，不同区域的新旧动能转换路径也多种多样。尽管各地新旧动能转换都要整合利用各项政策和资源，推进一二三产业融合，促进产业链相加、价值链相乘、供应链相通，实现倍增效应，不断提高经济发展的质量和效益，但由于新动能是能够引领当地经济持续健康发展的动力，各地的资源禀赋、产业基础和发展阶段不同，引领经济发展的新动能也因地而异。由此，新旧动能转换的路径也呈现多样性。

就不同地区而言，推进新旧动能转换，最终要落脚到每一个具体的产业、具体的技术、具体的业态和模式。因此，推动区域新旧动能转换，可以根据本地优势、市场发展趋势、技术进步趋势、绿色低碳潮流、政策鼓励方向找准定位；可以用新技术、新业态、新模式改造传统产业，发展有较高附加值的产业；通过培育技术、人才、信息、知识等新要素，塑造创新型企业、个人、平台等新主体；可以立足国内市场，同时主动参与国际竞争，积极培育对外开放新优势，拓展发展新空间；实施创业者培育工程、企业家激励工程、产业集群工程、产业转型升级工程、产业品牌塑造工程、政府服务提升工程等各类新工程。基于经济发展水平、产业基础等因素，不同地区的新旧动能转换路径，既有可能是以优化旧动能为主、发展新动能为辅，也可能相反，还有可能新旧动能相对平衡用力。因此，新旧动能转换应因地制宜，一地一策、一企一策。

新旧动能转换路径的多样性，还体现在构建多种转换机制上。新动能的形成有赖于动力动能，其基础动力是市场和政府。为此，必须建立促进新旧动能转换的各类新制度。一方面通过激发新生产要素流动的活力，促进知识、技术、信息、数据等新生产要素的合理流动、有效集聚，强化科技成果加速转化应用机制，形成新旧动能加速转换的内生动力；另一方面通过创新管理、优化服务，探索包容创新的制度建设，构建公平开放的市场准入制度和多方参与的治理体系，为新旧动能转换提供强有力支撑。

第二节　新旧动能转换的理论分析

一、理论基础：马克思在《资本论》中的论述

（一）马克思关于创新问题的论述

马克思关于创新的思想散见于《资本论》之中。马克思科学地揭示了什么是创新，如何创新，如何保持创新等问题，阐述了创新是分析矛盾、解决问题、化解冲突的关键因素，创新过程中需要不断的实践、不断的变革。马克思关于创新的论述包含很丰富的内容。

1. 创新的本质

创新是一种创造性的高级实践活动。按照马克思的分析，现实的人在进行创新时既要借鉴前人的经验和成果，也需要投入更多的知识和智慧。唯有两者紧密结合，才能在动态中不断地生产出自己的全面性。为了完成前人未曾做过的创造性活动，首先需要实现人的自我创新、自我变革。需要持续的学习和钻研精神，需要不畏艰难险阻的勇气，更需要为此投入一生的研究精力，孜孜不倦。创新是最为高级的实践活动。马克思用毕生精力创作《资本论》，就是其创新活动的生动写照。马克思批判地借鉴了英国古典政治经济学科学成分，创立了劳动二重性学说，从而创立了科学的劳动价值论，使资本论的理论大厦建立在科学的基础之上。

2. 创新的表现形式

马克思论述了科学上的创新。马克思提出并论证了“生产力中也包括科学”、“另一种不费资本分文的生产力，是科学力量”。这一论断体现了科学对提高生产力的重要作用，科学可以转化为生产力。马克思论述了劳动生产力的提高并非由单一因素决定，而是“由多种情况决定的，其中包括：工人的平均熟练程度，科学的发展水平和它在工艺上应用的程度，生产过程的社会结合，生产资料的规模和效能，以及自然条件”①。科学生产力推动着劳动的发展水平与社会结合的过程，推动现实财富的创造，奠定了人类发展和自我解放的物

① 马克思：《资本论》第一卷，人民出版社 2004 年版，第 53 页。

质基础。如今，科学本身已经成为人们提高生产力、创造物质财富的重要手段，科学已经进入人们的生活，改变和丰富着人们的生活。

马克思论述了技术上的创新。在资本主义生产过程中，资本家为了获得更多的剩余价值，总是在进行技术变革，更新机器设备，这样才能缩短生产商品的个别劳动时间，而商品是按社会必要劳动时间决定的价值量出售，他就占有了有利的竞争地位。仅从这一过程中的技术变革来看，采用最先进的生产设备，提高生产效率而进行的技术变革就是技术创新。在《资本论》中，马克思指出，现代工业通过机器、化学过程和其他方法，使工人的职能和劳动过程的社会结合不断地随着生产的技术基础发生变革。这里所说的机器、化学过程和其他方法就是资本家用来进行技术创新的手段。资本家不断地追加投资，扩大生产规模，引进新的生产线，采用新的技术，提高劳动生产率，这些做法促使资本有机构成不断提高。资本有机构成不断提高作为客观趋势，进一步推动着技术的升级换代。应当指出的是，尽管技术创新能够推动人类社会的巨大进步，但从本质上讲，它在资本主义发展中仍然是资本家获取剩余价值的手段。

马克思论述了制度上的创新。制度是从人的社会关系中发展而来的，任何制度都是生产和实践发展的直接产物，并且随着物质生产资料、生产力的变化而变化。马克思提出："我的观点是把经济的社会形态的发展理解为一种自然史的过程。"[①] 马克思揭示了资本主义发展过程中随着生产力水平的不断提高，创造着资本主义制度被更高级的社会主义制度所取代的客观必然性，并且认为这是不以人的主观意志为转移的客观过程，是自然史的过程。人类社会经济形态不仅有五大社会制度，而且每种社会制度发展过程中都包括很多具体制度。比如，生产关系变革、工厂制度、股份制公司、信用制度等等。这一系列制度从根本上讲，都是人类历史发展长河中生产力和生产关系、经济基础和上层建筑相互关系发生作用的产物。这些制度变革的产物是符合生产力的性质、适应生产力发展的新制度。因此，从《资本论》的论述看，制度创新就是制度的创立、革新和变更。马克思通过揭示商品、货币、资本、剩余价值、平均利润等一系列商品经济范畴之间的内在联系，科学地揭示了资本主义产生、发展和灭亡的规律。

3. 创新的动态过程

马克思论证了在剩余价值规律的作用下，资本家之间的竞争会在客观上不断推动社会劳动生产力的提高和技术进步，劳动生产力的提高表现为资本主义

---

① 马克思：《资本论》第一卷，人民出版社 2004 年版，第 10 页。

发展的一个必然趋势。马克思关于价值量决定的论述告诉我们：商品生产者要在竞争中立于不败之地，就必须通过创新提高劳动生产率，使自己的个别劳动时间低于社会必要劳动时间。哪个企业率先采用新技术、新装备，率先创新，就可以获得超额的社会回报，一个企业创新了，获得超额的社会回报，其他企业也会跟上，大多数企业跟上之后，这个利润就会平均化。平均化之后，在一个新的起点上，又有新的企业率先创新，率先打破平衡，这就成了一个不断推进的动态过程。在这个过程中，创新成为一种常态，引领经济不断发展和升级。[①]

（二）马克思关于经济增长方式及其转变的论述

《资本论》中有很丰富的经济增长理论，对此西方学者也不得不承认。1988 年在英国出版的《卡尔·马克思》一书承认存在“马克思的增长理论”，认为“马克思是一位增长理论家”[②]；马克思的再生产理论是经济增长理论，认为马克思做出了开拓性的贡献。

1. 马克思从不同角度研究了经济增长方式问题

马克思在《资本论》第 1 卷中分析剩余价值两种生产方法时指出：“通过延长工作日而生产的剩余价值，叫作绝对剩余价值。”[③]“通过缩短必要劳动时间、相应地改变工作日的两个组成部分的量的比例而生产的剩余价值，叫作相对剩余价值。”[④] 在这里，马克思虽然没有明确提出经济增长的两种方式，但实际上讲的是依靠增加劳动量和依靠科技进步两种方式实现剩余价值量的增加，实现经济总量的增长。

在《资本论》第 2 卷，马克思在说明实现扩大再生产所采用的方法时引出外延的增长和内涵的增长两个范畴，明确地提出了外延的扩大再生产和内涵的扩大再生产。马克思有两个分析角度[⑤]：一是折旧基金用于扩大再生产：“如果生产场所扩大了，就是在外延上扩大；如果生产资料效率提高了，就是在内涵上扩大。”二是资本积累角度：“剩余价值转化为资本，就是规模扩大的再生产，而不论这种扩大是从外延方面表现为在旧工厂之外添设新工厂，还是在内涵方面表现为扩充原有的生产规模。”添设新工厂“是外延扩大”，但并不妨碍它利用最先进技术提高生产效率，是投资形式上的外延扩大，经营方式上的外延与内涵并举。生产要素的使用效率是否提高，是区别两种增长方式

---

①⑤ 杨珍：《如何研读〈资本论〉》，《党校精品课》3，中共中央党校出版社 2016 年版。

② 转引自吴易风：《经济增长理论：从马克思的增长模型到现代西方经济学家的增长模型》，载《当代经济研究》2000 年第 8 期，第 1 页。

③④ 马克思：《资本论》第一卷，人民出版社 2004 年版，第 367 页。

的根本界限。虽然马克思所处的时代是以外延经济增长模式为主的，但马克思并没有忽视内涵经济增长模式的重要作用。马克思把技术改良、劳动力素质和技能的提高、企业内部的分工等非积累因素，纳入经济增长模式中，考察它们对经济增长的重要影响。

在《资本论》第3卷，马克思借鉴了古典经济学的“粗放经营”和“集约化”概念，论述了对土地的“粗放耕作”和“集约化耕作”两种方式。指出：在经济学上，所谓耕作集约化，无非是指资本集中在同一土地上，而不是分散在若干毗连的土地上。发展集约化耕作，是在同一土地上连续进行投资。按照马克思的分析，经济增长的动力是扩大再生产，源泉在于资本积累；经济总量的增长是通过社会资本的扩大再生产实现的。因此，推动社会经济发展不仅是数量的积累，也是质量的提升，还要按比例实现增长。

2. 马克思研究了经济增长方式转变过程中的相关问题

马克思阐述了实现经济发展从粗放型向集约型的转变，不可忽视生产要素投入量的增加。因为这种量的增长达到一定程度时，即使生产的技术条件不变，也会形成一个规模效益。所以，在新旧动能转换和转变经济发展方式过程中，必须把提高规模经济效益作为一个重要环节来抓。

关于经济增长与消费需求的关系，马克思指出，消费既是生产的目的和完成，又为生产提供需求和动力。我国发展社会主义市场经济的目的，就是满足人民日益增长的美好生活需要。加快新旧动能转换，首先要转变经济发展的目的性，要面向市场，面向消费，提高产品质量，提高经济发展的质量和效益。

马克思还分析了经济增长与劳动生产率问题，指出经济的有效增长，在产品的使用价值满足社会需要的前提下，还必须提高劳动生产率，用更少的投入达到更大的产出。而提高劳动生产率的一个重要标志，是技术进步引起生产商品的物化劳动的增加额小于减少的活劳动量，从而导致单位商品价值量的降低。因此，在技术革新中，不能满足新的机器设备代替了多少活劳动，而必须考虑是否真正提高了劳动生产率。这些论述为我们提高劳动生产率、实现经济的高质量发展指明了路径。

（三）马克思关于产业结构调整的论述

1. 揭示了资本有机构成的提高导致劳动力就业结构的变化

在《资本论》第1卷，马克思的资本积累原理揭示出：资本积累可以促进生产力发展，必然引发经济结构的变迁、资本的重组。脱去马克思对资本主义资本积累剥削关系的外衣，进行资本积累和扩大再生产也是社会主义市场经济的重要任务。因此，必须重视资本的积累，通过资本的积聚和集中，把企业做大做强；通过资本的有效重组，调整产业结构。马克思在阐述资本有机构成理论时阐释了劳动力结构将随产业结构演进而变化。马克思指出，资本的构成要从双重意义上去理解。一是从技术方面看，资本是由一定数量的生产资料和劳动力构成的，这两者之间存在着一定的比例关系。这种比例直接反映了生产技术水平的高低，叫资本的技术构成。二是从价值方面看，购买生产资料的不变资本和购买劳动力的可变资本之间，也存在一定的比例关系，这种比例关系叫资本的价值构成。资本的技术构成是基础，资本的价值构成由技术构成所决定，并且反映技术构成。马克思把“由资本技术构成决定并且反映技术构成变化的资本价值构成，叫作资本的有机构成”①。随着资本主义的发展，在资本积累过程中，资本有机构成具有不断提高的趋势，表现为全部资本中不变资本所占的比重增大，可变资本的比重相对或绝对减少。因此，资本家为了榨取更多的剩余价值和在竞争中取得优势，就会不断改进生产技术提高劳动生产率，反映在资本的技术构成上，表现为工人所使用的生产资料增加，意味着生产资料同使用它的劳动力相比是增加了，从而使资本的技术构成提高，导致与产业结构不相匹配的相对过剩人口的出现。

2. 揭示了社会再生产的实现条件和按比例发展规律

在《资本论》第2卷，马克思揭示了社会总产品的实现问题，即社会总产品的价值补偿和物质补偿问题。从物质形态看，社会总产品可分为生产资料和消费资料两大部类。与此相对应，整个社会生产也分为两大部类，即生产生产资料的部类（Ⅰ）和生产消费资料的部类（Ⅱ）。从价值形态看，社会总产品由三部分构成：不变资本 c、可变资本 v 和剩余价值 m。社会总资本是社会单个资本的总和。

两大部类是马克思对资本主义生产部门进行的结构性划分，分析了社会扩大再生产的前提条件是Ⅰ(v + m) > Ⅱc，即第Ⅰ部类生产的全部产品在补偿两大部类消耗的生产资料后，还必须有剩余、为两大部类提供追加的生产资料。

马克思的两大部类理论揭示出，一切生产特别是社会化大生产，都要按比例发展，按比例分配社会劳动。所谓按比例，也就是通过调整产业结构，使其不断合理化。两大部类为经济增长提供的生产资料和消费资料，只有在价值量和需要量实现平衡时，经济增长才得以持续进行。经济增长的持续进行，还取决于结构平衡。马克思从物质补偿角度提出了决定经济增长的结构平衡：两大

① 马克思：《资本论》第一卷，人民出版社 2004 年版，第 707 页。

部类之间的结构平衡；两大部类内部的结构平衡。这些论述表明，社会再生产必须按比例进行，实现总供给和总需求的平衡。由于社会分工是不断变化的，因而社会生产的比例和产业结构也是不断变化的。新旧动能转换也是在不断调整产业结构过程中实现的。

3. 揭示了资本在不同产业和部门间流动和重组的规律

在《资本论》第3卷，马克思的平均利润理论揭示了资本在不同产业和部门间流动和重组的规律。马克思认为，资本有机构成高低不同的企业，利润率高低不同，部门之间的竞争，引起资本向利润率高的部门转移，最终形成平均利润和生产价格。资本在各部门之间自由转移和流动，引起各部门商品供求关系及价格的变动。平均利润的形成，要求各生产要素如生产资料、劳动力、资本等能够迅速自由流动，不受地区和行业的各种垄断限制。可见，马克思的平均利润理论揭示了社会再生产中资本流动重组和社会经济结构平衡发展的规律。

在社会主义市场经济条件下，要发挥市场在资源配置中的决定性作用，就要在竞争机制、价格机制、供求机制的作用下，形成平均利润与生产价格。如果资本有机构成高的新兴行业利润率低，而资本有机构成低、生产技术落后的传统行业反而利润率高，就不利于产业结构的高度化，不利于科技进步和各部门劳动生产率的提高，新旧动能转换就是在平均利润的作用过程中表现出来的。

二、理论依据：中国特色社会主义政治经济学的基本要求

党的十八大以来，习近平总书记多次就坚持和发展马克思主义政治经济学作出重要论述。2014年7月8日提出学好用好政治经济学。2015年11月23日，在主持中央政治局第二十八次集体学习时指出，学习马克思主义政治经济学，是为了更好指导我国经济发展实践，既要坚持其基本原理和方法论，更要同我国经济发展实际相结合，不断形成新的理论成果。2015年底中央经济工作会议指出，坚持中国特色社会主义政治经济学的重大原则。2016年7月8日在经济形势专家座谈会上，习近平总书记指出，坚持和发展中国特色社会主义政治经济学，要以马克思主义政治经济学为指导，总结和提炼我国改革开放和社会主义现代化建设的伟大实践经验。2017年12月中央经济工作会议提出：习近平新时代中国特色社会主义经济思想。

中国特色社会主义政治经济学与马克思主义政治经济学一脉相承，是中国化的马克思主义政治经济学，是当代中国马克思主义政治经济学。尽管中国特色社会主义政治经济学作为学科体系还在构建之中，但中国特色社会主义政治

经济学的内容是把我国改革开放和社会主义现代化建设实践经验包含其中，并加以总结和提炼，形成中国的话语体系。新旧动能转换直接的理论依据就是中国特色社会主义政治经济学，实施新旧动能转换是中国特色社会主义政治经济学的基本要求。

（一）创新及实施创新驱动发展战略的新要求

党的十八届五中全会通过的《中共中央关于制定国民经济和社会发展第十三个五年规划的建议》中，确立了“创新、协调、绿色、开放、共享”的发展理念，为实现经济社会发展提供了具体思路与方向。其中，“创新发展”居于五大发展理念首位，是贯穿于我国诸多发展战略的思想和精髓。习近平总书记提出，“创新是引领发展的第一动力。抓创新就是抓发展，谋创新就是谋未来”，这是新一届党中央领导集体关于发展动力的新论断，也是对“科学技术是第一生产力”重要思想在新时代的坚持发展。深入实施创新驱动发展战略，不仅是落实创新发展理念的具体行动，也是一个立足全局、面向未来、聚焦关键、贯穿整体的国家战略。

1. 将创新摆在国家发展全局的核心位置

党的十八大以来，党中央赋予创新在国家发展全局的核心地位。世界发达国家的现代化建设经验表明，一个国家的经济发展动力主要有要素驱动、投资驱动、创新驱动等类型，随着经济发展到较高阶段，依靠土地、劳动力、资源等生产要素投入，难以为继，而创新驱动则是最持久的动力源。通过科技创新实现技术变革，生产要素的产出率提高，是发展方式从粗放型向集约型转变的关键。习近平总书记指出，创新是推动一个国家和民族向前发展的重要力量，当前我们比以往任何时候都需要更强大的科技创新力量，当今世界谁能在创新上下先手棋，谁就能掌握主动；创新是中国共产党在长期革命、建设和改革实践中一直传承的优秀品质，革命时代我们有另辟蹊径的“农村包围城市，武装夺取政权”创新型道路，建设时期我们也有“大胆试、大胆创”的创新勇气，当下我国经济进入新常态，“三期叠加”特征明显，发展不平衡不协调不可持续的问题突出，经济增长路径依赖严重，转型发展迫在眉睫，但关键领域核心技术还有待提高，“在这个阶段，要突破自身发展瓶颈、解决深层次矛盾和问题，根本出路就在于创新，关键要靠科技力量。”①

2. 将创新贯穿党和国家的一切工作

习近平总书记强调将创新贯穿党和国家的一切工作，这是从创新的全局

---

① 习近平：《坚定不移深化改革开放加大创新趋动发展力度》，载《人民日报》2013年3月6日。

性、系统性、整体性出发，把创新的内容、途径、主体、环境以及领导机制，把创新的精神贯彻到治国理政的各个环节，让创新精神渗透到人民群众的行动中，形成创新的社会风尚。在创新内容上，需要统筹推进理论、制度、科技、文化等各方面的创新。十八届五中全会强调，必须通过全面深化改革推进实践基础上的理论、制度、科技和文化等各方面的创新，把创新理念贯穿到经济社会发展的各个领域；在创新途径上，要在破除制约创新的思想障碍和制度藩篱，实行内部创新要素和体制机制的联动，增强自主创新能力，同时坚持全球视野，借鉴国外经验；在创新主体上，抓住影响创新能力最重要的资源——人才，建设人才队伍，健全人才流动机制，聚集和培养更多创新人才；营造全民参与全民推动的创新社会风尚，培育市场环境，健全法制保障，激发创新意愿，让劳动、知识、技术、管理、资本的活力竞相迸发，释放创新的潜能。同时最为重要的是，要在党和国家的战略布局、建设布局、政策制定、制度安排和资源配置中，贯穿创新精神、加大创新投入，让创新发挥真正的引领作用。

3. 科技创新是核心

习近平总书记强调创新是“引领发展的第一动力”，是针对当前经济发展资源束缚大、要素成本高、发展方式落后、经济结构不合理定问题而确定的“突破发展瓶颈、解决深层次矛盾和问题的根本出路”。

创新是全面的创新。习近平总书记指出“创新是多方面”，“推动科技创新……”等各方面的创新。“必须紧紧抓住科技创新这个核心”，充分发挥“科技是第一生产力”的作用，在医药、农业、物理、材料等基础研究中寻找创新，为高新技术和前沿研究奠定坚实基础；在信息、生物、制造、新材料、新能源等重要流域和高端芯片、集成电路、人工智能、空间技术、生命科技等高科技技术与前沿领域中努力实现重大突破，形成新的产业、提供新的发展动能。科技创新是创新的核心，而创新的根本在于人才。习近平指出，“人才是创新的根基，是创新的核心要素”。①

4. 实施创新驱动发展战略

实施创新驱动发展战略，是党中央根据世情的新变化、国情的新特征作出的战略部署。2012 年 7 月，全国科技创新大会首次提出了创新驱动发展的战略要求。党的十八大报告明确提出实施创新驱动发展战略。在中国科学院第十七次院士大会、中国工程院第十二次院士大会上的讲话中，习近平总书记指出，“实施创新驱动发展战略决定着中华民族前途命运”；“从全球范围看，科

---

① 《习近平关于科技创新论述摘编》，中共中央文献出版社 2016 年版。

学技术越来越成为推动经济社会发展的主要力量，创新驱动是大势所趋”；“一个国家只是经济体量大，还不能代表强。我们是一个大国，在科技创新上要有自己的东西”；“我国经济发展要突破瓶颈、解决深层次矛盾和问题，根本出路在于创新，关键是要靠科技力量”；“即将出现的新一轮科技革命和产业变革与我国加快转变经济发展方式形成历史性交汇，为我们实施创新驱动发展战略提供了难得的重大机遇”。

2013 年 9 月 30 日，习近平总书记在中共中央政治局第九次集体学习中再次强调指出，实施创新驱动发展战略是我国面向未来的一项重大战略，一方面需要着力推动科技创新与经济社会发展紧密结合，让市场真正成为配置创新资源的力量，让企业真正成为技术创新的主体。另一方面，政府在关系国计民生和产业命脉的领域要积极作为，加强支持和协调，总体确定技术方向和路线，用好国家科技重大专项和重大工程等抓手，集中力量抢占制高点。

目前，我国的人口红利消解，劳动力价格成本不断上升，人口老龄化趋势明显，低成本的廉价劳动力优势减弱，要素的规模驱动力减弱。因此，促进经济的增长需要更多依靠劳动力素质以及技术要素，必须重视和推动创新，使其成为驱动发展新引擎。要提高经济发展质量和效益，就要努力实现动力上的转换，从要素驱动、投资驱动转向创新驱动。实施创新驱动发展战略，就要促进创新资源高效配置和综合集成，把全社会智慧和力量凝聚到创新发展上来。实施创新驱动战略，就要动员全社会的力量，使科技界、产业界和社会各方面广泛参与，以改革释放创新活力、以创新驱动转型发展。

（二）加快转变经济发展方式的新要求

新旧动能转换的过程也是经济发展方式转变的过程。经济增长方式大体分为两种。粗放型是通过增加生产要素占用和消耗来实现经济增长；集约型是通过提高生产要素质量、优化生产要素配置和提高利用效率来实现经济增长。转变经济增长方式，主要是指从粗放型转向集约型。经济发展方式，一般指实现经济增长、优化经济结构、提高经济质量的方法和模式。转变经济发展方式，是由粗放型经济增长到集约型经济增长、从低级经济结构向高级、优化的经济结构、从单纯的经济增长到全面协调可持续的经济发展的转变，相当于一组“转变”的集合。

“转变经济增长方式”和“转变经济发展方式”是随着我国改革开放的不断深入提出来的。我国“九五”计划和 2010 年远景目标纲要中提出了转变经济增长方式、走集约型经济发展道路的目标。党的十六届五中全会强调，必须把加快转变经济增长方式作为“十一五”时期的战略重点，努力取得突破性进展，使经济增长建立在提高人口素质、高效利用资源、减少环境污染、注重质量效益的基础上。党的十七大对经济发展的认识进一步深化，提出要贯彻落实科学发展观，加快“转变经济发展方式”。并且提出了“三个转变”的具体路径：促进经济增长“由主要依靠投资、出口拉动向依靠消费、投资、出口协调拉动转变”、“由主要依靠第二产业带动向依靠第一、第二、第三产业协同带动转变”、“由主要依靠增加物质资源消耗向主要依靠科技进步、劳动者素质提高、管理创新转变”。

十八大以来，党中央对转变经济发展方式提出了许多新要求。十八大报告指出：“把推动发展的立足点转到提高质量和效益上来”。“四个着力”：着力激发各类市场主体发展新活力，着力增强创新驱动发展新动力，着力构建现代产业发展新体系，着力培育开放型经济发展新优势。“五个更多”：更多依靠内需特别是消费需求拉动，更多依靠现代服务业和战略性新兴产业带动，更多依靠科技进步、劳动者素质提高、管理创新驱动，更多依靠节约资源和循环经济推动，更多依靠城乡区域发展协调互动。十八届三中全会《决定》六条主线之一：紧紧围绕使市场在资源配置中起决定性作用深化经济体制改革，加快转变经济发展方式。

2013 年 11 月，习近平总书记在湖南考察时指出：转方式、调结构是我们发展历程必须迈过的坎，要转要调就要把速度控制在合理范围内。2014 年 11 月，习近平总书记在中办回访山东调研报告上批示，提出“四个加大”（加大改革力度、加大转方式调结构力度、加大实施创新驱动发展战略力度、加大社会治理创新力度）的新要求。2016 年 9 月 3 日，习近平在二十国集团工商峰会开幕式上的主旨演讲中指出，“今天的中国，已经站在新的历史起点上。这个新起点，就是中国全面深化改革、增加经济社会发展新动力的新起点，就是中国适应经济发展新常态、转变经济发展方式的新起点”。

转变经济发展方式过程具有长期性、复杂性。国民经济从一个成长阶段到另一个更高阶段是结构演变的自然生成过程。一个国家或地区经济增长方式的转变，通常要经历从单项到综合，从局部到全面，从完全粗放型到粗放为主型，再过渡到集约为主型乃至完全集约型的发展过程。由于各区域产业基础、经济发展所处阶段不同，转方式没有既定的统一的模式，新旧动能转换也会有多种模式。因此，从实际出发，寻求有特色、有差异的具体路径，也就成为全国各区域的共同探索。

（三）经济发展新常态的基本要求

经济发展新常态是中国特色社会主义政治经济学的重要内容，是习近平新时代中国特色社会主义经济思想的组成部分。经济发展新常态作为对我国当前经济发展阶段性特征的高度概括，是对我国经济今后一个时期战略性走势的科学判断，也是谋划和推动经济社会发展的重要依据。

2014 年 5 月，习近平总书记在河南考察时首次提及中国经济进入新常态。2014 年 11 月，习近平主席在 APEC 工商领导人峰会上详细阐述了中国经济发展进入新常态。“新常态下，我国经济发展的主要特点是：增长速度要从高速转向中高速，发展方式要从规模速度型转向质量效率型，经济结构调整要从增量扩能为主转向调整存量、做优增量并举，发展动力要从主要依靠资源和低成本劳动力等要素投入转向创新驱动。这些变化，是我国经济向形态更高级、分工更优化、结构更合理的阶段演进的必经过程。”① 进入新常态的这些变化不依人的意志为转移，是我国经济发展阶段性特征的必然要求。在 2014 年 12 月中央经济工作会议上，习近平总书记强调，“认识、适应、引领新常态，必将在今后一个时期中国经济发展历程中发挥至关重要作用”。2017 年 4 月，中共中央政治局召开了经济形势分析和经济工作会议，习近平总书记又一次明确要求，必须确立起新常态思维在经济发展中的重要地位，毫不动摇地做好经济结构调整改革工作。

经济发展进入新常态就要做到，既要严防增长速度滑出底线，又要理性对待增长速度转轨的新常态；既要对产能过剩、房地产市场、群体性事件等风险点进行严密关注和防控，又要采取强有力措施化解区域性和系统性的金融风险，同时还要防范局部风险问题演变成全局性风险。因此，正确认识经济发展的新常态，必须正确认识经济增速的调整、增长动力的转化、资源配置方式的转变、产业结构的调整等全方位发展状态和深化趋势。

习近平总书记强调，经济发展进入新常态，中国的发展仍处于重要战略机遇期，这一基本的判断没有改变，改变的只是重要战略机遇期的内涵和条件；中国的整体经济发展向好的一面没有根本改变，改变的是经济发展方式和经济结构。进入新常态，制约我国经济发展的矛盾和问题主要是结构性的，表现为落后的供给能力与广大人民群众日益增长、不断升级和个性化的物质文化需求

① 习近平：《在省部级主要领导干部学习贯彻党的十八届五中全会精神专题研讨班上的讲话》，载《人民日报》2016 年 5 月 10 日。

之间的矛盾。新常态下的中国经济结构需要做出深度调整，实现从增量扩张为主转向调整存量、做优增量并存，经济发展动力从传统增长点转向新的增长点。因此，必须把调结构、提质量、增效益放在经济工作的首位，重点解决经济发展结构不优、质量不高、效益不好的问题，把着力点集中于新旧动能转换上，把深化改革、创新驱动、结构调整作为关键点和重中之重。找准稳增长和创新驱动的突破点，把握好稳增长与调结构的平衡。传统产业经过30多年的扩大规模和高速发展，已经趋向饱和，新常态下创新已成为推动经济发展的新动力。新产品、新技术、新业态、新商业模式逐渐成为新的经济竞争优势，加快新旧动能的转换，显然已成为我国经济发展的必然趋势和现实选择。

（四）供给侧结构性改革的基本要求

2015年11月10日，在中央财经领导小组第十一次会议上，习近平总书记就“十三五”期间中国如何推进经济结构性改革提出了“七个要”①：“要针对突出问题、抓住关键点”；“要促进过剩产能有效化解，促进产业优化重组”；“要降低成本，帮助企业保持竞争优势”；“要化解房地产库存，促进房地产业持续发展”；“要防范化解金融风险”；“要坚持解放和发展社会生产力，坚持以经济建设为中心不动摇，坚持五位一体总体布局”；“要坚持社会主义市场经济改革方向”。习近平总书记指出，“在适度扩大总需求的同时，要着力加强‘供给侧’结构性改革，着力提高供给体系质量和效率，增强经济持续增长动力，推动我国社会生产力水平实现整体跃升”。此后，习近平总书记多次深入阐述供给侧结构性改革的现实依据、深刻内涵、根本目的、工作要求和科学方法，为推进供给侧结构性改革提供了科学指导和根本遵循。这些论述，思想深刻、内容丰富，体系完整。主要包括：一是供给侧结构性改革的主线地位。“十三五”规划纲要提出，要以供给侧结构性改革为主线，扩大有效供给，满足有效需求。党的十九大报告强调，建设现代化经济体系，必须以供给侧结构性改革为主线，把改善供给结构作为主攻方向。显然，抓住这条“主线”，就抓住了决定经济发展的主要因素，起到纲举目张的作用。二是供给侧结构性改革的根本目的。重点是解放和发展社会生产力，用改革的办法推进结构调整，减少无效和低端供给，扩大有效和中高端供给，增强供给结构对需求变化的适应性和灵活性，最终目的是要满足人民群众的需求，落实以人民为中心的发展思想。三是供给侧结构性改革的主攻方向和主要任务。主攻方向是提

---

① 《习近平主持召开中央财经领导小组第十一次会议》，新华网，2015年11月10日。

高供给质量，主要任务是去产能、去库存、去杠杆、降成本、补短板。四是供给侧结构性改革的政策体系，即宏观政策要稳、微观政策要活、产业政策要准、改革政策要实、社会政策要托底。五是推进供给侧结构性改革的科学方法，即“把握好五个关系”：把握好“加法”和“减法”、当前和长远、力度和节奏、主要矛盾和次要矛盾、政府和市场的关系。这些论述和实践要求构成了习近平新时代中国特色社会主义思想的重要组成部分，形成了系统的中国供给侧结构性改革的科学理论体系，成为新旧动能转换的理论依据。

习近平总书记关于供给侧结构性改革的系统论述，是中国特色社会主义政治经济学的内容之一，是对马克思主义政治经济学的新发展，是源于我国实践的理论认识成果。供给侧结构性改革中坚持以人民为中心的发展思想，这是马克思主义政治经济学的根本立场，体现了社会主义经济发展的根本目的，把增进人民福祉、促进人的全面发展、朝着共同富裕方向稳步前进作为改革的出发点和落脚点。供给侧结构性改革中关于根本任务是发展生产力的思想，这是唯物史观的根本观点，体现了社会主义制度的根本要求。供给侧结构性改革中关于适应引领新常态、转变经济发展方式、调整优化经济结构、转换经济增长动力、提高经济质量效益，是当代中国改革开放的实践探索和规律性认识的总结和概括，开拓了中国特色社会主义政治经济学新境界。这些成果，既体现了马克思主义政治经济学的基本理论和基本原则，又体现了当代中国国情和时代特点。

中国特色社会主义政治经济学的很多内容，都成为新旧动能转换的理论依据。2015 年中央农村工作会议提出，要挖掘农业内部潜力，促进一二三产业的融合发展。新旧动能转换实践中反映了“三产融合”的发展要求，不同产业或同一产业内不同行业之间相互交叉、相互渗透、相互融合的步伐加快，产业边界日渐模糊或消失。实现“三产融合”，是新旧动能转换的重要途径，也是顺应国内外产业发展新趋势的必然要求。

三、国际借鉴：西方学者的相关研究

尽管西方学者很少有新旧动能转换为主题的直接研究，但他们关于创新、创新驱动、经济增长、产业结构演进、价值链等方面的研究，涉及新旧动能转换的内容和路径，对我国新旧动能转换有借鉴作用。

（一）关于创新及创新驱动方面的研究

在西方经济学中，熊彼特的创新理论产生了重要的影响。1912 年，熊彼特在《经济发展理论》中第一次提出了创新的概念，并对创新的主体、创新对经济增长的影响和创新对社会发展的效应进行了详细的阐述。认为创新是经济发展的核心，创新的实质是打破旧结构，建立新结构。熊彼特将创新称为创造性的破坏过程，创造产生于破坏之中。

熊彼特将创新归结为五个方面：一是产品创新，即生产一种顾客不熟悉的产品或利用原有产品的一种新特性；二是工艺或技术创新，即采用新的生产方法，以新的方式使用现有资源生产出现有产品；三是市场创新，即开辟一个新的市场；四是管理创新，即寻求新的要素供应来源；五是组织创新，即实现一种新的产业组织结构。① 熊彼特还论述了怎样促进生产技术的进步和实现生产方法的革新，认为创新是由企业家的活动完成的。技术是外生的经济变量，制度创新的原动力来自人们自身生存和发展的需要。技术创新和制度创新相辅相成，通过制度创新和技术创新提高资源的利用率，从而推动经济增长。熊彼特的研究表明，只有创新才是经济增长和发展的动力，只有创新才能带来经济真正的增长和持续发展。

创新驱动最早由哈佛大学商学院教授迈克尔·波特（Michael E. Porter）教授提出。他在1990年出版的《国家竞争优势》一书中把经济发展分为四个阶段：一是要素驱动阶段，即主要依靠土地、资源、劳动力等生产要素的投入获得发展动力，企业的技术主要来源于模仿或引进生产能力。二是投资驱动阶段，即主要依靠政府和企业的投资能力和生产要素的改善，通过规模化生产增加供给和提高效率，企业的技术主要来源于引进技术。三是创新驱动阶段，即主要取决于技术和产品的差异性，企业不仅引进和改进国外先进技术，还可能成为其他产业创新的原动力。四是财富驱动阶段，即投资者目标从积累资本转向保留资本，经济活力下降，主要靠以前积累下来的财富驱动经济发展，一国经济逐渐走向衰退。

（二）关于经济增长方面的研究

经济增长理论模型。“哈罗德-多马模型”是发展经济学增长理论中具有代表性的模型。它由经济学家哈罗德和多马于20世纪40年代末提出。该理论认为，资本的不断积累是经济增长的决定性因素，通过资本积累再扩大投资，能推动经济的持续增长。

新古典经济增长模型。1956年，美国经济学家罗伯特·索洛发表了《对

---

① 参见熊彼特著，何畏等译，《经济发展理论》，商务印书馆1990年版，第74页。

经济增长理论的一个贡献》一文，指出，哈罗德－多马经济增长模型之所以得出资本主义经济不能实现稳定持续增长的结论，是因为该模型假定资本和劳动是不能相互替代的。索洛认为，只要假定资本和劳动可以相互替代，就能够实现资本主义经济的持续稳定增长。索洛建立了一种新的经济增长模型，即新古典经济增长模型。其主要观点是：当经济中不存在技术进步时，经济最终将陷入停滞状态；只有当经济中存在外生的技术进步时，经济才能保持持续平衡增长。新古典经济增长理论虽然认识到技术进步对经济增长的决定性作用，但把它看成是外生变量。

新经济增长理论。到了20世纪80年代中后期，新经济增长理论认识到知识和技术的重要性，将其等同于劳动和资本的作用，进而把人力资本及传统文化等内在因素纳入经济学理论模型，探讨包括人力资本、文化和制度在内的非经济要素对经济增长的影响。指出，经济增长是一个以知识积累为基础，在技术进步、人力资本积累、劳动分工演进和制度变迁等多重因素共同作用下的社会过程。主要代表人物有罗默和卢卡斯等。美国经济学家罗默（Romer）在1986年出版的《收益递增经济增长模型》中，用“知识”代替资本，研究了知识进步在生产规模扩大、经济效益提高方面的作用。他将产出分为两部分，一是研究与发展部门的知识积累，二是消费品生产部门，强调了政府和企业都需要加大对R&D的投入力度，从而促进经济发展。卢卡斯（Lucas，1988）则将人力资本作为一个独立影响因素纳入到人力资本溢出模型，并将人力资本和技术进步统称为“专业化的人力资本”。指出，技术进步源自人力资本的增长，将技术进步和人力资本相结合，能避免资本积累的报酬递减。可见，罗默和卢卡斯把技术进步和人力资本两大因素内生于经济增长模型之中，将经济增长源泉的探讨扩大到制度、文化等更深层次。

（三）关于产业结构演进和优化方面的研究

产业结构演进理论。西方学者从多个角度进行了研究。克拉克1940年在其著作《经济发展条件》中，对40多个国家和地区在不同时期三次产业劳动投入和总产出的相关资料进行了分析，总结出“配第－克拉克定理”，揭示了劳动力从第一产业迁移到第二产业，再从第二产业迁移到第三产业的一般规律。

库兹涅茨1941年在其著作《国民收入及其构成》中认为，随着经济的发展，第一产业的收入在国民生产总值中的比重与该产业中劳动力占全社会劳动力的比重都会出现持续下降的趋势，第二产业的收入在国民生产总值中的比重与该产业中劳动力占全社会劳动力的比重在一段时期内是不断上升的，而第三产业的劳动力占全社会劳动力的比重，在所有国家均呈现上升趋势。

钱纳里从产业发展顺序视角，认为产业演进一般依照一定的顺序，不仅三次产业演进按照从第一产业到第二产业，再从第二产业到第三产业的顺序；而且在工业部门内部，初期快速发展的是劳动密集型产业，之后增长较快的是依赖原材料的重化工业部门，然后增长较快的是依赖技术和资金的高附加值加工业。赤松要 1935 年从国际贸易视角提出了产业发展的“雁行形态理论”，认为随着工业化国家技术、产业发展的推动，发展中国家的产业结构按照由进口到国内生产，再到出口的规律演进。

产业结构优化理论。产业结构优化理论是产业结构理论的重要组成部分。罗斯托对产业结构优化方面的研究，最具代表性。罗斯托在 1960 年提出了主导产业的概念，认为主导产业是指在一定的发展时期内，具有持续引进科技创新的能力，同时有较大幅度的增长趋势，对其他产业能够产生较强关联带动作用的产业部门。这种主导作用是通过这类产业对其他产业的扩散效应来完成的，整体的产业结构正是这种效应使得各产业相互关联而形成的。他还根据科学技术和生产力水平，将经济成长的过程划分为 6 个阶段：传统社会阶段、准备起飞阶段、起飞阶段、走向成熟阶段、高额消费阶段和追求生活质量阶段。这些研究为产业结构优化升级提供了借鉴和参考。

产业集群理论。迈克尔·波特于 20 世纪 90 年代系统地分析了产业集群问题，提出了“产业集群”的概念。认为产业集群是地缘临近的相关企业和机构，基于共同性和互补性相联系的集合，它既包括相互竞争也相互联系的产业和实体，也包括向下延伸的销售渠道、客户，以及相关辅助配套产业和研发产业公司。波特从企业—产业—国家三个层次探讨竞争力关系，认为国家的竞争优势主要体现在产业集群上，而产业集群的核心在于竞争力的形成和竞争优势的发挥，创新是推动企业获得竞争优势的根本出路，也是企业和国家提高竞争力的关键。

产业融合理论。美国学者卢森伯格（Rosenberg）1963 年对产业融合给出定义，他研究了美国机械工具产业发展的历史，认为当相似的技术应用于不同的产业时，独立、专业化的机械工具产业就出现了，并将此过程称为技术融合。日本学者植草益 1988 年在其著作《产业组织理论》中分析了产业融合现象对市场范围的影响。欧洲委员会（European Commission）于 1997 年发表了绿皮书（Green Paper），深入分析了产业融合现象，认为电信、广播电视、出版以及其他信息技术产业之间的融合，不仅是技术性问题，而且是涉及服务以及商业模式的一种新方式。

（四）关于区域增长极的研究

增长极理论源于区位理论和区域不平衡增长理论。法国经济学家佩鲁于1955年提出增长极理论，认为区域经济增长的主要原因在于区域增长极。区域增长极指的是某个特定区域内能够促使整个区域经济整体获得进一步发展的产业，同时通过产业集聚促使区域经济得到更为显著的增长。增长极的概念源自极化空间概念。佩鲁指出，经济增长并不同时出现在各地方；它只发生在具有不同集中程度的增长点或增长极上；并通过不同渠道向外扩散，最终影响经济系统整体的增长。佩鲁认为，增长极理论和经济空间理论具有一致性。

（五）关于价值链的研究

价值链的概念是由哈佛大学教授迈克尔·波特1985年在《竞争优势》一书中首次提出的。他认为，每一个企业都是用来进行设计、生产、销售、交货以及对产品起辅助作用的各种活动的集合，所有这些活动都可以用价值链表示出来。波特认为，企业的价值链不是孤立存在的，它处于从供应商价值链到企业价值链，再到渠道价值链，最后到买方价值链的价值系统中。企业之间的竞争，不只是某个环节的竞争，而是整个价值链的竞争，整个价值链的综合竞争力又决定了企业的竞争力。因此，企业最核心的竞争优势就在于对价值链的设计，价值链上的每一项价值活动，都会对企业最终能够实现的价值造成影响。

当价值链理论的分析对象转向整个产业时，形成了产业价值链理论。产业价值链是指由具有关联关系的企业构成的价值创造链条，包括供应商价值链、经销商价值链和顾客价值链。20世纪90年代，加里·格里芬（Gary Gereffi）提出了全球商品链概念。在产业价值链和全球商品链研究的基础上，又出现了全球价值链概念。联合国工业发展组织认为，全球价值链是指全球范围内为实现商品或服务价值而连接生产、销售、回收处理等过程的全球性跨企业网络组织。

价值链理论在产业发展和演进中广泛存在，上下游关联的企业与企业之间存在行业价值链，企业内部各业务单元的联系构成了企业的价值链，企业内部各业务单元之间也存在着价值链。价值链理论表明，产业转型升级的根本途径是提升价值链，实现产业升级。要从价值链低端的资源消耗型、劳动力密集型、资本密集型的中低端产业，转向品牌、标准、核心技术型高端产业，从落后、低效、高污染的传统产业，转向先进、高效、低污染的现代产业。

从全球价值链角度研究产业转型升级，已得到大多数学者的认同。国外学者认为产业升级有两条路径：第一条是英国萨塞克斯大学（University of Sussex）汉弗莱和施密茨（Humphery & Schmtzi）等人提出的工艺流程升级—产品升级—功能升级—链条升级。第二条是加里·格里芬等人提出的 OEA（委托组装）—OEM（贴牌生产）—ODM（自主设计和加工）—OBM（自主品牌生产）。施密茨和克诺林（Schmtzi & Knorring）以东南亚和南美国家服装纺织行业为例，发现地方产业集群的服装生产是通过全球价值链进行来料加工和不断扩大生产规模，过渡到在跨国企业品牌设计下出售产品，最后是销售自己专有品牌的服装。在实际升级过程中，企业会视具体情况而采取不同的操作策略。霍比（Hobday）研究发现，从 OEM 转向 ODM 的事实证据比从 ODM 转向 OBM 转换的事实证据更充分，表明形成自主品牌是一个艰难的过程。

参考文献：

1. 马克思：《资本论》第 1 卷，人民出版社 2004 年版。

2. 马克思：《资本论》第 2 卷，人民出版社 2004 年版。

3. 马克思：《资本论》第 3 卷，人民出版社 2004 年版。

4. 习近平：《在省部级主要领导干部学习贯彻党的十八届五中全会精神专题研讨班上的讲话》，载《人民日报》2016 年 5 月 10 日。

5. 习近平：《决胜全面建成小康社会夺取新时代中国特色社会主义伟大胜利——在中国共产党第十九次全国代表大会上的报告》，人民出版社 2017 年版。

6. 中共中央文献研究室：《习近平关于科技创新论述摘编》，中央文献出版社 2016 年版。

7. 中共中央宣传部：《习近平新时代中国特色社会主义思想三十讲》，学习出版社 2018 年版。

8. 中共中央文献研究室：《十八大以来重要文献选编》（中），中央文献出版社 2016 年版。

9. 张燕喜、石霞：《资本论》与中国经济理论热点（修订本），中共中央党校出版社 2009 年版。

10. 杨珍：《如何研读〈资本论〉》，载《党校精品课》3，中共中央党校出版社 2016 年版。

11. 李佐军：《新旧动能转换是决胜之举》，载《中国中小企业》2018 年第 1 期。

12. 赵炳新、肖雯雯、殷瑞瑞：《关于新动能的内涵及其启示》，载《经济研究参考》2018 年第 2 期。

13. 魏士国、王小静：《加快新旧动能接续转换》，载《人民日报》2018年3月30日。

14. 李增刚：《新旧动能转换需要技术和制度双重创新》，载《国家治理》周刊2018年6月20日。

15. 洪观平：《形成新旧动能转换“加速度”》，载《经济日报》2017年5月31日。

16. 黄少安：《新旧动能转换与山东经济发展》，载《山东社会科学》2017年第9期。

17. 张文、张念明：《供给侧结构性改革导向下我国新旧动能转换的路径选择》，载《东岳论丛》（济南）2017年第12期。

18. 杨蕙馨、焦勇：《新旧动能转换的理论探索与实践研判》，载《经济与管理研究》2018年第7期。

19. 马建堂：《加快发展新经济　培育壮大新动能》，人民网－理论频道，2016年7月19日。

20. 余典范：《2017中国产业报告——新旧动能转换》，上海人民出版社2017年版。

21. 吴易风：《经济增长理论：从马克思的增长模型到现代西方经济学家的增长模型》，载《当代经济研究》2000年第8期。

22. 李国祥：《论中国农业发展动能转换》，载《中国农村经济》2017年第7期。

23. 李晓华：《“新经济”与产业的颠覆性变革》，载《财经问题研究》2018年第3期。

24. 李森升：《我国经济发展新动能的国内外研究动态》，载《现代经济信息》2018年第9期。

25. 魏杰、汪浩：《转型之路：新旧动能转换与高质量发展》，载《国家治理》周刊2018年6月20日。

26. 金光磊：《创新驱动与社会发展动力系统研究》，华南理工大学博士学位论文，2017年。

27. ［美］约瑟夫·熊彼特著，何畏等译：《经济发展理论》，商务印书馆1990年版。

28. ［美］迈克尔·波特著，李明轩、邱如美译：《国家竞争优势》，华夏出版社2002年版。

第二章
山东新旧动能转换的现实依据

加快推进新旧动能转换，是山东省在决胜全面建成小康社会、开启全面建设社会主义现代化国家新征程中走在前列的重要战略部署，也是实现山东由大到强战略性转变、建设经济文化强省的根本举措。无论是从全球视野，还是从全国大局或是山东现实出发，都迫切需要加快推进新旧动能转换，为山东省实现创新发展、持续发展、领先发展提供源源不断的新动力。

第一节　顺应世界新科技革命和产业变革的客观需要

全球新一轮科技革命和产业变革正在孕育兴起，并呈现出多领域、跨学科突破的新态势，新技术和新产品层出不穷，信息技术、生物技术、智能制造技术、新材料技术、新能源技术等广泛渗透到各个领域，正在引发国际产业分工的重大调整，重塑世界竞争格局，改变国家和地区力量对比。

一、新一轮科技革命和产业变革的趋势及特点

全球科技创新正在进入空前密集活跃期，正不断重塑全球创新版图，催生新技术、新产业、新业态、新产品，继而引发经济运行模式、生产生活方式的重大变革。

（一）新一轮科技革命和产业变革的趋势

2013 年 3 月 4 日，习近平总书记在全国政协科协、科技界委员联组会上发表的重要讲话中明确指出了新一轮科技革命和产业变革的重点和趋势，他强调指出："现在世界科技发展有这样几个趋势：一是移动互联网、智能终端、大数据、云计算、高端芯片等新一代信息技术发展将带动众多产业变革和创

新，二是围绕新能源、气候变化、空间、海洋开发的技术创新更加密集，三是绿色经济、低碳技术等新兴产业蓬勃兴起，四是生命科学、生物技术带动形成庞大的健康、现代农业、生物能源、生物制造、环保等产业。”概括起来看，新一轮科技革命和产业变革的趋势主要表现在以下几个方面。[①]

1. 群体性技术突破持续涌现

与以往的以蒸汽机发明为代表的第一次产业革命和以电力广泛使用为代表的第二次产业革命不同，新一轮科技革命和产业变革已经在信息、生命、装备、材料、能源、空间、海洋等多个学科和技术领域呈现出多点突破、群体推进的态势，全球科技中心和创新中心日益趋向分散化和多极化。尤其是以信息技术为引领的技术群广泛渗透，交叉融合，带动以绿色、智能、泛在为特征的群体性技术突破，重大颠覆性创新不时出现。大量新技术的涌现与发展，也推动了产品的不断推陈出新和产业化进程，新一代互联网、生物技术、新能源、新材料等新兴产业不约而同成为世界主要经济体战略聚焦的重点领域。

2. 科技和产业多元深度融合

智能制造、互联网等新技术、新工艺广泛应用于实体经济的转型升级和再造，不断催生新产品和提升传统产业的工艺水平、生产效率和附加值。产业之间边界逐渐打破和日趋模糊，信息化与工业化、制造业和服务业深度融合，越来越多的生产企业向上游的研发设计以及下游的销售和服务领域拓展。比如，传统制造业的核心业务是产品生产，但在现代制造业的发展链条上，产品的研发、设计、维护、售后服务等环节变得与产品的生产环节同等重要，而且在实践中越来越多的生产企业将制造与服务密切结合起来，形成了制造服务化的新趋势。

3. 绿色智能成为产业发展新潮流

随着新技术和新产业的不断涌现，企业生产方式和人们的生活消费方式，也在潜移默化地发生着改变。在应对全球气候变化的挑战中，绿色化、智能化技术的发展催生了以节能、安全、环保为核心的绿色经济，新能源、节能环保、绿色循环低碳产品等产业应运而生，并迅速发展壮大。彰显个性化、品质化、智能化、网络化的消费需求成为流行趋势，移动支付、共享经济等新型消费方式日渐深入人心，并开始释放巨大的市场潜力。

4. 产业新组织方式和商业新模式层出不穷

随着计算机和互联网技术从先导性到普适性发展，数字技术和智能技术渗

① 袁丰、王玥：《抓住新一轮科技和产业革命的发展机遇》，载《群众》（下半月版）2018 年第 16 期。

透到产品研发、生产、分配、消费、回收、再利用的全过程，新产品研发和进入市场的时间大大缩短。以往大企业主导的“集中生产、分散消费”的传统产业组织模式日渐式微，大规模定制生产和小型化、个性化、网络化协同制造成为产业组织的新方向，并推动形成基于消费者需求变化和动态感知的柔性化产业组织方式和商业模式。

不同产业领域相互渗透和融合，不断催生出新的服务业态。比如，随着新一代信息技术的快速发展，“互联网 +”不仅已经渗透到了生产制造的各个环节，而且渗透到了金融、教育、商业、医疗、交通、旅游等各个领域，几乎所有的传统行业都毫无例外地受到了互联网的影响，并催生出新产业、新业态、新模式。

总之，信息化时代的迅猛发展，依托新技术的新模式、新业态，将在很短的时间内极大改变产业发展的路径和方式，引发全球范围内产业分工的重大调整和产业格局的重新洗牌，甚至引发全球竞争格局的颠覆性变革。

（二）新一轮科技革命和产业变革的特征

随着新一轮科技革命和产业变革的不断深入发展，其所具有的新特征也日益显现，主要表现在以下几个方面。①

1. 重要领域深度演进

重要科学领域从微观到宏观各尺度加速纵深演进，科学发展进入新的大科学时代。2013 年 7 月 17 日，习近平总书记在中国科学院考察工作时指出：“二〇一〇年第一个人造细菌细胞诞生，打破了生命和非生命的界限，为在实验室研究生命起源开辟了新途径。有的科学家认为，未来五至十年人造生命将创造出新的生命繁衍方式。这些不仅对人类认识生命本质具有重要意义，而且在医药、能源、材料、农业、环境等方面展现出巨大潜力和应用前景，也将给生命伦理带来全新挑战。”

2. 前沿技术多点突破

前沿技术呈现出多点突破态势，正在形成多技术群相互支撑、齐头并进的链式变革。2014 年 5 月，习近平总书记在上海考察时指出：“当前，新一轮科技革命正在孕育兴起，一些重要科学问题和关键核心技术已经呈现革命性突破的先兆，带动了关键技术交叉融合、群体跃进，变革突破的能量正在不断积累。”

3. 科技创新多元融合

人机物融合的智能技术日益成为发展重点，人—机—物三元融合不断加

---

① 刘垠：《王志刚阐述新一轮科技革命和产业变革六大特征》，载《科技日报》2018 年 5 月 28 日。

快。传统的人工智能是让计算机具备人的智能，智能计算过程局限在信息空间，是一元计算。人机物智能将计算过程从信息空间拓展到包含人类社会（人）、信息空间（机）、物理世界（物）的三元世界，物理世界、数字世界、生物世界的界限也越来越模糊。

4. 范式革命正在兴起

科技创新的范式革命正在兴起，学科之间、科学与技术之间、技术与技术之间日益交叉融合，新一代互联网、大数据、人工智能等新技术的出现，正在重新定义和不断重构科学研究和技术创新范式。大数据研究成为继实验科学、理论分析和计算机模拟之后新的科研范式。

5. 颠覆创新广泛渗透

颠覆性创新呈现几何级渗透扩散，以革命性方式对传统产业产生“归零效应”。柯达公司曾是数码相机技术的最早发明者，并预见到新技术革命所带来的颠覆性影响，从21世纪初就宣布要从传统影像领域向数码影像领域实行战略转型。但是，柯达公司在实际执行中，战略转型始终处于犹豫徘徊之中，对新兴技术领域投资不足，最终在数码芯片对传统胶片替代所带来的产业变革中，被市场无情地抛弃。

6. 复杂程度日益提升

科技创新日益呈现出高度复杂性和不确定性，人工智能、基因编辑等新技术可能对就业、社会伦理和安全等问题产生重大影响和冲击。

二、新一轮科技革命和产业变革带来的影响

2018年5月28日，习近平同志在中国科学院第十九次院士大会、中国工程院第十四次院士大会开幕会上的重要讲话中指出，进入21世纪以来，全球科技创新进入空前密集活跃的时期，新一轮科技革命和产业变革正在重构全球创新版图、重塑全球经济结构。科学技术从来没有像今天这样深刻影响着国家前途命运，从来没有像今天这样深刻影响着人民生活福祉。

（一）新一轮科技革命和产业变革带来的机遇[①]

新一轮科技革命和产业变革与我国新时代推进高质量发展并行不悖，在带

① 袁丰、王玥：《抓住新一轮科技和产业革命的发展机遇》，载《群众》（下半月版）2018年第16期。

来巨大发展机遇的同时，也对经济转型升级提出更高要求。

1. 产业转型升级的机遇

新一轮科技革命和产业变革的多点突破和群体推进，打破了以往产业变革由少数发达国家主导乃至垄断的局面。我国已经在新一代信息技术、新材料、新能源、智能制造等关键领域取得了一些技术突破，并形成了一定的产业发展优势。在未来的发展中，要结合新产业发展基础和全球消费市场重构，进一步强化基础研究，突破关键技术障碍，培育一批技术领先、带动能力强、具有全球竞争力的新产业。同时，积极运用新材料、信息、智能等新技术改造提升传统优势产业，不断提高产品质量、工艺水平、竞争力和附加值。

2. 全球价值链重构的机遇

价值链是全球经济和贸易格局中最为关键的链条之一。根据联合国的统计，全球80%以上的贸易是通过全球价值链组织的。在现有国际分工体系中，发达国家和跨国公司通过抓住前几轮科技革命和产业变革的机遇，占据全球价值链的研发、品牌、贸易等核心环节，控制了价值链的财富流向和分配。改革开放以来，我国积极融入全球价值链，并确立了全球重要制造业基地地位。但总的看，我国主要处于零部件生产和产品组装等价值链中低端环节，产品附加值低，且面临新一轮全球产业转移的风险。新一轮科技革命和产业变革为重构全球价值链和重塑我国在全球价值链中的地位提供了新的契机。必须抓住机遇，通过培育符合未来潮流的新产业，在全球产业结构重构中占得先机，掌握产业发展和财富分配的主动权。

3. 人才集聚和回流的机遇

人才是推动科技革命和产业变革最核心、最关键的因素。新技术、新产业的出现和扩散，也将带来新一轮的全球人才流动和人才格局的洗牌。近年来，随着我国经济发展和人才发展环境的日益改善，对人才的吸引力逐渐增强，特别是留学人才回流态势迅猛。2017年突破48万人，为新一轮科技革命和产业变革提供了强大的人才储备和智力支撑。在未来的发展中，要进一步结合科技和产业发展方向，突出人才引进和培育重点，大力引进关键技术人才和产业化人才，推动人才的规模、质量、结构与经济转型升级和新产业发展要求相适应。

（二）新一轮科技革命和产业变革带来的挑战

2013年9月30日，习近平总书记在十八届中央政治局第九次集体学习时的讲话中指出："新科技革命和产业变革将是最难掌控但必须面对的不确定性因素之一，抓住了就是机遇，抓不住就是挑战。"

当然，新一轮科技革命和产业变革也给山东发展带来一些新的困难和挑战。比如，我国创新发展能力仍然不足，关键核心技术的自主研发仍较薄弱，“卡脖子”现象没有根本扭转；国际贸易保护主义抬头，对华技术封锁和禁运加剧，引进、消化吸收再创新的发展之路困难重重；依靠低成本要素组合优势的传统发展模式难以为继，发展新动力仍处于培育孕育阶段，面临“稳增长”和“转动力”的双重压力；体制机制方面的掣肘依然存在，与科技革命和产业变革相适应的体制机制亟待建立等。①

由此可见，面对汹涌而至的全球新一轮科技革命和产业变革，山东省必须立足当前、着眼未来，抓住机遇、乘势而上，加快推进新旧动能转换，不断培育和发展壮大山东省在未来竞争中的新优势。

第二节　优化我国区域发展格局的必然选择

长期以来，我国南北地区发展差距虽然并不像东西地区发展差距那样突出，但是始终存在着，尤其是2008 年金融危机爆发以来，我国经济南北差距问题日渐显现。

一、我国区域发展格局的新变化

随着西部大开发国家战略的深入实施，我国东部和中西部地区之间的经济发展差距在很大程度上得到了缓解和化解，而南北经济板块之间发展不平衡性和经济发展差距的矛盾和问题却日益凸显。

2017 年3 月6 日全国两会期间，李克强总理在参加山东团审议时首次提出“黄河南北的差距”的问题。2017 年4 月19 日到21 日，李克强总理在视察山东时再次指出：“现在中国经济出现一个很大的变化，就是走势分化的情况从‘东西差距’变成了以黄河为界的‘南北差距’。”

从经济规模上看，2016 年经济总量居于全国前十位的省份及其经济总量分别是：广东省7. 95 万亿元、江苏省7. 61 万亿元、山东省6. 70 万亿元、浙江省4. 65 万亿元、河南省4. 02 万亿元、四川省3. 27 万亿元、湖北省3. 23 万

① 袁丰、王玥：《抓住新一轮科技和产业革命的发展机遇》，载《群众》（下半月版）2018 年第16 期。

亿元、河北省3.18万亿元、湖南省3.12万亿元、福建省2.85万亿元。[①] 不难发现，从空间区位上看，除了山东和河南两省在地理上横跨黄河以外，经济十强省份中只有河北省属于黄河以北的省份，其余七个省份皆地处黄河以南。不仅如此，地处黄河以北的东北三省在全国的经济地位不断下降。2008年，东北三省经济总量占全国的比重为9.4%，到2016年这一比重下降到7.1%，下降了2.3个百分点。[②]

从经济增速上看，1978~2016年全国经济增速居前五名的省份分别是福建、广东、浙江、江苏和内蒙古，其中地处黄河以北的只有内蒙古。以往贫困落后的西南地区，比如重庆、贵州等省市，近年来经济增速更是领跑全国。2017年，贵州、西藏、云南、重庆经济增长速度分别达到10.2%、10%、9.5%、9.3%，占据了全国经济增长速度最快省份的前四席。[③] 与此相反，黄河以北地区经济增速则出现了下滑。2017年，西北五省区除了新疆经济增速与2016年基本持平外，另外西北四省（区）GDP增速较2016年均出现了下滑，其中甘肃省下滑的幅度最大，2017年甘肃GDP增速仅为3.6%，较2016年下降了4个百分点；内蒙古下降幅度也比较严重，2017年内蒙古GDP增速为4%，较2016年下滑了3.2个百分点。青海和宁夏GDP增速分别下降0.7个百分点、0.3个百分点。[④]

从城市发展情况看，综合实力居全国前50名的城市绝大多数都地处黄河以南，比如，上海、重庆、广州、深圳、杭州、南京、苏州等。而地处黄河以北的，只有北京、天津、沈阳、大连等为数不多的城市。1978年，在全国十大城市排名中，东北地区占据了四席，长春、哈尔滨、沈阳、大连分别居全国第5位、第6位、第7位和第9位。而到了2016年，东北地区已经没有城市能够进入全国前十名。[⑤]

"南北差距"概念的提出，不仅意味着我国区域发展格局发生了新的重大变化，需要重新审视我国区域发展格局，而且也对下一步如何优化全国区域发展格局提出了新的要求。

① 国家统计局：《中国统计年鉴2017》，中国统计出版社2017年版。

② 根据《中国统计年鉴》相关数据计算整理。

③ 相关各省2017年国民经济和社会发展统计公报。

④ 《2017西北五省经济排名：甘肃内蒙古GDP增速大幅缩水》，中商情报网，http：//mini. eastday. com/a/180126154250122. html，2018年1月26日。

⑤ 根据各年相关各省统计年鉴有关数据计算。

二、山东的责任和担当

长期以来，山东省在我国经济社会发展全局中占有举足轻重的地位，山东新旧动能转换的成功实践将有助于优化我国区域发展格局。

山东是全国的人口和经济大省。2017 年山东省常住人口突破一亿，达到 10005.83 万人，占全国总人口的 7%；全省实现生产总值（GDP）72678.2 亿元，约占全国的 1/10。从地理区位和经济特征看，山东省既是我国由南向北扩大开放、由东向西梯度发展的战略节点，也是贯通京津冀区域和长江三角洲经济区两大经济板块的核心枢纽，同时还是黄河经济带的龙头，在全国发展和改革开放大局中占有重要地位。与此同时，山东省的经济结构与全国高度相似，典型示范性强，加快推进山东省新旧动能转换，有利于增强山东省的经济创新力和竞争力，实现由大到强战略性转变，为在决胜全面建成小康社会、开启全面建设社会主义现代化国家新征程中走在前列奠定坚实基础。而且，如果山东省在新旧动能转换中能够闯出一条新路，那么，对于带动北方地区协调发展，对于改变整个中国北方发展格局，促进全国发展格局优化起着关键性作用。正如李克强总理 2017 年 4 月在视察山东时指出的那样："山东刚好是黄河穿流而过的省份。你们把新旧动能转换这篇文章做好，对整个中国经济格局都会起到关键作用。"

第三节　实现山东经济转型升级的必由之路

中华人民共和国成立以来，特别是改革开放以来，山东经济发展取得了巨大成就。当前，山东已经成为全国重要的经济大省，但总的来看，山东经济发展质量不高、结构不合理、竞争力不强等问题比较突出，亟待通过新旧动能转换推动经济转型升级、提质增效。

一、推进新旧动能转换有助于提高山东经济发展质量

习近平总书记在党的十九大报告中明确指出："我国经济已由高速增长阶段转向高质量发展阶段。正处在转变发展方式、优化经济结构、转换增长动力的攻关期，建设现代化经济体系是跨越关口的迫切要求和我国发展的战略目

标。”我们必须顺应这种发展阶段的转变，加快推动新旧动能转换和经济发展方式转变，努力实现经济的高质量发展。

近年来，随着我国经济发展进入了新常态，经济增长速度换挡，由高速增长转向中高速增长。根据统计，1979～2012 年我国经济年均增长速度为 9.9%，而 2015～2017 年我国经济年均增长速度下降到不足 6.7%，下降幅度达到 2.2 个百分点。经济发展动能转换，支撑经济增长的传统动能开始让位于新动能。互联网经济、数字经济、共享经济、创新创业等加快发展，并日益成为经济增长的重要支撑力量。与此同时，我们也必须看到，我国经济发展中一些长期累积性矛盾依然十分突出。我国改革已经进入深水区、攻坚期，迫切要求优化经济结构、转变发展方式、转换增长动力，努力实现经济高质量发展。

总的看，目前山东省经济发展质量仍然不高，以“互联网+”、数字经济为代表的新经济发展滞后。根据腾讯研究院发布的《中国“互联网+”数字经济指数（2017）》测算，2016 年全国数字经济总量约为 22.77 万亿元，占全国 GDP 总量 30.61%。其中，广东省数字经济占 GDP 的比重高达 54.23%，在全国遥遥领先。而山东省数字经济的比重则只有 10.49%，列全国第八位，不仅大幅度低于广东省，而且也排在北京市（27%）、上海市（18.1%）、浙江省（14.9%）、江苏省（14.3%）、福建省（12.2%）、四川省（10.6%）之后。与此同时，山东省经济发展模式依然比较粗放，主要资源消耗量和主要污染物排放量均长期居于全国前列。从能耗水平看，2016 年山东省共计消耗了 3.87 亿吨标准煤，占全国消耗总量的 9%，其中煤炭消费量占全国总量的 10.6%；万元生产总值能耗，山东省为 0.57 吨标准煤，远远高于江苏省的 0.43 吨标准煤和广东省的 0.35 吨标准煤。从主要污染物排放量来看，2016 年，山东省二氧化硫排放量 113.45 万吨、氮氧化物排放量 122.94 万吨、烟（粉）尘排放量 87.38 万吨，分别居全国第一位、第一位和第二位，占全国排放总量的比重分别高达 10.3%、8.8%和 8.6%。[①] 长期以来，山东省经济大而不强，发展质量不高，竞争优势不足，与产业结构不合理、产业发展水平低以及发展模式粗放是直接相关的。

放眼世界，金融危机的深层次影响余波不断，全球经济持续陷于低迷状态，复苏的道路艰难曲折，且充满着不确定性。贸易保护主义、单边主义重新抬头，逆全球化思潮暗流涌动。自由贸易理念正遭受日益严峻的挑战，贸易保护主义不断升级。全球多边贸易体制推进困难，区域性贸易投资“碎片化”

---

① 国家统计局：《中国统计年鉴 2017》，中国统计出版社 2017 年版。

倾向加剧。部分西方国家保守化内顾倾向加重，国家干预和管制日益极端化。主要大国回归国家主义立场，参与国际合作的意愿不断衰退。比如，德国、法国、意大利等国的极右民粹主义势力抬头，英国通过“脱欧”公投，特朗普力推“美国第一”战略甚至退出《巴黎协定》。西方国家内部的经济全球化与反全球化力量围绕利益、规则的博弈不断加剧，发展中国家面临的外部环境更加严峻复杂。① 尤其是进入2018 年以来，美国高举贸易保护主义大旗，采取贸易霸凌主义，在全球范围内挑起贸易争端，发动贸易战争。在这种国际大背景下，我国要维护自身正当利益和保证经济平稳健康发展，除了通过积极的国际斗争，争取有利的发展外部环境之外，更为重要的是通过推动经济高质量发展，确保在激烈的国际竞争中立于不败之地、赢得主动。

推动新旧动能转换，是构建现代化经济体系、实现经济高质量发展的必然选择。“十三五”以来，我国供给侧结构性改革取得明显成效，经济增长的内生力量不断增强，经济运行稳中有进、稳中向好的态势更加巩固。在今后一个时期，我们要切实把提质增效放到经济工作的首要位置，融入经济发展的各领域和全过程，坚定实施科教兴国战略、人才强国战略、创新驱动发展战略、乡村振兴战略、区域协调战略、可持续发展战略、军民融合发展战略，坚决打好防范化解重大风险、精准脱贫、污染防治“三大攻坚战”，持续深化产权保护、国企国资、财税金融、政府管理等重点领域和关键环节改革，进一步推动质量变革、效率变革和动力变革，提高劳动生产率、资本产出率和全要素生产率，实现更高质量、更有效率、更加公平、更可持续的发展。

二、推动新旧动能转换有助于提升山东经济创新力

创新是一个民族进步的灵魂，是一个国家兴旺发达的不竭动力。习近平总书记在党的十九大报告中明确指出：“创新是引领发展的第一动力，是建设现代化经济体系的战略支撑。”实现山东省经济由大到强战略性转变，必须首先提升山东省经济的创新力。而加快推动新旧动能转换，有利于探索完善科技创新、制度创新、开放创新有机统一的推进机制，在重要领域和关键环节取得实质性突破，为全国新旧动能转换提供经验借鉴。

历史反复告诉我们，世界科技革命、产业变革与区域经济崛起息息相关，每一次科技革命和产业变革都深刻改变世界经济版图和发展格局。无论世界经

① 吴志成、吴宇：《逆全球化的演进及其应对》，载《红旗文稿》2018 年第 3 期。

济格局如何变幻，科技始终是支撑经济中心地位的强大力量。一个国家是否强大不仅取决于经济总量、领土幅员和人口规模，更取决于它的创新能力。近代以来，世界经济中心几度转移，其中有一条清晰的脉络，就是科技中心一直是支撑经济中心地位转移的强大力量。[①]

近年来，全国各省纷纷努力寻找科技创新的突破口，抢占未来发展的制高点。贵州省以大数据为引领，加快电子信息制造业发展，带动经济实现了弯道超车。作为我国首个国家大数据综合试验区，贵州省近年来深入推进大数据战略行动，强化大数据发展要素集聚，着力引进高科技企业，加快推进大数据与各行各业的融合，着力"强链、补链、延链"，打造大数据产业生态圈。数据显示，贵州省的大数据企业从2013年不足1000家增长到2017年的8900多家，产业规模超过1100亿元。中国信息通信研究院的统计数据显示，2017年贵州省数字经济增速、数字经济吸纳就业增速分别达到37.2%和23.5%，均位居全国前茅。[②] 此外，腾讯、苹果、华为等企业纷纷在贵州建设数据中心。贵州的大数据发展走出了一条弯道取直、赶超跨越的创新之路，为数字经济发展打造了贵州样板、提供了贵州经验。杭州市信息经济增加值增速达到国民经济增速的两倍，对国民经济增长的贡献率超过50%。2018年上半年，杭州市信息经济实现增加值1592亿元，同比增长14.7%，占GDP比重达到25.0%，比上年同期提高0.2个百分点。其中，电子商务、软件与信息服务产业的增速均超过了20%。[③] 实践证明，在科技革命面前"无问西东"，谁抢占了科技高地，谁就能在激烈竞争中脱颖而出。相比之下，山东省的差距还比较明显。2016年，山东省高新技术产业产值占规模以上工业产值的比重为33.8%，分别比江苏、浙江省低7.7和6.3个百分点，比河南省也低1.1个百分点；全社会科技研发经费支出占比2.30%，分别比广东、江苏、浙江省低0.22、0.32和0.09个百分点；国家知识产权局共受理发明专利申请，山东省为8.8万件，仅相当于江苏省的47.6%和广东省的56.4%；全国发明专利授权量，山东省为1.9万件，仅相当于江苏省的46.3%、广东省的48.7%和浙江省的70.4%；PCT（《专利合作条约》）国际专利申请量，广东有23574件，江苏有3213件，而山东省只有1399件，仅为广东的5.8%、江苏的43.5%；每万人发明专利

① 刘延东：《深入实施创新驱动发展战略》，载《人民日报》2015年11月11日。

② 万秀斌、汪志球、程焕：《贵州大数据企业增值8900多家产业规模1100亿元》，载《人民日报》2018年5月26日。

③ 唐骏垚：《上半年杭州GDP增长7.6%信息经济占四分之一》，载《浙江在线》2018年7月21日。

拥有量，山东省为6.3件，不仅大大低于江苏的18.4件、浙江的16.5件和广东的15.5件，而且也低于全国平均水平1.7件。这些数据凸显出山东省的科技创新能力还不强，山东省经济的创新力还有待于进一步提升。

由此可见，山东省必须加快实施创新驱动发展战略，使经济增长更多依靠创新驱动。为此，要加快建设技术创新体系，建立科技成果转化和产业化的体制机制，建立更加有利于吸纳人才、资金、技术等创新要素的体制机制，破解长期制约山东省科技创新的重大“瓶颈”和现实难题。只有积极顺应科技革命和产业变革大趋势，积极推动新旧动能转换，才能在重要科技领域实现重大突破和重大跨越，才能不断提高经济创新力，不断放大山东省创新发展新优势。

三、推动新旧动能转换有助于培育山东区域竞争新优势

长期以来，山东省在全国区域发展格局中一直处于优势地位。作为一个全国经济大省，不仅经济总量长期位居全国前列，而且产业体系完整、产业发展良好，既是他人谋求合作的伙伴，又是他人努力追赶的目标。然而，时至今日，山东省经济存在着的产业结构不优、发展活力不足、经济效益不高等问题日益凸显，在全国区域竞争大格局中，优势渐弱渐失。因此，在当前和今后一个时期，如何加快培育山东省发展的新动能，推动山东省新旧动能接续转换，重塑山东省区域竞争新优势，已经成为山东省经济发展的不二选择。

总的来看，与先进地区相比，山东省面临的竞争压力和发展弱势主要表现在以下三个方面：

一是对标先进，山东省与标兵的差距越来越大。从经济总量上看，2017年山东省实现生产总值72678.18亿元，而广东省和江苏省分别为89879.23亿元和85900.9亿元，明显高出山东省一个量级。山东省经济总量与广东省的差距由2008年的5860亿元扩大到2017年的1.72万亿元；与江苏省的差距由49亿元扩大到1.32万亿元。从一般公共预算收入上看，2017年山东省一般公共预算收入6098.5亿元，而广东省和江苏省分别为11315.21亿元和8171.5亿元，山东省一般公共预算收入与广东省的差距由2008年的约1350亿元扩大到2017年的约5200亿元，与江苏省的差距由约770亿元扩大到约2100亿元。从城乡居民人均可支配收入上看，差距也呈现继续扩大之势。2013～2016年，山东省居民人均可支配收入与江苏省的差距从5767.2元扩大大7384.8元；与

广东省的差距由4412.4元扩大到5610.5元。[①]

二是环视周边，山东省受相邻区域发展的挤压越来越重。往北边看，京津冀协同发展上升为国家战略之后，发展势头强劲，北京加快“瘦身提质”、天津加快“强身聚核”、河北加快“健身增效”。特别是雄安新区建设，定位为“千年大计、国家大事”，未来发展空间巨大。2017年4月1日，中共中央、国务院决定设立雄安新区。2018年4月14日，中共中央、国务院批复了《河北雄安新区规划纲要》。这是以习近平同志为核心的党中央作出的一项重大的历史性战略选择，是继深圳经济特区和上海浦东新区之后又一具有全国意义的新区。对于集中疏解北京非首都功能，探索人口经济密集地区优化开发新模式，调整优化京津冀城市布局和空间结构，培育创新驱动发展新引擎，具有重大现实意义和深远历史意义。往南边看，长江三角洲一向是我国经济发展的龙头，长江经济带生机勃勃，其龙头上海市建立了我国首个自由贸易试验区，当前正全力申建自由贸易港，将引领长江经济带进入发展新阶段，改变我国的经济地理版图。往西边看，中原经济区异军突起，特别是随着粮食生产核心区、郑州航空港经济综合实验区、郑洛新国家自主创新示范区、中原城市群、米字形高铁网等重大建设的蓬勃展开，区域发展地位快速提升。作为中原经济区核心的郑州，正在从二线省会城市迈向国家中心城市。

三是放眼开放，山东省参与国际合作的区位优势越来越少。山东省地处中国沿海，北临渤海，南临黄海，与日本和韩国隔海相望。因此，与日本、韩国开展国际经济合作具有地理位置上的天然优势，并且一向是东北亚经济圈的重要一极。然而，近年来由于受地缘政治变化的影响，山东省与日韩两国地方经贸合作的不确定性增加，对外合作的海上大通道优势未能充分发挥出来。2016年，山东省的外贸依存度只有23.1%，分别比广东、江苏和浙江低56.2、24.7和21.1个百分点。2017年，山东省的外贸依存度比全国低近10个百分点，与这种状况密切相关。而且随着全国各省参与“一带一路”建设越来越深入，在全国对外开放格局中，山东省的沿海区位优势正在快速下降。

面对“标兵越来越远，追兵越来越近”的尴尬局面，山东省必须清醒认知自己，找准差距，选好突破口，推动经济创新发展、持续发展和领先发展，不断培育和壮大经济发展新动能，重塑区域竞争新优势。

---

① 国家统计局：《中国统计年鉴2017》，中国统计出版社2017年版；2017年相关各省国民经济和社会发展统计报告。

四、推动新旧动能转换有助于实现山东产业转型升级

山东作为全国经济大省，各产业的规模均居全国前列，是全国知名的农业大省、工业大省，也是服务业大省，但山东省产业发展的一个突出特征就是大而不强。由于诸多原因，长期以来山东省形成了资源型、重化型产业结构，产业层次低、质量效益差、污染排放重。这极大地制约了山东省经济发展的质量和综合竞争力。通过新旧动能转换，可以有效去除低端低质低效的过剩产能，大力培育和发展战略性新兴产业，推动山东产业结构优化升级。

2008 年爆发的国际金融危机，给世界经济带来了沉重的打击，给山东省带来了产业转型升级的倒逼压力，是一次经济浴火重生的重大机遇。南方一些省市审时度势，下手早，动作快，搭上了转方式调结构的头班车。

广东省实施产业、劳动力“双转移战略”，加速推动“腾笼换鸟”。早在2008 年广东省委省政府就出台了《关于推进产业转移和劳动力转移的决定》以及七个配套文件，按照“政府引导、市场运作，优势互补、互利共赢”的方针，将珠江三角洲的低端制造业转移至粤北和东西两翼地区，在有效降低珠江三角洲劳动密集型传统产业比重的同时，促进了落后地区经济社会加快发展。同时，腾出宝贵空间，吸引高端制造业和现代服务业进驻珠江三角洲地区，实现“腾笼换鸟”和产业转型升级。2011 年，深圳市出台了《关于加快产业转型升级的指导意见》，提出通过产业转型升级，推动战略性新兴产业规模化、高技术产业高端化、优势传统产业品牌化，构建以“高、新、软、优”为特征的现代产业体系。2017 年，深圳市新兴产业增加值 9183. 55 亿元，比上年增长 13. 6%，占 GDP 比重达到 40. 9%。其中，新一代信息技术产业增加值 4592. 85 亿元，比上年增长 12. 5%；互联网产业增加值 1022. 75 亿元，增长 23. 4%；新材料产业增加值 454. 15 亿元，增长 15. 1%；生物产业增加值 295. 94 亿元，增长 24. 6%；新能源产业增加值 676. 40 亿元，增长 15. 4%；节能环保产业增加值 671. 10 亿元，增长 12. 7%；文化创意产业增加值 2243. 95 亿元，增长 14. 5%；海洋产业增加值 401. 45 亿元，增长 13. 1%；航空航天产业增加值 146. 64 亿元，增长 30. 5%；机器人、可穿戴设备和智能装备产业增加值 639. 64 亿元，增长 15. 1%；生命健康产业增加值 98. 12 亿元，增长 19. 5%。[①] 这些光鲜的数据，凸显了广东省实施“双转移战略”所取得的积极

① 深圳市统计局：《2017 年深圳市国民经济和社会发展统计公报》，2018 年 4 月 17 日。

效果，也展示了广东省产业的迭代升级。

江苏省围绕率先建成工业强省目标，自2013年开始实施产业高端发展、国际化企业培育、信息化引领、技术改造提升、生产性服务业提速、绿色发展推进六大行动，着力关键技术攻关、产业链重点环节提升、高端产品开发、知名品牌培育、载体平台建设和过剩产能化解，加快形成以高新技术产业为引领、先进制造业为主体、生产性服务业为支撑的现代化产业体系，推动产业向“高轻优强”方向调整转化，在结构优化中加快工业强省建设，取得了明显成效。2017年，江苏省规模以上工业中，医药制造业增加值比上年增长12.9%，专用设备制造业增加值增长15.1%，电气机械及器材制造业增加值增长11.7%，通用设备制造业增加值增长11.4%，计算机、通信和其他电子设备制造业增加值增长11.9%；代表智能制造、新型材料、新型交通运输设备和高端电子信息产品的新产品产量实现较快增长，其中，工业机器人产量增长99.6%，3D打印设备增长77.8%，新能源汽车增长56.6%，服务器增长54.2%，光纤增长42.4%，智能手机增长26.4%，太阳能电池增长25.9%。[①]

浙江省全面推进产业转型升级，自2013年开始全面实施“四换三名”工程，即积极推进“腾笼换鸟”，大力发展高附加值、低能耗、低污染产业；积极推进机器换人，实现减员增效；推进空间换地，实现节约集约用地；推进电商换市，大力发展电子商务；着力培养名企、名品、名家，打造行业龙头。通过实施“四换三名”工程，着力打造经济升级版，推动了经济质量和效益提升，在新一轮竞争中走在了全国的前列。2017年，浙江省以新产业、新业态、新模式为主要特征的“三新”经济增加值占GDP的比重达到24.1%。其中，信息经济核心产业增加值4853亿元，占GDP的9.4%。规模以上制造业中，高技术、高新技术、装备制造、战略性新兴产业增加值分别比上年增长16.4%、11.2%、12.8%、12.2%，占规模以上工业的比重分别为12.2%、42.3%、39.1%、26.5%。[②]

金融危机爆发以来，尽管山东省也采取了一系列措施推进产业结构优化升级，但是由于种种原因，山东省产业结构不合理问题依然突出，而且与先进省份相比存在着较大的差距。在山东省工业结构中，存在着“两个70%”，即传统产业占全部工业增加值的70%，重工业占传统产业总产值的70%。2015年，山东省重工业产值占全部工业的比重达到了67.95%。2016年，在山东省规模

① 江苏省统计局：《2017年江苏省国民经济和社会发展统计公报》，2018年2月22日。

② 浙江省统计局：《2017年浙江省国民经济和社会发展统计公报》，2018年2月27日。

以上工业中，高新技术产业占33.8%，而浙江为40.1%，广东为49.3%。山东省主营业务收入排前列的轻工、化工、机械、纺织、冶金多为资源型产业，能源原材料产业占40%以上，而广东、江苏两省第一大行业均为计算机通信制造业；全国互联网企业百强山东省只有2家，排名都在60名以后，滴滴打车、支付宝、微信红包等具有超前引领作用的创新模式，其原创都与山东无缘。山东省的服务业仍以交通运输、商贸物流、餐饮住宿等传统服务业为主，现代服务业发展较慢。2000年，山东省服务业增加值占GDP的比重低于全国5个百分点，低于广东省近10个百分点；2016年仍然低于全国平均水平4.3个百分点，低于广东省近5个百分点。从发展质效看，2017年山东省单位生产总值财政贡献率只有8.39%，分别比江苏、浙江、广东低1.12、2.82和4.20个百分点。

由上可见，山东省迫切需要抓住新旧动能转换的重大战略机遇和政策优势，加快培育壮大战略性新兴产业，改造升级传统产业，淘汰化解落后产能，打造现代化产业新体系，全面提升经济发展质量和竞争力。

参考文献：

1. 刘垠：《王志刚阐述新一轮科技革命和产业变革六大特征》，载《科技日报》2018年5月28日。

2. 吴志成、吴宇：《逆全球化的演进及其应对》，载《红旗文稿》2018年第3期。

3. 万秀斌、汪志球、程焕：《贵州大数据企业增值8900多家产业规模1100亿元》，载《人民日报》2018年5月26日。

4. 唐骏垚：《上半年杭州GDP增长7.6%信息经济占四分之一》，载《浙江在线》2018年7月21日。

5. 江苏省统计局：《2017年江苏省国民经济和社会发展统计公报》，2018年2月22日。

6. 浙江省统计局：《2017年浙江省国民经济和社会发展统计公报》，2018年2月27日。

7. 刘延东：《深入实施创新驱动发展战略》，载《人民日报》2015年11月11日。

8. 袁丰、王玥：《抓住新一轮科技和产业革命的发展机遇》，载《群众》（下半月版）2018年第16期。

第三章 山东新旧动能转换的总体要求与发展布局

面对国内外经济形势的新变化，2017 年 6 月召开的中共山东省第十一次代表大会明确提出，加快新旧动能转换，促进经济转型升级提质增效，并把加快新旧动能转换作为统领经济发展的重大工程。2018 年 1 月 3 日，国务院批复了《山东新旧动能转换综合试验区建设总体方案》（以下简称《总体方案》），标志着山东新旧动能转换上升为国家战略，这是全国第一个以新旧动能转换为主题的关于区域经济发展的国家战略。2018 年 1 月 22 日，中共山东省委十一届三次会议审议通过了《山东省新旧动能转换重大工程实施规划》（以下简称《实施规划》）和《关于推进新旧动能转换重大工程的实施意见》（以下简称《实施意见》）。上述三个文件，对山东省实施新旧动能转换重大工程提出了明确目标和要求，并在空间上进行了规划布局。

第一节　山东新旧动能转换的总体要求

《总体方案》和《实施规划》对山东新旧动能转换重大工程的实施提出了要求。《实施意见》明确提出，要准确把握实施新旧动能转换重大工程的总体要求。在 2018 年 2 月 22 日召开的山东省全面展开新旧动能转换重大工程动员大会上，中共山东省委书记刘家义同志指出，建设新旧动能转换综合试验区，“总的要求是：以习近平新时代中国特色社会主义思想为指导，全面贯彻落实党的十九大精神，深入贯彻落实习近平总书记视察山东重要讲话、重要指示批示精神，坚持新发展理念，坚持质量第一、效益优先，以供给侧结构性改革为主线，聚焦聚力高质量发展，着力抓住重大机遇，着力深化改革开放，着力培育现代优势产业集群，力争一年全面起势、三年初见成效、五年取得突破、十年塑成优势，逐步形成新动能主导经济发展的新格局，为全国建设现代化经济体系作出有益探索和积极贡献”。

一、山东新旧动能转换的指导思想

思想是行动的先导。实施新旧动能转换，首先要明确指导思想。《总体方案》明确提出了山东新旧动能转换的指导思想。《实施规划》以此为基础，作出了更加细化的概括，即“以习近平新时代中国特色社会主义思想为指导，全面贯彻党的十九大精神，坚持新发展理念，坚持质量第一、效益优先，以供给侧结构性改革为主线，以新技术、新产业、新业态、新模式为核心，以知识、技术、信息、数据等新生产要素为支撑，促进产业智慧化、智慧产业化、跨界融合化、品牌高端化，实现传统产业提质效、新兴产业提规模、跨界融合提潜能、品牌高端提价值，着力加快建设实体经济、科技创新、现代金融、人力资源协同发展的产业体系，统筹区域协调、城乡一体、陆海联动和减排节能绿色发展，在风清气正的政治生态基础上，打造精简高效的政务生态、富有活力的创新创业生态、彰显魅力的自然生态、诚信法治的社会生态，建设践行新发展理念的高地、推进供给侧结构性改革的高地、对接国家发展战略的高地、承接南北转型发展的高地，推动经济发展质量变革、效率变革、动力变革，提高全要素生产率，实现创新发展、持续发展、领先发展，推进山东由大到强、走在前列，建成全国重要的新经济发展聚集地和东北亚地区极具活力的增长极，为促进全国新旧动能转换、建设现代化经济体系作出积极贡献”。

坚持正确的指导思想，是确保我们沿着正确方向前进并最终顺利实现既定目标的根本保证。在推进新旧动能转换过程中，应着重把握以下几个方面。

（一）坚持以习近平新时代中国特色社会主义思想为指导

习近平新时代中国特色社会主义思想是当代中国的马克思主义，是马克思主义中国化的最新成果，是全党全国人民为实现中华民族伟大复兴而奋斗的行动指南。它从理论和实践层面深刻回答了新时代坚持和发展什么样的中国特色社会主义、怎样坚持和发展中国特色社会主义，深刻揭示了新时代中国特色社会主义的本质特征、发展规律和建设路径。习近平新时代中国特色社会主义思想源于实践，又指导实践，为新时代坚持和发展中国特色社会主义、推进党和国家事业提供了基本遵循。我们只有牢固坚持和坚决贯彻习近平新时代中国特色社会主义思想，才能更好统筹推进“五位一体”总体布局和协调推进“四个全面”战略布局，不断培育新动能，推动新旧动能接续转换，顺利实现

"两个一百年" 奋斗目标。

（二）坚持质量第一、效益优先

高质量发展是强国之基和转型之要，提高效率是发展的内在动力和永恒主题。只有不断提质增效，才能顺利实现经济的转型升级，才能为新旧动能转换提供可靠保证。因此，坚持质量第一、效益优先，不仅是新旧动能转换的题中之义和根本要求，还是新旧动能转换的必由之路和必然选择。当前，我国经济发展面临的一个突出问题，就是发展的质量和效益不高，经济大而不强。高投入、高消耗、高污染和低产出、低效益等传统发展模式特征依然明显。比如，我国资源产出率比较低。2012 年，我国一次能源消费量 36.2 亿吨标煤，占全世界能源消耗量的20%，单位 GDP 能耗是世界平均水平的2.5 倍、美国的3.3倍、日本的7 倍，同时高于巴西、墨西哥等发展中国家。我国每消耗 1 吨标煤的能源仅创造 14000 元人民币的 GDP，而全球平均水平是消耗 1 吨标煤创造 25000 元的 GDP，美国的水平是 31000 元的 GDP，日本是 50000 元的 GDP。[①]另据 2017 年 6 月 13 日发布的《世界能源统计年鉴 2017》的数据显示，2016年，我国一次能源消费量 30.53 亿吨油当量，同比增长 5.6%，占世界的比重上升为 23.0%。再如，我国劳动生产率仍然明显偏低。2015 年，我国单位劳动产出只有 7318 美元，明显低于世界平均水平 18487 美元，与美国相比则差距更大，美国为 98990 美元。我国劳动生产率水平仅为世界平均水平的 40%，仅相当于美国劳动生产率的 7.4%。[②] 近年来，随着转变经济发展方式的持续推进和供给侧结构性改革的不断深化，我国经济发展质量和效益有所提升，但空间和潜力仍然相当巨大。只有把提质增效切实放到经济工作的首要位置，切实融入经济发展的各环节和各领域，不断推动经济发展质量变革、效率变革和动力变革，不断提高劳动生产率、资本产出率和全要素生产率，才能更好地推动新旧动能转换，并最终实现新旧动能转换的既定目标。

（三）坚持供给侧结构性改革主线

新旧动能转换，离不开建设现代化经济体系。而推进供给侧结构性改革，不断提高供给体系质量，是建设现代化经济体系的主攻方向。因此，推进新旧

---

① 王秀强：《中国单位 GDP 能耗达世界均值 2.5 倍院士建议发展核电》，载《21 世纪经济报道》2015 年 6 月 11 日。

② 张翼：《国家统计局报告：中国劳动生产率仅是美国 7.4%》，载《光明日报》2016 年 9 月18 日。

动能转换，必须牢牢抓住供给侧结构性改革主线，扎实推进“三去一降一补”（去产能、去库存、去杠杆、降成本、补短板），坚持“腾笼换鸟”，引导企业压减过剩产能、淘汰落后产能，去除“僵尸企业”，调整优化产业结构，置换过剩产业形成新动能；培育壮大新兴产业，进一步推进“互联网+”行动，运用互联网、大数据、云计算等新一代信息技术，促进不同领域融合发展，催生更多的新产业、新业态、新模式，发展新兴产业形成新动能；加快引用新技术新管理新模式，瞄准国际标准，推动传统产业浴火重生、凤凰涅槃，改造提升传统产业形成新动能；通过实施脱贫攻坚战、提升公共服务水平、加大人力资源投入力度、加强基础设施建设、扩大国内消费需求、加快生态文明建设等，补齐发展短板形成新动能。

（四）坚持“四新”促“四化”

所谓“四新”，就是指新技术、新产业、新业态、新模式。所谓“四化”，就是指促进产业智慧化、智慧产业化、品牌高端化和跨界融合化。“四新”促“四化”，就是要通过大力培育和发展新技术、新产业、新业态、新模式等新经济，促进产业智慧化、智慧产业化、跨界融合化、品牌高端化，实现产业的转型升级和提质增效。从“四新”和“四化”的关系看，“四新”是新旧动能转换的动力源泉，没有“四新”，“四化”就失去了动力依托；“四化”则是新旧动能转换的关键，新旧动能转换的成效最终要体现在“四化”的发展水平和发展程度上，没有“四化”，“四新”就失去了价值目标。因此，坚持“四新”促“四化”，是新旧动能转换必须遵循的主攻方向和根本路径。

（五）坚持建设协同发展的产业体系

推动经济发展的动能，不是单一的，而是一个完整的动力系统，是由各种动能共同构成的，但其中最根本的还是产业的发展。因此，推进新旧动能转换，必须把产业发展作为主要抓手和着力点，不断提升产业发展水平，不断推动产业转型升级和提质增效，努力实现山东产业高端高质高效发展。习近平总书记在党的十九大报告中提出：“着力加快建设实体经济、科技创新、现代金融、人力资源协同发展的产业体系。”这不仅指明了我国产业发展方向和目标，也明确了新旧动能转换的主要方向和目标。实体经济是国民经济的主体，科技创新是经济发展的第一动力，金融是现代经济的血液，人力资源是经济发展第一资源。只有把科技、金融、人才和实体经济发展有机结合起来，才能更好地实现经济高质高效发展，也才能更有效地实现新旧动能转换。

二、山东新旧动能转换的试验方向

山东新旧动能转换综合试验区到底要试验什么？这是实施新旧动能转换重大工程首先要明确的问题。对此，《总体方案》作出了明确规定："在因地制宜、依法依规开展试验基础上，探索优化存量资源配置和扩大优质增量供给并举的动能转换路径，探索建立创新引领新旧动能转换的体制机制，探索以全面开放促进新动能快速成长，探索产业发展与生态环境保护协调共进，为扎实推进去产能、振兴实体经济、构建创新创业良好制度环境、发展更高层次开放型经济、形成绿色发展动能提供经验借鉴。"

建设山东新旧动能转换综合试验区，主要着眼于从四个方面探索推进新旧动能转换、实现高质量发展的路径模式和体制机制，并为其他地区提供可资借鉴的经验。具体而言，一是探索优化存量资源配置和扩大优质增量供给并举的动能转换路径，着眼于提升要素配置效能和要素产出率，这是新旧动能转换的核心；二是探索建立创新引领新旧动能转换的体制机制，着眼于建立新旧动能转换的制度体系，这是新旧动能转换的关键；三是探索以全面开放促进新动能快速成长，着眼于建立新旧动能转换支撑体系，这是新旧动能转换的重要保障；四是探索产业发展与生态环境保护协调共进，着眼于建立新旧动能转换的保障体系，这是新旧动能转换的内在要求。

尽管新旧动能转换的主战场在山东，但正如山东省委书记刘家义同志2017年4月24日在主持召开山东省委常委会议时指出的那样："加快新旧动能转换，不仅关系到当前，也关系到长远，不仅关系到山东，也关系全国发展大局。"山东要敢闯敢试，主动担当，善作善成，为全国新旧动能转换趟出一条路来。

三、山东新旧动能转换的主要目标

目标是方向，也是动力。明确新旧动能转换和发展目标，更有助于调动社会各方面的积极性，激发社会各方面的活力。《总体方案》和《实施规划》都对山东新旧动能转换提出了明确的目标。

（一）《总体方案》确定的主要目标

关于山东省新旧动能转换的主要目标，《总体方案》主要从两个发展阶段作出了规定：

1. 第一阶段目标

《总体方案》提出："到2020年，试验区在化解淘汰过剩产能、培育壮大新技术新产业新业态新模式、改造提升传统产业等方面初步形成科学有效的路径模式，取得一批可复制可推广的新旧动能转换经验并及时推广应用，淘汰落后产能阶段性任务基本完成，去产能走在全国前列。"即要用三年左右的时间，使新旧动能转换取得初步成效。

2. 第二阶段目标

《总体方案》提出："到2022年，基本形成新动能主导经济发展的新格局，经济质量优势显著增强，现代化经济体系建设取得积极进展。新兴产业逐步成长为新的增长引擎，成为引领经济发展的主要动能；现有的传统产业基本完成改造升级，成为推动经济发展的重要动能；创新创业活力显著增强，创新型经济初步具备核心竞争力；新旧动能转换的体制机制进一步完善，动能转换制度体系基本建立；开放型经济新优势日益显现，动能转换潜力加速释放。通过试验区建设，带动全省全员劳动生产率由2016年的人均10万元提高到14万元，战略性新兴产业增加值占地区生产总值比重每年提高1个百分点以上，研发经费投入占地区生产总值比重由2016年的2.3%提高到2.7%左右。"即要用五年左右的时间，基本形成新动能主导经济发展的格局，实现山东经济发展动力的根本变革。

（二）《实施规划》确定的主要目标

《实施规划》在《总体方案》的基础上，对山东省新旧动能转换的主要目标作了进一步的深化和细化，主要从三个发展阶段概括了山东新旧动能转换的主要目标：

1. 第一阶段目标

《实施规划》提出："到2022年，基本形成新动能主导经济发展的新格局，经济质量优势显著增强，现代化经济体系建设取得重要阶段性成果。'四新'经济增加值占比年均提高1.5个百分点左右，力争达到30%。"具体目标包括：

（1）质量效益全面提高。"四新"促"四化"成效明显，新兴产业加快培育，新一代信息技术、高端装备、新能源新材料、现代海洋、医养健康产业不断壮大；传统产业加快改造，高端化工、现代高效农业、文化创意、精品旅游、现代金融服务持续做优，十强产业增加值占比达到60%左右，发展的质量更好、结构更优、效益更高。

（2）创新能力全面增强。全社会科学文化素质显著提高，自主创新在提高社会生产力和综合实力中的战略支撑作用更加凸显，创新创业生态更加优化，创新型省份建设再上新水平，创新型经济形态初步形成。

（3）生态环境全面改善。主体功能区战略和制度深入实施，能源资源利用效率大幅提高，水、土壤和大气质量明显改善，生产生活方式绿色低碳，城乡环境更加优美宜居，美丽山东建设成效显著，人与自然和谐发展新格局日益完善。

（4）动能转换体制机制全面建立。改革的系统性、整体性、协同性进一步提高，使市场在资源配置中起决定性作用，更好发挥政府作用，重点领域关键环节改革取得重大突破，为推进质量变革、效率变革、动力变革提供强力的制度支撑。

（5）开放型经济新优势全面形成。积极融入国家区域发展战略取得重大进展，对内对外双向开放持续扩大，贸易投资便利化程度显著提升，国内国际要素有序流动、资源高效配置、市场深度融合，国际竞争合作能力大幅提高。

2. 第二阶段目标

《实施规划》提出："到 2028 年，改革开放 50 周年时，基本完成这一轮新旧动能转换，创新发展的体制机制系统完备、科学规范、运转高效，要素投入结构、产业发展结构、城乡区域结构、所有制结构持续优化，市场活力充沛，发展动力强劲。"

《实施规划》把 2028 年作为山东完成本轮新旧动能转换的时间节点，可以说，时间紧，任务重，压力大。这就要求，必须举全省之力，上下同心，咬定目标，攻坚克难，确保完成既定目标。

3. 第三阶段目标

《实施规划》提出："到 2035 年，经济实力、科技实力大幅跃升，法治政府基本建成，美丽山东目标基本实现，文化软实力显著增强，共同富裕迈出坚实步伐，在基本实现社会主义现代化进程中走在前列。"

相对于《总体方案》而言，《实施规划》进一步提出了山东省未来发展新的奋斗目标，即不仅要在全面建成小康社会进程中走在前列，还要在基本实现社会主义现代化进程中走在前列。这一目标的提出，进一步凸显了山东加快新旧动能转换，努力实现科学发展、持续发展、领先发展的必要性和紧迫性。

《实施规划》还进一步提出，在动能转换进程中，围绕国家赋予的试验方向和重点任务，强化责任担当，深化改革创新，力争每年总结一批可复制可推广的经验模式，为全国新旧动能转换作出贡献。积极探索优化存量资源配置和扩大优质增量供给并举的动能转换路径，深化供给侧结构性改革，为去产能和振兴实体经济提供示范；探索建立创新引领新旧动能转换的体制机制，协同推进理论创新、制度创新、科技创新、文化创新，为构建创新创业良好制度环境提供示范；探索以全面开放促进新动能快速成长的动能转换模式，形成全方位、全要素、宽领域开放新格局，为发展更高层次开放型经济提供示范；探索产业发展与生态环境保护协调共进模式，建立健全绿色低碳循环发展的经济体系，为形成绿色发展动能提供示范；探索落实国家战略新举措，积极融入京津冀协同发展、海洋强国建设、乡村振兴、军民融合发展等国家重大战略，放大国家战略集成效应，为形成战略实施合力提供示范。

第二节　山东新旧动能转换的发展布局

关于山东新旧动能转换的发展布局，《总体方案》明确提出，根据资源环境承载能力、现有基础和发展潜力，加快提升济南、青岛、烟台核心地位，形成三核引领、区域融合互动的动能转换总体格局。《实施规划》根据《总体方案》，进一步明确了山东新旧动能转换的发展布局，即综合试验区包括济南、青岛、烟台市全域，以及其他 14 个设区市的国家和省级经济技术开发区、高新技术产业开发区以及海关特殊监管区。同时，《实施规划》还指出，本规划范围以综合试验区为重点，覆盖全省陆域和近海海域。坚持梯次扩散与节点辐射相结合，全面推进与集中集约相协调，加快形成“三核引领、多点突破、融合互动”的新旧动能转换总体布局。

一、三核引领

所谓“三核引领”，就是指充分发挥济南、青岛、烟台三市经济实力雄厚、创新资源富集等综合优势，先行先试、率先突破、辐射带动，打造新旧动能转换主引擎，为全省新旧动能转换工作树立标杆。

（一）“三核”确立的依据及意义

山东新旧动能转换综合试验区把济南、青岛、烟台三市确定为核心区，主要是因为三市是山东的经济、科技、人才等的集聚地，具有引领和带动全省新旧动能转换的基础和潜力。

从人口规模看，截至 2016 年底，济南、青岛、烟台三市人口分别 723.3 万人、920.4 万人和 706.4 万人，合计 2350.1 万人，占全省总人口的比重为 23.6%，接近 1/4。①

从经济总量看，2017 年山东省实现生产总值 72678.18 亿元，名义增长 8.46%，人均生产总值达到 73068 元。其中，青岛、烟台、济南三市的经济总量居于全省前三位，分别实现地区生产总值 11037.28 亿元、7338.95 亿元和 7201.96 亿元，分别占全省生产总值的 15.2%、10.1% 和 9.9%，合计占全省生产总值的比重超过 1/3，达到 35.2%，在全省经济发展中占有举足轻重的地位。从某种意义上看，济南、青岛、烟台三市经济发展的状况和质量水平决定着山东全省经济发展的状况和质量水平。②

从财政收入看，2016 年济南、青岛、烟台三市一般公共预算收入分别达到 641.22 亿元、1100.03 亿元、577.11 亿元，分别居于全省的第二位、第一位和第三位，三市合计 2318.36 亿元，占全省一般公共预算收入的比重高达 39.6%，几乎占到四成。③

从创新能力看，济南、青岛、烟台三市是山东重要的创新中心。全社会研发投入（即 R&D 投入），根据山东省统计局的数据，2016 年，全省研发投入 1566.1 亿元，居于全国第三位。其中，青岛市全社会研发投入总量为 286.4 亿元，占全省总量的 18.29%，居于全省第一位；研发投入强度为 2.86%，高于全省平均水平 0.52 个百分点，居于全省第一位。烟台和济南全社会研发投入总量分别为 178.9 亿元和 156.7 亿元，分别居于全省第二位和第三位。研究与试验发展人员数量，济南有 79479 人、青岛有 78190 人、烟台 41195 人，分别居于全省第一位、第二位和第四位。有效发明专利拥有量，截至 2016 年底，青岛市有 18285 件、济南市有 14642 件、烟台市有 4762 件，分别居于山东全省的第一位、第二位和第三位。其中，济南市万人有效发明专利拥有量 20.72 件，居于全省第一位。国内三种专利申请受理量，青岛市有 59549 件，占全省的 27.7%，居于全省第一位；济南市有 31789 件、烟台市有 12649 件，分别居于全省第二位和第四位；国内三种专利申请授权量，青岛市有 22046 件，占全省的 22.5%，居于全省第一位；济南市有 15454 件、烟台市有 5497 件，分别居于全省的第二位和第五位。④

①③④ 山东省统计局：《山东统计年鉴 2017》，中国统计出版社 2017 年版。

② 山东省统计局：《2017 年山东省国民经济和社会发展统计公报》，2018 年 2 月 28 日。

从高新技术产业发展看，2016年，青岛市拥有国家高新技术企业数量1348家、济南市751家、烟台市370家，分别居于全省的第一位、第二位和第四位；高新技术企业比上年增加数分别居于全省第一位、第二位和第三位。2017年，青岛市实现高新技术产业产值7531.37亿元，居于全省第一位；烟台市6314.7亿元，居于全省第二位；济南市2661.2亿元，同比增长20.1%，增速居于全省第一位；累计占规模以上工业比重，济南、青岛、烟台市分别为45.15%、42.51%、42.49%，分别居于全省的第一位、第二位和第三位。[①]

从地理区位看，青岛和烟台两市地处山东省沿海，且分列山东半岛南北两侧，既是区域的经济中心，也是全省经济增长的重要龙头。济南市地处山东的中西部，不仅是山东的省会、政治中心和文化中心，还是全国十五个副省级城市之一，同时也是省会城市经济圈的龙头。在空间布局上，济南、青岛、烟台共同组成了一个三角形，构成了支撑全省经济社会发展的主要支柱。因此，就山东省而言，全省要实现经济转型发展，济南、青岛、烟台三市首先要实现经济转型发展；全省要实现新旧动能转换，三市首先要实现新旧动能转换，且要在全省的新旧动能转换中发挥重要引领和关键支撑作用。

由上可见，把济南、青岛、烟台三市确立为山东省新旧动能转换的核心，是从三市经济、科技、产业发展的基础和实力，从统筹全省经济社会发展和优化区域发展格局，从全省实现科学发展、持续发展、领先发展的实际需要出发，作出的重大判断和决策部署。“三核”的确立，有助于强化济南、青岛和烟台三市对周边地区的辐射带动作用，推进资源要素统筹配置、优势产业统筹培育、基础设施统筹建设、生态环境统筹治理。促进全省协调联动发展，健全产业合作利益分享机制，提高园区、企业、项目配套协作水平，实现产业有序转移和优化布局，提升区域经济发展一体化水平。

（二）“三核”的目标定位

《总体方案》和《实施规划》从济南、青岛、烟台三市的实际情况以及各自在区域经济发展和新旧动能转换总体格局中的地位和作用，分别确立了三市的发展目标。

1. 济南的目标定位

实施北跨东延、携河发展，在黄河沿岸高起点、高标准、高水平规划建设国家新旧动能转换先行区，集聚集约创新要素资源，发展高端高效新兴产业，

① 张建丽：《菏泽实现高新技术产业产值2750亿元目标》，载《齐鲁晚报》2018年3月1日。

打造开放合作新平台，创新城市管理模式，综合提升基础设施和公共服务水平，建设现代绿色智慧新城。以新旧动能转换先行区为引领，以东部高端产业集聚区、省级开发区转换提升区、泉城优化升级区为支撑，以济南中央商务区、济南国际医学科学中心为重点，构建“一先三区两高地”的核心布局。重点发展大数据与新一代信息技术、智能制造与高端装备、量子科技、生物医药、先进材料、产业金融、现代物流、医养健康、文化旅游、科技服务等产业，提高省会城市首位度，建设“大、强、美、富、通”的现代化省会城市，构建京沪之间创新创业新高地和总部经济新高地，打造全国重要的区域性经济中心、金融中心、物流中心和科技创新中心。

2. 青岛的目标定位

突出海洋科学城、战略母港城、国际航运枢纽和国家沿海重要中心城市综合功能，以青岛西海岸新区、蓝谷核心区、高新区、胶东临空经济示范区为引领，以胶州湾青岛老城区有机更新示范带和胶州、平度、莱西等县域经济转型升级示范园区为支撑，构筑“四区一带多园”的核心布局。重点打造新一代信息技术、轨道交通、智能家电、海洋经济、高端软件、生物医药、航空航天、航运物流、财富金融、影视文化、时尚消费等国内外领先的产业集群，大力发展平台经济、分享经济、标准经济、绿色经济等引领潮流的新业态新模式。积极创造条件探索建设自由贸易港，打造国际先进的海洋发展中心、国家东部沿海重要的创新中心、国家重要的区域服务中心和具有国际竞争力的先进制造业基地，提升全省经济发展的龙头地位，争创国家中心城市，打造国际海洋名城，形成国家东部地区优化发展的增长极，建设更加富有活力、更加时尚美丽、更加独具魅力的青岛。

3. 烟台的目标定位

发挥环渤海地区重要港口城市、先进制造业名城、国家创新型试点城市优势，强化中心城区引领作用，以烟台经济技术开发区、烟台高新技术产业开发区、蓬长协作联动发展区为重点，以烟台东部产城融合发展示范区、招远经济技术开发区、中心城区功能与产业更新带、国家现代农业产业园为支撑，形成“五区一带一园”的核心布局。重点发展海洋经济、高端装备、信息技术、生物医药、高端石化、先进材料、航空航天、金融商务、医养健康、文化旅游、高效农业等产业，打造先进制造业名城、国家海洋经济发展示范区、国家科技创新及成果转化示范区和面向东北亚对外开放合作新高地。

二、多点突破

所谓“多点突破”，是指以淄博等14市（即除了济南、青岛、烟台三个核心之外的全省其他14市）国家和省级经济技术开发区、高新技术产业开发区以及海关特殊监管区等为重点，创新园区管理运营机制，发挥各自比较优势，明确产业发展方向和重点，培育特色经济和优势产业集群，打造若干具有核心竞争力的区域经济增长点。

（一）“多点”确立的意义

新旧动能转换是关乎山东全局和未来长久发展的重大工程，在全省新旧动能转换的大格局中，“多点”与“三核”既彼此独立、合理分工，又互为依托、互为支撑。“三核”发挥着立柱架梁的核心引领作用，如果没有“三核”，新旧动能转换就会因为缺少关键支撑而动摇全局；“多点”发挥着筑基垒台的固本强基作用，如果没有“多点”，新旧动能转换就会因为基础不牢而动摇根本。因此，新旧动能转换，绝不是济南、青岛、烟台三市唱“独角戏”，而是在把济南、青岛、烟台三市打造成引领全省新旧动能转换主引擎的同时，其他14个市既要依据自己的定位，主动接受“三核”的辐射，又要发挥各自特色优势，提升发展质量效益，强化核心竞争力，把自身打造成区域经济发展的重要支撑点和动力源，带动和引领周边区域更好更快发展，在全省努力形成以“点”带面的经济转型发展和新旧动能转换格局。

（二）“多点”的目标定位

从自身实际出发，14市要明确各自的主攻方向，探索自己的突破口，依托资源禀赋、产业基础等优势，努力打造特色产业和发展亮点，在发展质量和效益上形成新突破，在科学发展、持续发展和率先发展上形成新突破。

1. 淄博的目标定位

主要布局新能源电池及新能源汽车、智能卡及微机电等未来产业，壮大新材料、生物医药、信息技术、文化旅游、现代金融等新兴产业，改造化工、陶瓷、纺织等传统产业，淘汰建材、钢铁等行业落后产能，打造全国老工业城市和资源型城市产业转型升级示范区、新型工业化强市、齐文化传承创新示范区。

2. 枣庄的目标定位

主要布局人工智能等未来产业，壮大信息技术、新能源、新材料、医养健康等新兴产业，改造化工、机械机床、煤电、建材等传统产业，淘汰平板玻璃、水泥等行业落后产能，打造智慧枣庄和资源型城市创新转型持续发展示范区、国家可持续发展议程创新示范区。

3. 东营的目标定位

主要布局航空航天服务等未来产业，壮大石化装备、新能源、文化旅游等新兴产业，改造化工、冶金、造纸、纺织等传统产业，淘汰炼油、轮胎等行业落后产能，打造绿色循环高端石化产业示范基地和石油资源型城市转型发展试验区。

4. 潍坊的目标定位

主要布局虚拟现实、人工智能、新能源电池等未来产业，壮大高端装备制造、生物基材料、信息技术、现代种业等新兴产业，改造装备制造、汽车、化工等传统产业，淘汰钢铁、造纸等行业落后产能，打造国家农业开放发展综合试验区、虚拟现实产业基地和国际动力城。

5. 济宁的目标定位

主要布局第三代半导体、生命健康等未来产业，壮大信息技术、文化旅游、生物医药等新兴产业，改造工程机械、能源、纺织服装等传统产业，打造优秀传统文化传承发展示范区和资源型城市新旧动能转换示范区。

6. 泰安的目标定位

主要布局人工智能、生命健康、信息技术等未来产业，壮大高端装备制造、文化旅游体育、新能源等新兴产业，改造建材、化工、纺织等传统产业，打造彰显泰山魅力的国际著名旅游目的地城市和智能绿色低碳发展示范区。

7. 威海的目标定位

主要布局生命健康、前沿新材料等未来产业，壮大医疗器械、海洋生物、时尚创意等新兴产业，改造机械装备、纺织、海洋食品等传统产业，打造国家区域创新中心、医疗健康产业示范城市和中韩地方经济合作示范区。

8. 日照的目标定位

主要布局生命健康、通用航空等未来产业，壮大文化旅游、海洋生物医药、现代物流、高端装备制造等新兴产业，改造钢铁、汽车零部件等传统产业，打造全国一流精品钢铁制造基地、临港涉海产业转型升级示范区。

9. 莱芜的目标定位

主要布局航天航空服务等未来产业，壮大清洁能源、冶金新材料、全域旅游等新兴产业，改造钢铁、汽车及零部件等传统产业，打造高端钢铁精深加工产业聚集区、清洁能源研发制造基地，打造全国产业衰退地区转型发展示范区。

10. 临沂的目标定位

主要布局生命健康、航空航天、机器人等未来产业，壮大信息技术、磁性材料、文化旅游、新能源、生物医药、节能环保等新兴产业，改造商贸物流、工程机械、木业、化工等传统产业，淘汰钢铁、陶瓷等行业落后产能，打造国家内外贸融合发展示范区、人才管理改革试验区。

11. 德州的目标定位

主要布局生命健康、航空航天材料等未来产业，壮大新能源、生物医药、体育、高端装备制造等新兴产业，改造化工、纺织等传统产业，打造全国重要的新能源产业基地、京津冀鲁科技成果转化基地，建设京津冀协同发展示范区。

12. 聊城的目标定位

主要布局医养健康、新能源汽车等未来产业，壮大新材料、生物医药等新兴产业，改造纺织、造纸等传统产业，淘汰冶金等行业落后产能，打造全国领先的铜铝精深加工产业基地、新能源汽车产业基地，建设京津冀协同发展试验区。

13. 滨州的目标定位

主要布局航空航天材料、新能源电池等未来产业，壮大高端装备制造、高端化工、新能源等新兴产业，改造有色金属、纺织等传统产业，淘汰火电、电解铝等行业落后产能，打造国家级轻质高强合金新材料产业基地和粮食产业融合循环经济示范基地。

14. 菏泽的目标定位

主要布局生命健康、高端装备、前沿新材料等未来产业，壮大高端化工、生物医药、信息技术、节能环保等新兴产业，改造机电设备、农副产品加工和商贸物流等传统产业，淘汰水泥、纺织、印染等行业落后产能，打造医养健康示范基地、现代农业发展综合试验区、中国牡丹城。

三、融合互动

“三核引领”和“多点突破”，在立足于发挥各地的特色优势的同时，而必须牢固树立全省“一盘棋”思想，统筹合作、联动发展。

（一）“融合互动”的内涵

所谓“融合互动”，就是指坚持深度融合、互利共赢，立足各地现实基础和比较优势，创新区域协同发展机制，着力在产业升级协作、要素资源配置、基础设施互通、生态环保共建等重点领域深化改革探索，促进特色发展、错位发展和互动发展，努力实现全省整体效益最大化。无论是“三核”还是“多点”，既要以我为主、发挥特色、放大优势，努力做大做优做强；同时，又要着眼全局、注重协同、深化合作，努力融为一体，形成最大合力。因此，“融合互动”就是要求在推动新旧动能转换过程中，既要发挥各自的特色优势，又要努力形成全省大合唱，奏好同心曲，绝不能各唱各的调、各吹各的号。

（二）“融合互动”的重点

融合互动发展的关在在于统筹，要牢固树立全省“一盘棋”思想，努力实现全省统筹联动发展。

1. 推进优势产业统筹培育

要优化全省产业布局，引导区域间产业有序转移、整体升级，培育新兴产业特色经济集群。加快产业链条向上下游延伸，提高产业区域配套水平，提升经济发展一体化水平。

2. 推进要素资源统筹配置

要健全区域合作利益分享机制，促进园区、企业、项目协作，增强资产、资本、资源配置的精准性和系统性，形成更加开放完善的市场体系。

3. 推进基础设施统筹建设

要坚持全域规划全域共享，健全完善智能化、现代化、一体化综合交通网，围绕能源、水利等领域实施一批跨区域的重大工程，提高基础设施互联互通水平。

4. 推进生态环境统筹治理

要强化环境同治，完善主要污染物治理区域联防联控长效机制，加强生态建设，提高区域生态安全保障能力，提高生态文明建设水平。

（三）“融合互动”的保障

必须明确，无论是“三核引领”还是“多点突破”，最终都要体现在协同发展上，这就需要从机制、政策、措施上加强创新。

1. 找准目标位置

各地必须立足自身优势，因地制宜，宜农则农、宜工则工、宜商则商、宜医养则医养、宜旅游则旅游、宜文化则文化、宜教育则教育，“各出各的优势牌”“各拿各的特色菜”，既不能照抄照搬，也不能什么项目都来者不拒。各地区之间要避免低端同质恶性竞争，发展中要相互“补台”，而不能相互“拆台”。

2. 用好政策红利

新旧动能转换上升为国家战略，这是山东发展的重大机遇和政策红利。各地区要对新旧动能转换综合试验区的各种政策研究透、运用好，最大限度提高政策普惠面，为产业集群发展提供政策保障。

3. 强化一体推动

推进山东新旧动能转换综合试验区建设，要在充分遵循市场经济规律的前提下，更好发挥政府规划的引导和促进作用，做好各类各项发展规划的对接，统筹推进资源要素配置，提高一体化发展水平，加快形成多点开花、点面结合、快速崛起、优势彰显的现代产业集群建设新布局。

参考文献：

1. 王秀强：《中国单位 GDP 能耗达世界均值 2.5 倍院士建议发展核电》，载《21 世纪经济报道》2015 年 6 月 11 日。

2. 张翼：《国家统计局报告：中国劳动生产率仅是美国 7.4%》，载《光明日报》2016 年 9 月 18 日。

3. 山东省统计局：《山东统计年鉴 2017》，中国统计出版社 2017 年版。

4. 山东统计局：《2017 年山东省国民经济和社会发展统计公报》，2018 年 2 月 28 日。

5. 张建丽：《菏泽实现高新技术产业产值 2750 亿元目标》，载《齐鲁晚报》2018 年 3 月 1 日。

第四章

山东新旧动能转换的主攻方向

新旧动能转换是一项复杂的系统工程，要达到预期目标，必须首先明确新旧动能转换的主攻方向。《山东新旧动能转换综合试验区建设总体方案》（以下简称《总体方案》）和《山东省新旧动能转换重大工程实施规划》（以下简称《实施规划》）明确提出了山东新旧动能转换的主攻方向，即通过发展新技术、新产业、新业态、新模式（简称“四新”），促进产业智慧化、智慧产业化、跨界融合化、品牌高端化（简称“四化”），实现传统产业提质效、新兴产业提规模、跨界融合提潜能、品牌高端提价值（简称“四提”）。用一句话概括，就是发展“四新”促进“四化”实现“四提”。

第一节　加快发展“四新”

发展“四新”，就是通过准确把握科技发展前沿趋势和经济发展脉络，推进数字技术、信息技术、智能技术、绿色技术等新技术异军突起，推动人工智能、机器人等新兴产业发展壮大，推动基于互联网的创新设计、智能制造、新型营销等新业态层出叠现，推动分享经济、平台经济、融合经济等新模式蓬勃兴起，[①] 积极培育新的经济增长点，形成引领支撑经济发展的强大动能。

一、“四新”的内涵及特点

（一）“四新”的内涵

“四新”，即新技术、新产业、新业态、新模式，是指在新技术革命和产

① 关兆泉：《山东要以“四新”促“四化”》，齐鲁网，2017 年 12 月 22 日，http：//sd. zhaoshang. net/2017 - 12 - 12/617701. html。

业变革以及产业加快融合发展的大背景下，以市场为导向，以技术创新、应用创新和模式创新为核心内容，相互融合相互渗透而发展形成的新的经济形态。

1. 新技术

新技术不是简单的产品技术或实验室技术，而是指可实际推广、替代传统应用和形成市场力量的新技术。比如，3D 打印、物联技术、云计算、储能技术、页岩气技术、机器人、M2M、高温超导材料、有机发光二极管 OLED、智能驾驶、可穿戴设备等。①

科学技术是现实的直接生产力，人类社会的每一次技术革命和技术突破，都会引起天翻地覆的变化，推动人类社会实现跨越式发展。1988 年 6 月，邓小平同志根据当代科学技术发展的趋势和现状，在全国科学大会上提出了“科学技术是第一生产力”的重要论断。这一论断，不仅体现了马克思主义的生产力理论，也深刻诠释了现代科学技术发展给人类社会带来的深远影响。

新一轮科技革命和产业变革正在世界范围内孕育兴起，各国纷纷抢占未来战略制高点，发达国家加紧实施“再工业化”，我国产业转型、提质增效迫在眉睫。新一代信息技术、生物技术、新能源、新材料、智能制造等成为全球产业界追逐的焦点，也为我国经济转型升级带来了新的机遇。

20 世纪 90 年代，3D 打印技术逐渐兴起，近年来得到了快速发展和越来越广泛的应用。3D 打印属于快速成形技术的一种，它是一种以数字模型文件为基础，运用粉末状金属或塑料等可粘合材料，通过逐层堆叠累积的方式来构造物体的技术。在传统上，这种技术通常被用于模具制造、工业设计等领域的模型制造，而如今这一技术在越来越多的领域得到应用，比如用于打印模型、房屋、汽车、服装、人体骨骼和器官以及工程施工和航空航天等。波音公司在 90 年代中期就开始应用 3D 打印组件。目前，波音公司已在 16 种不同的商用和军用飞机上使用了 200 多种、2 万多个 3D 打印的飞机零部件。②

2. 新产业

新产业是指以新的科学发现和新的技术发明为基础，以新的市场需求为依托，引发产业体系重大变革的产业。

随着人类社会的不断发展进步，产业结构也在不断发展演进，新的产业不断兴起并逐步取代原有旧的产业。新产业的不断涌现和崛起，成为推动人类社

① 赵磊：《上海市经信委主任：将以“四新”促上海经济转型发展》，经济网，2014 年 5 月 30 日，http：//www. ceweekly. cn/2014/0530/83931. shtml。

② 王绍旻、谢荣：《张洪文：3D 打印技术创新推动中国“工业 4. 0”》，中国网，http：//photo. china. com. cn/2018 -01/05/content_50195348. htm，2018 年 1 月 5 日。

会不断向前发展的重要力量。近年来，随着互联网、电子信息、智能制造、新能源、新材料等高新技术的快速成长，一系列高技术、高附加值的新产业迅速增长，已经逐步成为引领产业发展的新引擎。

互联网产业就是给世界产业体系带来巨大冲击和深刻变革的新产业。互联网产业以现代新兴的互联网技术为基础，专门从事网络资源搜集和互联网信息技术的研究、开发、利用、生产、贮存、传递和营销信息商品，可为经济发展提供有效服务的综合性生产活动的产业集合体，是现阶段国民经济结构的基本组成部分。2015 年 10 月 19 日，位于重庆市照母山科技创新城核心地带的两江新区互联网产业园正式开园，园区总面积 35 万平方米，围绕互联网和软件信息类企业，打造企业、资本、人才、信息多维融合的产业生态，建设 4.0 版本生态智慧科技园区。截至目前，已入驻各类互联网企业 200 余家，园区从业人员超过万人。互联网产业园围绕"创新、智慧、生态、人文"的理念，重点发展建设六大类型产业板块：移动互联网、移动游戏、移动新媒体；金融科技、互联网教育；云计算、大数据、物联网；文化创意、数字文化、工业（工程）设计；软件信息，服务外包；"互联网 + "、智能制造。产业园始终坚持以互联网思维建设互联网产业园，园区不仅有无线 WIFI 全覆盖，而且形成涵盖物业管理、创业支持、生活服务、工作生产、人文互动等内容的"全能型"园区信息系统，可整合实现网上订餐、寻找车位、3D 导览、企业服务、创业保姆、咨询管理、拼车团购、一卡通等功能。[①]

当前，人工智能（AI）已经不再是一个新名词。在新一轮科技革命和产业变革大背景下，理论算法的革新、计算能力的提升及网络设施的演进，推动人工智能进入了新的发展阶段，迅速由研发真正走向了行业应用。总体来看，在试点示范以及重大工程的引领下，2018 年上半年，我国人工智能产业呈现出持续、高速成长的态势，不仅在基础层、技术层、应用层逐步构建起了完整的产业链条，而且与金融、交通、医疗、教育、农业、制造业等场景跨界融合程度不断加深，创造出巨大的社会经济效益。在未来，人工智能产业发展与各行业之间的相互融合会更加深刻，对我国制造业转型升级将会发挥更大的战略支撑作用。

3. 新业态

新业态就是新的经济活动，指伴随信息等技术升级应用，从现有领域中衍生叠加出的新环节新活动。

---

① 《两江新区互联网产业园》，两江新区官网，2017 年 12 月 19 日。

随着计算机、移动终端和互联网等信息技术的广泛应用，“互联网+”的发展模式在各领域蓬勃兴起，在移动通信、卫星定位等技术发展之后，汽车服务带动出导航、车载信息、车联网等新增值服务；移动互联网领域随着移动终端的普及推出位置服务应用；社会经济领域海量数据挖掘分析形成大数据应用服务等。当前“互联网+”已渗透到商业、金融、交通、旅游、教育、医疗等领域，几乎所有的传统行业都受到互联网的渗透影响，并发生深刻变革，甚至发生颠覆性变革。第三方支付、网上购物、网络约车、网上订餐、在线医疗等新业态日新月异，正在改变着人们的生产生活方式，也成为经济增长的新动力，创新驱动的新动能正在接替主动调整的旧动能。

互联网金融就是互联网技术和金融功能的有机结合，依托大数据和云计算在开放的互联网平台上形成的功能化金融业态及其服务体系，包括基于网络平台的金融市场体系、金融服务体系、金融组织体系、金融产品体系以及互联网金融监管体系等，并具有普惠金融、平台金融、信息金融和碎片金融等相异于传统金融的金融模式。

互联网金融是传统金融机构与互联网企业利用互联网技术和信息通信技术实现资金融通、支付、投资和信息中介服务的新型金融业务模式。互联网与金融深度融合是大势所趋，将对金融产品、业务、组织和服务等方面产生更加深刻的影响。互联网金融对促进小微企业发展和扩大就业发挥了现有金融机构难以替代的积极作用，为大众创业、万众创新打开了大门。促进互联网金融健康发展，有利于提升金融服务质量和效率，深化金融改革，促进金融创新发展，扩大金融业对内对外开放，构建多层次金融体系。作为新生事物，互联网金融既需要市场驱动，鼓励创新，也需要政策助力，规范发展。①

当然，不能把互联网金融看作互联网和金融业的简单结合。它是在实现安全、移动等网络技术水平上，为适应新的需求而产生的新的业务形态，是传统金融行业与互联网技术相结合的新兴领域。

4. 新模式

新模式是指以市场需求为中心，打破原先垂直分布的产业链及价值链，实现重新高效组合。比如，制造业与服务业融合、制造业平台化、平台经济、联盟经济等。②

---

① 《互联网金融已被金融监管部门认可，利率市场化正在加强》，中国资金管理网 2014 年 4 月 19 日。

② 赵磊：《上海市经信委主任：将以“四新”促上海经济转型发展》，经济网，http://www.ceweekly.cn/2014/0530/83931.shtml，2014 年 5 月 30 日。

产能共享是我国“互联网+制造”发展战略的重点培育对象。党的十九大报告提出：“加快建设制造强国，加快发展先进制造业，推动互联网、大数据、人工智能和实体经济深度融合，在中高端消费、创新引领、绿色低碳、共享经济、现代供应链、人力资本服务等领域培育新增长点、形成新动能。”2016年5月，国务院发布的《国务院关于深化制造业与互联网融合发展的指导意见》提出：“推动中小企业制造资源与互联网平台全面对接，实现制造能力的在线发布、协同和交易，积极发展面向制造环节的分享经济，打破企业界限，共享技术、设备和服务，提升中小企业快速响应和柔性高效的供给能力。”“面向生产制造全过程、全产业链、产品全生命周期，实施智能制造等重大工程，支持企业深化质量管理与互联网的融合，推动在线计量、在线检测等全产业链质量控制，大力发展网络化协同制造等新生产模式。支持企业利用互联网采集并对接用户个性化需求，开展基于个性化产品的研发、生产、服务和商业模式创新，促进供给与需求精准匹配。推动企业运用互联网开展在线增值服务，鼓励发展面向智能产品和智能装备的产品全生命周期管理和服务，拓展产品价值空间，实现从制造向‘制造+服务’转型升级。积极培育工业电子商务等新业态，支持重点行业骨干企业建立行业在线采购、销售、服务平台，推动建设一批第三方电子商务服务平台。”2017年12月，国家发展和改革委员会下发的《国家发展改革委办公厅关于推进发展一批共享经济示范平台的通知》进一步明确了共享经济平台建设的重点方向，一是创新能力共享；二是生产能力共享。

制造业产能共享主要是指以互联网平台为基础，以使用权共享为特征，围绕制造过程各个环节，整合和配置分散的制造资源和制造能力，最大化提升制造业生产效率的新型经济形态。从共享内容看，制造业产能共享主要包括设备、技术服务、生产能力和综合性服务的共享。发展制造业产能共享，能够催生我国经济增长新动能、重构供需结构、激发创新活力。

（二）“四新”的特点

“四新”经济是在新一代信息技术革命、新工业革命以及制造业与服务业加快融合的背景下发展起来的新型经济形态。概括起来看，“四新”经济的基本特点主要包括以下几个方面[①]：

---

① 赵磊：《上海市经信委主任：将以“四新”促上海经济转型发展》，经济网，http：//www.ceweekly.cn/2014/0530/83931.shtml，2014年5月30日。

1. 渗透性

“四新”经济的各个部分不是相互割裂的，而是相互促进、相互融合渗透的。比如，有的新领域本身就是新技术应用后形成的新模式或新业态，部分新模式新业态大规模发展后引起产业体系根本性变革，于是产生了新产业。

2. 动态性

“四新”经济随着最新技术、模式等的突破应用，其内容和形态也将不断发生新的变化。

3. 跨界性

“四新”经济的形成，是以产业跨界和融合发展为基本前提的。比如，制造业和服务业融合，跨界、异业联盟的发展等催生了更多的“四新”经济。

4. 创新性

相对于传统经济而言，“四新”经济的发展更加依赖有利于创新的宽松氛围，需要鼓励创新、容忍失败、减少规制的基础环境。

5. 轻资产性

“四新”经济以知识智力资产的开发和转化应用为核心，依赖核心人才团队建设，具有明显的轻资产化特征。

二、“四新”发展的实践探索

发展“四新”经济，首先要找准“新”的方向，选好“四新”经济的突破口，使之成为引领经济转型发展和新旧动能转换的新引擎。党的十八大以来，我国加快实施创新驱动发展战略，深化体制机制改革，全面推进大众创业、万众创新，“四新”经济蓬勃发展，经济发展新动能不断增强。

（一）湖北：搭建“四新”经济政策支持体系

近年来，湖北省一直在探索推动“四新”经济发展，着力打造经济发展的新引擎，先后出台了一系列相关政策。湖北省在全国率先推出“科技成果转化十条”“高校院所服务企业新九条”“激励企业研发活动十一条”，消除体制机制束缚，助力新技术“下海”和新产业诞生。2016 年，湖北省出台了《加快发展新经济的若干意见》，推出 16 条具体细则打造新经济业态，领军人才最高可获奖励 200 万元。2017 年，湖北省印发了《万亿战略性新兴产业推进实施方案》，提出到 2020 年战略性新兴产业增加值占 GDP 的比重超过 17%。2018 年，湖北省又出台了《加快新旧动能转换的若干意见》，为高端制造等六大“新产业”的16个细分领域出台了扶持政策。随着“高含金量”政策的连续落地，一批批新技术成果涌入了市场，一家家特色科技企业快速成长，一个个传统产业企业成功转型，一座座老工业城镇迸发新的活力。2018年7月20日，是中国光谷武汉东湖高新区发展史上重要的一天，由武汉邮电科研院和电信科研院联合重组成立的中国信息通信科技集团在中国光谷正式运营，将作为我国信息通信领域“大国重器”，扛起我国无线通信、光通信引领发展的战略大旗。同一天，位于中国光谷的全球最大光纤光缆供应商长飞公司在上交所挂牌上市，成为我国光纤业首家A+H股两地上市的企业；武汉华星光电柔性显示面板项目进入安装调试阶段，将生产我国第一批折叠屏6代柔性显示面板。目前，中国光谷正在挖掘技术优势和产业潜能，围绕光电子信息产业新技术和新业态，重点打造“芯—屏—端—网”万亿级光电子信息产业集群，将成为中国乃至全球最密集的电子信息产业基地。①

（二）浙江：建立“四新”经济发展的人才支撑

浙江省在2018年政府工作报告中提出，大力发展互联网、物联网、大数据、人工智能等新技术新产业和一批重量级未来产业。为推进“四新”经济发展，浙江省内育外引招贤揽才，逐步建立了四个系统的创新大军，分别是以浙江大学为代表的高校系，阿里巴巴IPO后出来创业的阿里系，国家“千人计划”为代表的海归系，以及创二代、新生代为代表的浙商系。鼓励创业创新，浙江首先从培养创新精神、创业能力做起，并将关口尽可能提前。

创新高校系的涌现，得益于浙江人领风气之先、敢闯敢试的精神。早在1999年，浙江大学就引入美国麻省理工、百森商学院等全球著名大学的先进经验，在我国大学中率先创建“创新与创业管理强化班”。在过去的19年里，班级学员的创业率近20%，远高于国内任何类别培训班级，更诞生了数家上市公司、电子商务等新领域估值上亿的公司。

海归系创业也是硕果累累。截至2017年，浙江省“千人计划”引进海归人才1619人，入选国家“千人计划”451人，居全国第四位。邀请海归回国是一个成本高、时间漫长的过程。要想“请回来”，就得先“走出去”。浙江省最重要的经验就是不放弃，坚持打持久战，以认真的精神和诚挚的情感打动人。位于余姚的江丰电子，从得知创始人姚力军有归国创业意愿到项目落地，余姚市委、市政府前后做了8年工作。在江丰电子走上正轨前的6年里，余姚

① 徐海波：《聚焦经济转型升级：“四新经济”蓬勃兴起》，载《长江日报》2018年8月22日。

各部门先后以高层次人才奖励、国有担保公司出面担保等方式，帮助其度过了一个又一个难关。如今，江丰电子已经成功打破日美在高纯钛靶材这一战略金属材料领域的垄断，成为 iPhone7 “中国芯” 的生产者。姚力军本人更成为了余姚发展新产业的 “引才大使”，通过他又引进多名海外高端人才。

为更好吸引 “四新” 人才，浙江省明确提出要 “超常规” 发展高等教育，并专门出台意见扩大政府支持平台建设的覆盖面，将一些新的院校纳入其中；推进建设企业研究院、千人计划产业园等新平台。正是在这样的背景下，西湖大学由教育部正式批复设立，并已于 2017 年开始招生。[①]

（三）山东：规划引领 “四新” 经济发展

2018 年山东省政府工作报告明确提出了 “四新” 经济发展的思路和目标，坚持世界眼光、国际标准、山东优势，坚持扬长避短、扬长克短、扬长补短，加快区位优势、资源优势、基础优势等的创造性转化，培育新的增长点。深入落实《〈中国制造 2025〉山东省行动纲要》，大力发展智能制造、绿色制造、服务型制造。实施工业强基工程，推动新一轮技术改造和产品升级，加快构建新一代材料产业体系。努力建设数字山东，加快互联网、大数据、云计算、物联网、人工智能与制造业深度融合，推动 “企业上云”，发展个性化定制、工业设计等新业态。制定实施好《山东省高端装备制造业发展规划》《山东省信息技术产业发展规划》，培育在国内外具有重要影响力的先进制造业集群。培植壮大农业 “新六产”，坚持产业链相加、价值链相乘、供应链相通，推动终端型、体验型、智慧型、循环型农业发展。加快建设以企业为主体、市场为导向的技术创新体系，打造政产学研金服用 “北斗七星” 创新共同体。发展壮大科技型企业和高新技术企业，建设一批具有较强竞争力的创新型产业集群。高水平建设山东半岛国家自主创新示范区，加快建设黄河三角洲农业高新技术产业示范区，积极创建国家可持续发展议程创新示范区。加快国家实验室、制造业创新中心、技术创新中心、产业创新中心等重大平台建设。落实好《山东省海洋主体功能区规划》，打造向海经济，做强海洋生命健康、海洋高端装备、海水利用、绿色海洋化工、海洋旅游等产业。支持日照、威海等市创建国家海洋经济发展示范区，加快 “海上粮仓”、海洋牧场和海洋经济特色园区建设。实施 “透明海洋” 工程，强化 “智慧海洋” 深海基地公共服务平台建设，打

① 付玉婷、廉卫东：《“四新”“四化” 说浙江——新旧动能转换省外观澜③》，载《大众日报》2018 年 4 月 17 日。

造全国深远海开发战略保障基地。依托青岛海洋科学与技术国家实验室和中科院海洋大科学研究中心，加快培育青岛西海岸新区、蓝色硅谷，支持青岛、烟台、潍坊、威海等建设海洋科技产业聚集示范区，形成具有国际影响力的海洋科技创新中心。

为了推进新一代信息技术发展，2018 年 3 月，山东省科学技术厅印发了《山东省量子技术创新发展规划（2018 ~ 2025 年）》（以下简称《规划》），提出到 2025 年，形成以济南为中心、辐射全省的量子技术产业集群，营收达到百亿级规模，实现量子技术应用市场的突破，使山东省成为全球量子技术及产业发展的战略高地之一。《规划》明确，重点开展量子技术标准、量子通信安全性等基础研究工作，争取在薄弱环节实现系统性突破，加快发展壮大量子信息产业基础，形成量子信息发展新优势。加强周期极化铌酸锂波导制备、基于铌酸锂薄膜的新型光电子学器件、高效单光子探测产品、集成光学芯片、膜上光量子器件和移动量子通信设备等核心技术与器件的研究开发，搭建量子安全区块链业务平台和量子通信业务支撑系统，推动重大共性关键技术协同创新。适时开展量子生物基因检测应用研究，推进医疗科技创新。加快推进量子激光雷达技术在全省环保治霾、气象监测等方面应用，解决雾霾精确定位、污染气体成分精确测量等涉及社会民生的重大需求问题，实现人与自然和谐发展，提升人民生活质量。《规划》提出了工作重点和发展路径，加强关键技术研发，提升重点领域创新水平，坚持创新引领，促进跨界融合，组织政产学研用联合专项攻关，聚焦量子科技基础研究及前沿技术、重大共性关键技术和重点核心元器件，加大人才引进和资金投入，不断提升创新能力和创新水平，打造全面可持续的创新体系。《规划》还提出了构建“一谷多园”的空间发展格局。“一谷”，即在济南高新区中心区布局建设我国量子信息领域参与国际竞争的标志性品牌——“济南·量子谷”，打造山东省量子信息领域科研、产业、孵化和运营的核心积聚区。“多园”，即围绕重点研发应用领域，结合当前山东量子通信产业链分布，打造各具特色的量子通信科技园区。

三、推动“四新”经济做大做强

面临新一轮科技革命和产业变革的激烈国际竞争，我国作为后发国家，必须从前瞻性的视角出发，选择科学的产业发展战略，最大限度地趋利避害，不断做大做强“四新”经济，在激烈的全球产业竞争中赢得优势。

（一）加大技术创新力度

自主创新和创新能力的增强是提升我国产业在全球产业供应链中地位和竞争力的根本途径。我国应根据自身实际和基础条件，加快推进一批重大科技创新工程和产业技术项目实施，促进基础研究与应用研究、技术开发相互贯通，力争在核心技术和关键领域有所突破，从而产生领先全球的科技成果。深化管理体制机制和制度创新，打破现有产学研分割、资源分散、管理僵化的体制机制，建立产学研用一体化、符合创新规律的体制机制，特别是加快构建企业主导的协同创新体系，让企业真正成为研究开发的主体，让有创新能力的企业脱颖而出。

（二）推动新一代信息技术与传统制造业深度融合

深入实施《中国制造2025》，把智能制造作为产业发展的主攻方向，推进生产过程智能化，培育新型生产模式。把互联网放在突出位置，深化互联网在制造业领域中的推广和应用，推动“互联网+”与“中国制造2025”深度融合，推进大规模个性化定制、网络化协同制造和服务型制造的产业化发展，形成基于消费需求动态感知的研发制造和产业组织模式。加强智能制造顶层设计，加快制定智能制造技术标准，建立智能制造产业联盟，协同推动智能装备和产品研发、系统集成创新与产业化，促进工业互联网、云计算、大数据等新技术在全产业链的综合集成应用。

（三）健全新兴产业的协同创新机制

随着信息技术与诸多产业的深度融合，一系列具有广阔前景的新兴增长点不断涌现。我国市场规模和发展潜力巨大，但不少产业和区域发展存在薄弱环节，这在很大程度上为“互联网+”的发展提供了有利条件。我们应瞄准全球产业发展前沿，立足自身经济基础和需求特征，聚焦平台经济、分享经济、大数据、云计算、物联网等领域，积极培育具有竞争力的新兴产业。巩固电子商务发展优势，大力发展农村电商、行业电商和跨境电商，进一步优化发展环境，拓展电子商务发展空间。

（四）促进传统产业转型升级

新一轮产业革命能够促进传统产业大量采用新技术、新工艺，提升产业的技术含量和生产效率，推动传统产业不断形成新业态新模式，从而推动传统产业转型升级，使传统产业向使用新技术、新生产方式以及满足新市场需求的新产业转化。①

（五）营造良好的生态环境

由于新技术、新产业、新业态、新模式通常具备轻资产、重知识、跨界融合等特征，传统的以批代管、偏重目录准入的管理模式不利于新经济发展。为此，要避免将传统的审批式、限制式的管理模式套用于新经济，要加快破除限制"四新"经济发展的准入壁垒。与此同时，由于"四新"经济总体上属于新生事物，不仅具有"新"的特征，而且还具有明显的"融合"特征，因此，现有的管理制度和政策体系很难适应"四新"经济发展的需要。应针对新经济不同行业的发展特点和实际需要，制定既接轨国际又适合国情的特殊政策和专项管理办法；加快完善知识产权保护与运用、科技成果转化等普适性的政策体系，建立健全适应新经济知识智力密集特征的制度生态。②

总之，正在日渐兴起的新一轮科技革命和产业变革与我国加快转变经济发展方式形成历史性交汇，为我们实施新旧动能转换重大工程和创新驱动发展战略提供了难得的重大机遇。

第二节　全力推进"四化"

"四化"，即产业智慧化、智慧产业化、跨界融合化、品牌高端化，是新旧动能转换的根本路径，也是实现新旧动能转换的关键所在。

一、产业智慧化

（一）产业智慧化的内涵

所谓产业智慧化，就是推动传统产业数字化、网络化、智能化建设，运用新技术、新管理、新模式，加快制造业智慧化改造，提升服务业智慧化水平，推动农业智慧化发展，全面提高产品技术、工艺装备、能效标准，实现

---

① 万鹏、谢磊：《正在孕育中的新一轮产业革命》，人民网，http：//theory. people. com. cn/n1/2017/0215/c410789 - 29081875. html，2017 年 2 月 15 日。

② 王昌林、姜江：《推进"四新经济"加快成长》，载《经济日报》2016 年 7 月 30 日。

价值链向高水平跃升，促进“老树发新芽”“有中出新”，实现传统产业提质效。

促进产业智慧化是促进山东产业转型升级和提质增效的必然选择。当前，山东产业发展水平总体不高，产业智慧化任务艰巨。山东工业结构中存在“两个70%”，即传统产业占全部工业产值的70%，重化工业占传统产业的70%。山东省主营业务收入排在前列的轻工、化工、机械、纺织、冶金等多为资源型产业，能源原材料产业占40%以上，而广东、江苏两省第一大行业均为计算机通信制造业。因此，在未来的发展中，山东省迫切需要加快提升创新驱动发展能力，不断推动传统产业转型升级。

（二）产业智慧化典型案例

青岛红领集团是一家服装生产企业，利用互联网、大数据技术，通过搭建可以实现消费者在线定制、实时下单，个体直接面向制造商的C2M个性化定制平台，实现“一人一版，一衣一款”的设计与裁剪，从订单数据上传到定制成衣出厂仅需七个工作日时间。通过十余年的探索和积累，逐步建立了服装版型、款式、工艺、BOM四大数据库，量级高达数百万万亿级。

C2M平台是消费者的线上入口，也是大数据平台，从下单、支付到产品实现全过程都是数字化和网络化运作。这是“按需生产”的零库存模式，没有中间商加价，没有资金和货品积压，企业成本大大降低，消费者也不需要再分摊传统零售模式下的流通和库存等成本。

在青岛红领集团的“魔幻工厂”西装生产车间，以工业化的流水作业，生产个性化的定制产品，生产的每一件衣服都是不同的私人定制产品，顾客的量体数据、版型、面料等各种信息都储存在一个芯片里。在生产线后部的传送带上，挂满了刚加工好的成品服装，花色多样，款式各异。2015年，红领集团被工信部列为46个智能制造试点之一，在我国服装行业整体下滑的背景下，红领异军突起，2015年网上定制业务收入与净利润同比增长130%以上。

从批量化生产转型为个性化定制，不仅能够提升产品和服务的档次，大幅提高利润空间，而且还能够有效打开企业直接面对消费者的市场通路。

如何按统一标准便捷准确地量出顾客的身体数据，是规模化定制首先要解决的问题。红领集团研究出一套“三点一线”量体法，目前，在红领移动定制大巴里的3D量体仪仅需两秒钟就能自动完成量体。

服装定制最大的技术“瓶颈”是打版。红领集团引进电脑辅助设计系统（CAD），并成功开发出具有自主专利技术的制版机床和智能制版平台。制版平台上存储了200万个版型数据，有多达100万亿种以上的款式组合。只要输入客户量体数据和个性化选择，马上就能设计出版样。

在流水线上进行定制生产，是对传统生产组织体系的挑战。青岛红领通过引入射频识别技术，将订单信息和加工指令集纳在一张芯片中，指令跟随产品走，工人只要在显示器上一扫就知道应该做什么。

2014年，红领“魔幻工厂”APP上线，全球消费者都可以在网上预约量体，下单定制。这意味着红领真正实现了由消费者驱动工厂的C2M（顾客对工厂）商业模式。根据测算，大规模定制的单件成本仅比批量制造增加10%左右。①

类似的案例很多，比如具有代表性的还有共享单车、滴滴出行等，都是依托于互联网等新兴技术，实现了传统产业的颠覆性变革。

二、智慧产业化

（一）智慧产业化内涵

所谓智慧产业化，就是瞄准世界科技前沿，聚焦大数据、云计算、人工智能、集成电路、高端软件、物联网、车联网、空天海洋、生命科学、量子技术、虚拟现实等领域，加速知识、技术、创意向现实生产力转化，打造一批战略性新兴产业发展策源地、集聚区和特色产业集群，推动“筑巢引新凤”“无中生有”，实现新兴产业提规模。

战略性新兴产业是引导未来经济社会发展的重要力量。发展战略性新兴产业已经成为世界各国各地区抢占新一轮经济和科技发展制高点的重大战略。当前，我们促进智慧产业化，是充分发挥我国人力资源优势，推进大众创业、万众创新，积极开发新技术、培育新产业，促进我国产业结构不断优化升级，实现经济高质量发展的必然选择。

（二）智慧产业化典型案例

1. 人工智能产业

人工智能被称为第四次工业革命的核心，人工智能产业的发展是推进供给

① 刘艳杰、朱楠：《从大数据里“打印”西装——青岛红领集团的转型升级之路》，载《光明日报》2016年8月25日。

侧结构性改革的重要新动能，是振兴实体经济的重要新机遇，是建设制造强国和网络强国的重要新引擎。1956 年麦卡锡提出了人工智能概念之后，人工智能发展不断加速。有专家预测，到 2025 年人工智能应用市场空间将达到 4.5 万亿美元。

近年来，重庆市致力于发展机器人产业。截至 2015 年底，重庆市机器人及智能装备企业已达 136 家，另外，与机器人及智能装备产业相关的企业，还有 100 余家。其中，永川区拥有机器人及智能装备企业 120 多家，成为全国最大的机器人及智能装备产业基地。不到两年的时间，永川实现了机器人产业从无到有的飞跃。目前，机器人产品已涉及汽车、笔记本电脑、食品、农业、市政、医疗等各个领域。2015 年，重庆市机器人及智能装备产业集群实现产值 102 亿元。未来的发展目标是，到 2020 年，机器人及智能制造装备产业产值超过 1000 亿元，将重庆打造成为全国最具规模和最具竞争力的智能制造装备产业基地之一。

2. 北斗卫星导航

北斗卫星导航系统是我国智慧产业化的又一代表。该系统是我国自主建设、独立运营的全球卫星定位导航系统，不但是我国重大科技创新成果，还正在形成以北斗卫星导航系统为核心的高技术产业。到 2020 年底，将建成包括 35 颗卫星的全球覆盖系统，为全球用户提供定位、导航等服务。同时，“北斗三号”的组网将有效带动行业市场、大众市场、特殊市场以及智慧城市等新兴领域的发展，为我国卫星导航产业化、规模化发展创造契机。目前，我国卫星导航产业发展势头良好。《2018 中国卫星导航与位置服务产业发展白皮书》提供的资料显示，北斗卫星导航系统正式开通 5 年来，已广泛应用于交通、海事、电力、民政、气象、渔业、测绘市政管网等十几个行业领域，各类国产北斗终端产品推广应用已累计超过 4000 万台/套，包括智能手机在内的采用北斗兼容芯片的终端产品社会用户总保有量接近 5 亿台/套。2017 年，我国卫星导航与位置服务产业总体产值已达到 2550 亿元，较 2016 年增长 20.4%。其中包括与卫星导航技术直接相关的芯片、器件、算法、软件、导航数据、终端设备等在内的产业核心产值占比为 35.4%，达到 902 亿元，对产业核心产值的贡献率已达到 80%。根据业内预计，2018 年产业增速有望保持在 20% 以上，产业总产值将有望突破 3000 亿元大关。中国卫星导航定位应用管理中心等机构数据还显示，我国卫星导航设备营销总规模相较于全球市场，占比已提高到接近 15%。

三、跨界融合化

（一）跨界融合化的内涵

所谓跨界融合化，就是顺应产业融合发展趋势，深入实施“互联网 +”行动计划，培植壮大农业“新六产”，加快制造业与互联网融合、服务业与先进制造业融合、旅游业与上下游产业融合、产城融合、军民融合，推动产业行业交叉渗透提档升级，不断衍生新产业、新模式、新业态，拓展经济发展新空间，实现跨界融合提潜能。

当前，产业融合已成为现代产业发展的现实选择和重要特征。产业融合是指不同产业或同一产业不同行业相互渗透、相互交叉，最终融合为一体，逐步形成新产业的动态发展过程。通过产业融合，不仅可以创造新产业新业态，还可以有效拓展产业发展空间，提升产业综合竞争力。推进产业融合，主要是促进“两个融合”，即努力促进服务业与农业融合发展、促进服务业与制造业融合发展。在现代社会中，制造业的发展与服务业越来越密不可分。有研究表明，一件现代工业品 70% 的附加值来自服务业。

（二）跨界融合化典型案例

农业“新六产”是农村一二三产业融合发展的新业态。以推进农业供给侧结构性改革为主线，在“种养加”“贸工农”“产加销”一体化的基础上，开发农业多种功能，促进农林牧渔业与加工、流通、旅游、文化、康养等产业深度融合，推动产业链相加、价值链相乘、供应链相通“三链重构”，塑造终端型、体验型、循环型、智慧型新产业新业态。

随着现代生活节奏的加快和生活环境的变化，品尝农家饭、感受乡土风情、观赏民俗表演、体验农事生产，远离都市的喧嚣和烦恼等，越来越成为更多城里人的向往。

为了顺应这种新需求，近年来，江苏省加快发展休闲观光农业，江苏休闲农业综合发展指数位列全国第一。

休闲观光农业是一种以农业农村为载体的新型生态旅游业，通过开发利用农村田园景观、自然生态及环境资源等，结合农业生产经营活动、农村文化及农家生活等，为人们提供休闲和增进对农业农村体验的农业经营形态，是休闲观光旅游业与农业融合发展的产物，是现代农业的组成部分。

2017 年，江苏省农业部门在发展休闲观光农业工作中，重点加强了宣传推介、品牌创建活动和农耕文化的发掘，并成功举办了首届江苏省创意休闲农业设计大赛暨江苏省大学生休闲农业线路创意设计竞赛、江苏省创意休闲农业卡通形象设计和微电影竞赛等活动，对宣传和推动产业发展起到了明显的促进作用。同年，江苏各地还举办梨花节、桃花节、樱花节、油菜花节、草莓文化节、葡萄节、茶叶文化节等农事节庆活动多达 800 余场，各具特色的农事节庆成为地方发展休闲农业的靓丽名片。徐州贾汪区、宿迁宿豫区和盐城东台市共 3 个县（市、区）成功创建了全国休闲农业和乡村旅游示范县（市、区），累计创建了 20 个示范县。宜兴市湖父镇张阳村等 6 个村被认定为“中国美丽休闲乡村”，累计创建 23 个。江苏培育创建了仪征市江扬生态农业有限公司等 60 家全国休闲农业与乡村旅游星级示范企业，累计总数达 180 家。全省各涉农县（市、区）共培育了 107 个省级休闲观光农业示范村，认定了 71 个“江苏省休闲观光农业示范村”，累计总数达 121 个。①

四、品牌高端化

（一）品牌高端化的内涵

所谓品牌高端化，就是深入实施质量强省和品牌战略，打造一批国内外知名的产品、企业、行业和区域品牌，加强质量标准建设，推动“山东制造”向“山东质造”转变，打响“好品山东”“好客山东”“诚信山东”“食安山东”品牌，全面提升发展质量和效益，实现品牌高端提价值。

品牌是人们对一个企业及其产品、售后服务、文化价值的一种评价和认知，是企业乃至国家竞争力的综合体现，代表着供给结构和需求结构的升级方向。

随着我国经济发展，居民收入水平不断提升，中等收入群体持续扩大，消费结构也不断升级，消费者对产品和服务的消费提出了更高要求，更加注重品质，讲究品牌消费，呈现出个性化、多样化、高端化、体验式消费特点。发挥品牌引领作用，推动供给结构和需求结构升级，是深入贯彻落实新发展理念的必然要求，是加快转变经济发展方式、实现经济高质量发展的重要举措。发挥

① 邹建丰：《江苏观光农业游客量突破 1.5 亿》，载《江南时报》2018 年 1 月 11 日。

品牌引领作用，推动供给结构和需求结构升级，有利于激发企业创新创造活力，促进生产要素合理配置，提高全要素生产率，提升产品品质，实现价值链升级，增加有效供给，提高供给体系的质量和效率；有利于引领消费，创造新需求，树立自主品牌消费信心，挖掘消费潜力，更好发挥需求对经济增长的拉动作用，满足人们更高层次的物质文化需求；有利于促进企业诚实守信，强化企业环境保护、资源节约、公益慈善等社会责任，实现更加和谐、更加公平、更可持续的发展。①

目前，我国品牌发展严重滞后于经济发展，产品质量不高、创新能力不强、企业诚信意识淡薄等问题还比较突出。

（二）品牌高端化典型案例

品牌以质量为基础，产品质量过硬才能赢得消费者和市场口碑。山东以质量品牌强省为高点定位，2007 年，率先在全国实施质量兴省战略。2009 年，山东省颁布实施了《山东省省长质量奖管理办法》。党的十八大以来，山东省出台的政策措施更加密集，2013 年成立了质量强省及名牌战略推进工作领导小组。2016 年，山东省又将省长质量奖评选范围扩大到一、二、三产业，并设置退出机制，同时出台了《关于加快推进品牌建设的意见》。2017 年，山东省将质量品牌推进小组成员扩充至 43 个，并成立山东省品牌建设促进会，品牌培育、发展、评价、认定体系基本建立。目前，山东省共拥有中国质量奖 1 个、提名奖 11 个，省长质量奖企业 44 个，培育出 1536 个山东名牌产品，543 个服务名牌，22 个全国制造业单项冠军。不仅涌现出海尔、海信、潍柴等一大批制造业名牌，阳光大姐、韩都衣舍、迪尚集团等一批服务业和新兴业态的名牌也在快速发展。

培育品牌，既要注重以质量塑造品牌，也要注重以商标保护品牌。近年来，山东省大力推进商标品牌战略，实施“一企一标”“一村一标”工程。同时，鼓励企业以马德里国际商标注册创建国际品牌。截至 2017 年底，山东省共有注册商标 72.3 万件，中国驰名商标 666 件，潍柴、科瑞等 8 家企业获中国商标金奖。拥有 3088 件马德里国际注册商标，位居全国第三，申请量跃居全国第一。以烟台苹果、龙口粉丝、金乡大蒜等为代表的地理标志商标连续多年居全国第一位，2018 年一季度更是在全国率先突破 600 件。

① 《国务院办公厅关于发挥品牌引领作用推动供需结构升级的意见》，http：//www. xinhuanet. com/politics/2016 -06/20/c_129077145. htm。

尽管山东品牌建设提速，但高端品牌过少一直是山东的痛点和短板。根据世界品牌实验室的最新榜单，山东省仅有海尔和青岛啤酒两家企业入选世界品牌价值500强，而在“中国最具价值品牌500强”中，山东入选品牌40个，不仅比2017年减少了5个，也仅为北京的43%、广东的44%。这其中，济南、青岛占全省一半以上，淄博、东营、日照等7个市没有品牌上榜。分行业看，主要集中食品饮料、纺织、机械等行业。为突破品牌建设发展“瓶颈”问题，2018年7月初，山东省出台了《关于开展质量提升行动的实施方案》，将以新旧动能转换“十强”产业为重点，从加强全面质量管理、质量攻关等6大方面，着力开展消费品、制造业、服务业等10大方面的质量提升行动，推动产品质量、效益、诚信度、美誉度、关联度5个方面的提升，加速品牌高端化。①

参考文献：

1. 关兆泉：《山东要以“四新”促“四化”》，齐鲁网，http：//sd. zhaoshang. net/2017－12－12/617701. html，2017年12月22日。

2. 赵磊：《上海市经信委主任：将以“四新”促上海经济转型发展》，经济网，http：//www. ceweekly. cn/2014/0530/83931. shtml，2014年5月30日。

3. 王绍旻、谢荣：《张洪文：3D打印技术创新推动中国“工业4.0”》，中国网，http：//photo. china. com. cn/2018－01/05/content＿50195348. htm，2018年1月5日。

4. 《两江新区互联网产业园》，两江新区官网，2017年12月19日。

5. 《互联网金融已被金融监管部门认可，利率市场化正在加强》，中国资金管理网，2014年4月19日。

6. 徐海波：《聚焦经济转型升级：“四新经济”蓬勃兴起》，载《长江日报》2018年8月22日。

7. 付玉婷、廉卫东：《“四新”“四化”说浙江——新旧动能转换省外观澜③》，载《大众日报》2018年4月17日。

8. 万鹏、谢磊：《正在孕育中的新一轮产业革命》，人民网，http：//theory. people. com. cn/n1/2017/0215/c410789－29081875. html，2017年2月15日。

① 何则伟：《山东：加速品牌高端化　引领高质量发展》，齐鲁网，http：//sd. cri. cn/20180723/e3fcb14b－4546－4b58－9072－a8b9645f445f. html，2018年7月23日。

9. 王昌林、姜江：《推进“四新经济”加快成长》，载《经济日报》2016年7月30日。

10. 刘艳杰、朱楠：《从大数据里“打印”西装——青岛红领集团的转型升级之路》，载《光明日报》2016年8月25日。

11. 邹建丰：《江苏观光农业游客量突破1.5亿》，载《江南时报》2018年1月11日。

12. 何则伟：《山东：加速品牌高端化　引领高质量发展》，齐鲁网，http：//sd.cri.cn/20180723/e3fcb14b-4546-4b58-9072-a8b9645f445f.html，2018年7月23日。

第五章 山东新旧动能转换的重点领域

加快新兴产业的培育和传统产业转型升级，迈向全球价值链中高端，已成为新旧动能转换的重大战略问题。因此，这就既要选择性发展一些战略性新兴产业，也要用新技术、新工艺、新体制、新战略、新视野改造和提升一些传统产业。山东确定了重点发展具有鲜明山东特色的“十强产业”。一方面，推动新兴产业扩容倍增，突破核心关键技术，壮大发展新一代信息技术、高端装备、新能源新材料、现代海洋、医养健康等五大新兴产业，培育一批引领行业发展的龙头企业，把山东打造成新兴产业发展的策源地和集聚区。另一方面，提升发展高端化工、现代高效农业、文化创意、精品旅游、现代金融服务业五大优势产业，把传统优势转化成品牌优势和竞争优势。通过“十强”产业的发展，引领山东新旧动能转换。

第一节 选择新旧动能转换重点领域的实证分析

发展新技术推动新的战略性主导产业的形成、发展以及传统优势产业转型升级是新旧动能转换的重要内容。因此，根据山东经济发展的实际和优势，找准主导产业是培育新动能的关键环节。主导产业的概念源自于经济学家罗斯托提出的概念。主导产业是指在经济发展的某阶段有若干产业部门对产业结构和经济发展起着导向性和带动性的作用，并具有广阔的市场前景和技术进步能力的产业。这些产业一般应具有发展潜力与需求较高、劳动生产率上升或技术进步速度较快、产业之间的关联关系强、进出口能力大和资金技术密集程度较高等特征，选择这样的主导产业并加快其发展，对促进产业结构调整、加快经济发展速度和提高经济运行质量具有重大作用。

一、战略性主导产业的选择标准

通常主导产业选择的指标有四个方面：需求收入弹性指标、技术进步指标、产业关联强度指标和产业规模指标。随着全球经济一体化和国际国内分工程度的深入，区域中那些融入全球价值链和国内价值链的产业在经济和产业发展中的地位和关联作用日益显著，甚至左右着区域产业结构的走向。因此，选择主导产业时考虑产业切入全球分工与国内分工的深入程度，将表征融入全球与国内分工程度的全球—国内价值链指标，作为选择区域主导产业的一个重要指标，将是非常必要的（刘广生，2011）。这将有利于区域产业在全球化经济中更具有竞争力，带动区域产业结构的持续升级。因此，山东省主导产业选择的指标可确定为5类：产业的需求收入弹性、产业的影响力系数和感应度系数、产业增加值在GDP中的比重、劳动生产率、全球—国内价值链。

二、山东省主导产业选择的指标体系计算①

（一）需求收入弹性指标计算

需求收入弹性大意味着此产业及其产品具有广泛的市场空间，在市场容量决定劳动分工的规律下，也同时影响着产业技术选择。其公式为：

$$e_i = \frac{\Delta Q_i / Q_i}{\Delta NI / NI}$$

其中，e_i 为第 i 个产业的需求收入弹性，$\Delta Q_i / Q_i$ 为第 i 个产业的需求增长率，$\Delta NI / NI$ 为国民收入增长率。

如果 e_i 大于1，就表示此产品的需求收入弹性大，产业的需求前景广阔；反之则较小。2012年山东省42个产业部门的需求收入弹性（见表5－1）。

① 该内容为杨珍主持、孔宪香和吴晓云参加的2015年度山东省社科规划项目《山东省产业结构转型升级研究》报告的一部分。

表 5－1　　2012 年山东省 42 个产业部门的需求收入弹性

产业	产业需求收入弹性	产业	产业需求收入弹性
农林牧渔产品和服务	1.0664	其他制造产品	－0.0476
煤炭采选产品	0.4519	废品废料	1.9386
石油和天然气开采产品	0.1546	金属制品、机械和设备修理服务	－0.5927
金属矿采选产品	2.5461	电力、热力的生产和供应	0.5352
非金属矿和其他矿采选产品	3.8880	燃气生产和供应	1.4678
食品和烟草	3.1695	水的生产和供应	0.4827
纺织品	0.0823	建筑	1.6145
纺织服装鞋帽皮革羽绒及其制品	1.396432	批发零售	2.7760
木材加工品和家具	2.9277	交通运输、仓储和邮政	0.0079
造纸印刷和文教体育用品	3.4321	住宿和餐饮	0.0020
石油、炼焦产品和核燃料加工品	0.9861	信息传输、软件和信息技术服务	1.4866
化学产品	5.6264	金融	1.3578
非金属矿物制品	1.0149	房地产	1.5460
金属冶炼和压延加工品	3.1873	租赁和商务服务	1.5560
金属制品	1.4827	科学研究和技术服务	1.0605
通用设备	1.2299	水利、环境和公共设施管理	1.3082
专用设备	1.2626	居民服务、修理和其他服务	4.3806
交通运输设备	1.0644	教育	5.2032
电气机械和器材	1.1724	卫生和社会工作	3.0327
通信设备、计算机和其他电子设备	1.1169	文化、体育和娱乐	－0.4163
仪器仪表	1.6115	公共管理、社会保障和社会组织	3.4985

注：本节采用 2015 年编制的《2012 年山东投入产出表》，因投入产出表三年编制一次，2015 年发布的是目前可用最新的投入产出表。

资料来源：《2012 年山东省投入产出表》及《山东省统计年鉴（2013）》。

（二）技术进步指标计算

劳动生产率上升或技术进步速度较高是主导产业所必须具备的特征之一。这是从生产供给方面看各行业的生产潜力，若某种产业的生产率上升或技术进步速度较快，这种产业一般为反映当代世界科技发展趋向的产业，具有大规模生产的可能，具有较高的产出能力和产出增长率。本节用人均增加值表示劳动生产率。

2012 年山东省 42 个产业部门的劳动生产率（见表 5－2）。

表 5－2　　2012 年山东省 42 个产业部门的劳动生产率

产业	劳动生产率	产业	劳动生产率
农林牧渔产品和服务	1.9750	其他制造产品	38.7111
煤炭采选产品	24.2116	废品废料	8.3386
石油和天然气开采产品	101.4950	金属制品、机械和设备修理服务	32.4111
金属矿采选产品	11.7933	电力、热力的生产和供应	92.8382
非金属矿和其他矿采选产品	3.6446	燃气生产和供应	12.9613
食品和烟草	12.5253	水的生产和供应	3.5306
纺织品	12.5030	建筑	3.9808
纺织服装鞋帽皮革羽绒及其制品	7.6056	批发零售	9.4750
木材加工品和家具	7.4767	交通运输、仓储和邮政	9.8718
造纸印刷和文教体育用品	10.5213	住宿和餐饮	5.2868
石油、炼焦产品和核燃料加工品	40.5297	信息传输、软件和信息技术服务	8.2512
化学产品	14.4432	金融	50.4194
非金属矿物制品	10.0681	房地产	51.0151
金属冶炼和压延加工品	29.5777	租赁和商务服务	9.8206
金属制品	14.0438	科学研究和技术服务	14.4814
通用设备	14.0536	水利、环境和公共设施管理	12.4126
专用设备	19.0961	居民服务、修理和其他服务	11.5603
交通运输设备	20.3492	教育	8.8495
电气机械和器材	15.5240	卫生和社会工作	12.4331
通信设备、计算机和其他电子设备	25.4224	文化、体育和娱乐	14.9175
仪器仪表	12.8200	公共管理、社会保障和社会组织	13.7246

资料来源：《2012 年山东省投入产出表》及《山东省统计年鉴（2013）》。

（三）产业关联度指标计算

产业关联度是产业之间技术结构与产品的需求结构的扩散程度及其相互依存与推动的强度。主导产业正是通过这些产业之间的关联来实现产业结构的变化。

产业关联强度通常通过感应度系数和影响力系数这两个指标来表征。

1. 感应度系数

感应度表示某个产业增加一个单位投入，通过直接与间接关系作用对其他产业部门提供的分配总量，也就是某个产业推动其他产业发展的程度。也被称为推动力。感应度系数是此产业的感应度与所有产业部门平均感应度之比，表现的是此产业与国民经济各个产业部门推动作用的相对水平。其公式为：

$$E_i = \frac{\sum_{j=1}^{n} \omega_{ij}}{\frac{1}{n}\sum_{i=1}^{n}\sum_{j=1}^{n} \omega_{ij}}$$

其中，E_i 为第 i 个产业的感应度系数，ω_{ij} 为第 i 个产业对第 j 个产业的完全分配系数。当 E_i 大于1 时，表示第 i 个产业部门的感应度高于国民经济平均感应度水平。感应度系数式越大，表示第 i 个产业对国民经济的推动作用越大。2012 年山东省 42 个产业部门的感应度系数（见表 5 –3）。

表 5 –3　　**2012 年山东省 42 个产业部门的感应度系数**

产业	感应度系数	产业	感应度系数
农林牧渔产品和服务	3. 2996	其他制造产品	0. 1072
煤炭采选产品	1. 0212	废品废料	0. 0902
石油和天然气开采产品	1. 5377	金属制品、机械和设备修理服务	0. 0279
金属矿采选产品	0. 7468	电力、热力的生产和供应	1. 8920
非金属矿和其他矿采选产品	0. 2485	燃气生产和供应	0. 0132
食品和烟草	2. 2678	水的生产和供应	0. 0140
纺织品	1. 8533	建筑	0. 2153
纺织服装鞋帽皮革羽绒及其制品	0. 5643	批发零售	0. 8785
木材加工品和家具	0. 6206	交通运输、仓储和邮政	1. 7603
造纸印刷和文教体育用品	1. 2681	住宿和餐饮	0. 4695
石油、炼焦产品和核燃料加工品	1. 5217	信息传输、软件和信息技术服务	0. 1537
化学产品	5. 7510	金融	0. 7796
非金属矿物制品	2. 1079	房地产	0. 1916
金属冶炼和压延加工品	4. 3823	租赁和商务服务	0. 5647
金属制品	1. 2670	科学研究和技术服务	0. 1452

续表

产业	感应度系数	产业	感应度系数
通用设备	1.4059	水利、环境和公共设施管理	0.0102
专用设备	0.9009	居民服务、修理和其他服务	0.1222
交通运输设备	1.3078	教育	0.0350
电气机械和器材	0.9945	卫生和社会工作	0.0341
通信设备、计算机和其他电子设备	1.2211	文化、体育和娱乐	0.0305
仪器仪表	0.1575	公共管理、社会保障和社会组织	0.0193

资料来源：《2012 年山东省投入产出表》。

2. 影响力系数

影响力表示某个产业部门增加一个单位最终使用时，通过直接或间接关联要求国民经济各个部门提供的投入总量。影响力体现的是此产业对国民经济各部门的拉动作用的绝对水平，也称为拉动力。影响力系数是此产业的影响力与国民经济各个部门平均影响力之比，表现为此产业对国民经济各个部门拉动作用的绝对水平。其公式为：

$$F_i = \frac{\sum_{i=1}^{n} b_{ij}}{\frac{1}{n}\sum_{j=1}^{n}\sum_{i=1}^{n} b_{ij}}$$

其中，F_i 为第 i 个产业的影响力系数，b_{ij} 为第 j 个产业对第 i 个产业的完全消耗系数。当 F_i 大于 1 时，表示第 j 个产业部门的生产对其他产业部门所带来的波及影响超过了国民经济各部门的平均水平。影响力系数 F_i 越大，表示第 j 个产业对国民经济的拉动作用越大。2012 年山东省 42 个产业部门的影响力系数（见表 5-4）。

表 5-4　　2012 年山东省 42 个产业部门的影响力系数

产业	影响力系数	产业	影响力系数
农林牧渔产品和服务	1.2378	其他制造产品	0.1017
煤炭采选产品	0.4711	废品废料	0.0177
石油和天然气开采产品	0.2216	金属制品、机械和设备修理服务	0.0158
金属矿采选产品	0.2451	电力、热力的生产和供应	1.0713

续表

产业	影响力系数	产业	影响力系数
非金属矿和其他矿采选产品	0.1446	燃气生产和供应	0.0461
食品和烟草	4.3124	水的生产和供应	0.0189
纺织品	2.0433	建筑	2.4295
纺织服装鞋帽皮革羽绒及其制品	0.9695	批发零售	0.5679
木材加工品和家具	0.7473	交通运输、仓储和邮政	0.7919
造纸印刷和文教体育用品	1.2680	住宿和餐饮	0.2408
石油、炼焦产品和核燃料加工品	2.1712	信息传输、软件和信息技术服务	0.1586
化学产品	6.0576	金融	0.6591
非金属矿物制品	1.9449	房地产	0.1739
金属冶炼和压延加工品	3.4113	租赁和商务服务	0.3054
金属制品	1.1876	科学研究和技术服务	0.1255
通用设备	1.7880	水利、环境和公共设施管理	0.0551
专用设备	1.4410	居民服务、修理和其他服务	0.1511
交通运输设备	1.8508	教育	0.1250
电气机械和器材	1.4503	卫生和社会工作	0.2220
通信设备、计算机和其他电子设备	1.2685	文化、体育和娱乐	0.0324
仪器仪表	0.1322	公共管理、社会保障和社会组织	0.3259

资料来源：《2012 年山东省投入产出表》。

（四）产业规模指标计算

主导产业必须形成一定规模，才能发挥出其带动作用的绝对水平到达一个高度。产业规模指标在一定程度上反映了此产业在本区域经济中的比较优势或者区位商的情况。更为简单的方式是产业增加值在当地 GDP 中的比重，公式为：

$$G_n = \frac{Y_{mn}}{Y_m}$$

其中，G_n 为第 n 个产业的规模指标，Y_{mn} 为第 m 个地区第 n 个产业的产值或增加值，v 为第 m 个地区的总产值或 GDP。当 G_n 大于 l 时，表示第 m 个地区的第 n 个产业具有产业规模优势。产业规模指标 G_n 越大，表示第 m 个地区的第 n 个产业的产业规模优势就更为显著。联合国工业组织的研究显示，当

$G_n \geq 2$ 时，第 m 个地区的第 n 个产业的区域专业化就开始体现出来了。2012 年山东省 42 个产业部门的产业规模比重（见表 5－5）。

表 5－5　　2012 年山东省 42 个产业部门的产业规模比重

产业	产业规模比重（%）	产业	产业规模比重（%）
农林牧渔产品和服务	8.5611	其他制造产品	0.2570
煤炭采选产品	1.3444	废品废料	0.0328
石油和天然气开采产品	1.0979	金属制品、机械和设备修理服务	0.0505
金属矿采选产品	0.5299	电力、热力的生产和供应	2.9700
非金属矿和其他矿采选产品	0.2402	燃气生产和供应	0.0819
食品和烟草	5.2440	水的生产和供应	0.0259
纺织品	2.6374	建筑	5.8733
纺织服装鞋帽皮革羽绒及其制品	1.0466	批发零售	13.0114
木材加工品和家具	1.0565	交通运输、仓储和邮政	5.0609
造纸印刷和文教体育用品	1.7698	住宿和餐饮	2.1184
石油、炼焦产品和核燃料加工品	0.9255	信息传输、软件和信息技术服务	1.1120
化学产品	6.6797	金融	3.8712
非金属矿物制品	2.7855	房地产	3.9679
金属冶炼和压延加工品	2.7855	租赁和商务服务	1.3235
金属制品	2.2240	科学研究和技术服务	0.7355
通用设备	3.2509	水利、环境和公共设施管理	0.3971
专用设备	2.8075	居民服务、修理和其他服务	1.1996
交通运输设备	2.3684	教育	2.1516
电气机械和器材	1.8093	卫生和社会工作	1.4021
通信设备、计算机和其他电子设备	1.2571	文化、体育和娱乐	0.3311
仪器仪表	0.3066	公共管理、社会保障和社会组织	3.3287

资料来源：《2012 年山东省投入产出表》及《山东省统计年鉴（2013）》。

（五）融入全球—国内价值链

全球—国内价值链并建是区域产业结构升级的最佳选择，是指开放经济条件下，融入全球价值链分工体系，充分利用国内资源和市场，实现价值链低附加值环节向高附加值环节的攀升。

价值链指标是综合考虑全球价值链水平和国内价值链水平的指标，即全球价值链与国内价值链水平之和。公式为：

$$vds_{1\times n} = \mu A_p^M + \mu A_p^S$$

其中，$vds_{1\times n}$为融入全球—国内价值链的水平，代表了生产非一体化程度。A_p^M 为省区进口系数矩阵，A_p^S 为省区调入系数矩阵。vds 值越大，说明在全球—国内价值链中所处的层次越高（刘广生，2011）。2012 年山东省 42 个产业部门的价值链（见表 5 – 6）。

表 5 – 6　　2012 年山东省 42 个产业部门的价值链

产业	价值链	产业	价值链
农林牧渔产品和服务	0.0380	其他制造产品	0.0553
煤炭采选产品	0.0395	废品废料	0.1172
石油和天然气开采产品	0.0362	金属制品、机械和设备修理服务	0.0418
金属矿采选产品	0.0602	电力、热力的生产和供应	0.0617
非金属矿和其他矿采选产品	0.0461	燃气生产和供应	0.1308
食品和烟草	0.0684	水的生产和供应	0.0366
纺织品	0.0504	建筑	0.0343
纺织服装鞋帽皮革羽绒及其制品	0.0256	批发零售	0.0234
木材加工品和家具	0.0397	交通运输、仓储和邮政	0.0422
造纸印刷和文教体育用品	0.0504	住宿和餐饮	0.0185
石油、炼焦产品和核燃料加工品	0.2343	信息传输、软件和信息技术服务	0.0237
化学产品	0.0366	金融	0.0236
非金属矿物制品	0.0507	房地产	0.0112
金属冶炼和压延加工品	0.0992	租赁和商务服务	0.0333
金属制品	0.0467	科学研究和技术服务	0.0229
通用设备	0.0434	水利、环境和公共设施管理	0.0247
专用设备	0.0301	居民服务、修理和其他服务	0.0175
交通运输设备	0.0618	教育	0.0105
电气机械和器材	0.0437	卫生和社会工作	0.0088
通信设备、计算机和其他电子设备	0.0468	文化、体育和娱乐	0.0118
仪器仪表	0.0253	公共管理、社会保障和社会组织	0.0173

资料来源：《2012 年山东省投入产出表》。

三、主导产业选择

多指标评价情况下，影响主导产业选择方法的关键因素有两个：第一，选择过程中各个指标能否同时满足，若不能，又如何处理；第二，各个指标的权重如何确定。对于第一个问题，一般采取逐一筛选法或同时满足法来解决；对于第二个问题，可以采取综合评价法的思路来解决。

逐一筛选法或同时满足法的基本思想就是要求区域主导产业能够同时满足给定的选择指标的设定临界值，对各个指标进行逐一的筛选。具体选择过程分成六个步骤：第一，确定区域主导产业的选择指标体系。第二，为各个指标设定成为主导产业必须满足的临界值。第三，计算各指标数值。第四，逐一与各指标的临界值比较。第五，选择同时满足各个指标临界值的产业作为区域主导产业。第六，对临界值进行必要的校正，如果第一到五步骤无法选出主导产业或较少的主导产业，那么就放松一些指标的临界值；如果选择出来的主导产业太多，那么就收紧一些指标的临界值水平，以选择出区域数量恰当的主导产业。

综合评价法的基本思路是综合评价各个产业各项指标的综合成绩并做出择优选择。具体选择过程分成如下五个步骤：第一，确定区域主导产业的选择指标体系。第二，为各个指标进行权重的赋值。第三，请专家为各个指标打分，由于各个指标可能具有不同的计量单位，需要进行各个指标得分的无量纲化。第四，计算各个产业加权求和的数值。第五，对各个产业加权求和值由大到小地进行排序，选择前面 n 个产业作为主导产业，例如前三位或前六位。

（一）基于逐渐筛选法的主导产业选择结果

基于逐渐筛选方法选择出来的主导产业，从数学的集合论上讲，是一个满足各个产业临界值要求的产业集合。临界值的一个简单设定方式，就是要求主导产业满足特定指标的前 K 位。逐渐筛选法计算结果（见表 5 -7）。

表 5 -7　　逐渐筛选法计算结果

产业	需求收入弹性排序	产业规模排序	劳动生产率排序	关联度排序	价值链排序
农林牧渔产品和服务	28	2	42	4	22
煤炭采选产品	35	23	10	20	21

续表

产业	需求收入弹性排序	产业规模排序	劳动生产率排序	关联度排序	价值链排序
石油和天然气开采产品	36	28	1	18	25
金属矿采选产品	12	33	26	24	8
非金属矿和其他矿采选产品	4	38	40	27	15
食品和烟草	8	5	22	3	5
纺织品	37	15	23	6	11
纺织服装鞋帽皮革羽绒及其制品	21	30	36	19	29
木材加工品和家具	10	29	37	23	20
造纸印刷和文教体育用品	6	21	28	13	12
石油、炼焦产品和核燃料加工品	32	31	5	7	1
化学产品	1	3	16	1	23
非金属矿物制品	31	13	29	5	10
金属冶炼和压延加工品	7	14	8	2	4
金属制品	19	17	18	15	14
通用设备	25	10	17	8	17
专用设备	24	12	12	17	28
交通运输设备	29	16	11	9	6
电气机械和器材	26	20	13	16	16
通信设备、计算机和其他电子设备	27	25	9	14	13
仪器仪表	15	36	21	31	30
其他制造产品	40	37	6	35	9
废品废料	13	41	34	37	3
金属制品、机械和设备修理服务	42	40	7	41	19
电力、热力的生产和供应	33	11	2	10	7
燃气生产和供应	20	39	20	40	2
水的生产和供应	34	42	41	42	24
建筑	14	4	39	11	26
批发零售	11	1	32	21	34
交通运输、仓储和邮政	38	6	30	12	18

续表

产业	需求收入弹性排序	产业规模排序	劳动生产率排序	关联度排序	价值链排序
住宿和餐饮	39	19	38	26	36
信息传输、软件和信息技术服务	18	27	35	30	32
金融	22	8	4	22	33
房地产	17	7	3	28	40
租赁和商务服务	16	24	31	25	27
科学研究和技术服务	30	32	15	33	35
水利、环境和公共设施管理	23	34	25	38	31
居民服务、修理和其他服务	3	26	27	32	37
教育	2	18	33	36	41
卫生和社会工作	9	22	24	34	42
文化、体育和娱乐	41	35	14	39	39
公共管理、社会保障和社会组织	5	9	19	29	38

根据上述计算结果，选择同时满足排序为前 K 位的产业，作为主导产业。通过逐渐筛选方式得到的山东省传统指标下的主导产业，如表 5 - 8 所示。

表 5 - 8　　山东省传统指标下的主导产业

K 取值	主导产业 产业名称	个数
K = 14	金属冶炼和压延加工品	1
K = 19	金属冶炼和压延加工品，金属制品	2
K = 22	金属冶炼和压延加工品，金属制品，食品和烟草	3
K = 23	金属冶炼和压延加工品，金属制品，食品和烟草，化学产品	4
K = 25	金属冶炼和压延加工品，金属制品，食品和烟草，化学产品，通用设备	5
K = 26	金属冶炼和压延加工品，金属制品，食品和烟草，化学产品，通用设备，电气机械和器材	6
K = 27	金属冶炼和压延加工品，金属制品，食品和烟草，化学产品，通用设备，电气机械和器材，通信设备、计算机和其他电子设备	7
K = 28	金属冶炼和压延加工品，金属制品，食品和烟草，化学产品，通用设备，电气机械和器材，通信设备、计算机和其他电子设备，专用设备，造纸印刷和文教体育用品	9

（二）基于综合评价法的主导产业选择结果

运用综合评价法时，首先需要确定上述五类指标的权重。鉴于上述五类指标在对区域主导产业的重要性难分伯仲，因此以简单权重方式赋权，即每个指标赋以相同的权重，都为0.2。

采用中心化方法进行处理，对指标体系进行无量纲化处理。

通过如下公式进行换算：

$$Z_{ij}=\frac{x_{ij}-\overline{x}_j}{s_j}\ (i=1,\ \cdots,\ n;\ j=1,\ \cdots,\ m)$$

其中，Z_{ij}为第 i 个产业的第 j 个指标经过无量纲化后的标准数据，x_{ij}为第 i 个产业的第 j 个指标的原始数据，$\overline{x}_j$ 为第 j 个指标的均值，s_j 为第 j 个指标的均方差，即：

$$\overline{x}_j=\frac{\sum_{i=1}^{n}x_{ij}}{n},\ s_j=\sqrt{\frac{\sum_{i=1}^{n}(x_{ij}-\overline{x}_j)^2}{n-1}}$$

利用表5－9中的5类指标无量纲化数值，通过如下公式，求得各个产业的综合评价得分：

$$Z_i=\sum_{j=1}^{m}b_j z_{ij}$$

其中，Z_i 为第 i 个产业的综合评价得分，它是一个加权之后的评价；b_j 为第 j 个指标的权重；z_{ij}为第 i 个产业的第 j 个指标经过无量纲化后的标准数据。

山东省42个产业部门的综合评价得分及其排序结果，如表5－10所示。

表5－9　　山东省42个产业部门五类指标的无量纲化数值

产业	产业需求收入弹性	产业规模	劳动生产率	关联度	价值链
农林牧渔产品和服务	－0.4290	2.4099	－38.9360	0.0825	－0.0476
煤炭采选产品	－0.8503	－0.4045	－16.6993	－1.4400	－0.0461
石油和天然气开采产品	－1.0542	－0.5007	60.5841	－1.3065	－0.0494
金属矿采选产品	0.5855	－0.7222	－29.1176	－1.6902	－0.0254
非金属矿和其他矿采选产品	1.5057	－0.8352	－37.2663	－1.9896	－0.0395
食品和烟草	1.0130	1.1162	－28.3856	1.1039	－0.0172
纺织品	－1.1038	0.0997	－28.4079	－0.2379	－0.0352

续表

产业	产业需求收入弹性	产业规模	劳动生产率	关联度	价值链
纺织服装鞋帽皮革羽绒及其制品	-0.2027	-0.5207	-33.3053	-1.4193	-0.0600
木材加工品和家具	0.8472	-0.5168	-33.4342	-1.5022	-0.0459
造纸印刷和文教体育用品	1.1931	-0.2386	-30.3896	-0.9181	-0.0352
石油、炼焦产品和核燃料加工品	-0.4841	-0.5679	-0.3812	-0.3397	0.1487
化学产品	2.6976	1.6761	-26.4677	3.7181	-0.0490
非金属矿物制品	-0.4644	0.1575	-30.8428	-0.1598	-0.0349
金属冶炼和压延加工品	1.0252	0.1575	-11.3332	1.7106	0.0136
金属制品	-0.1436	-0.0615	-26.8671	-0.9589	-0.0389
通用设备	-0.3169	0.3390	-26.8573	-0.5892	-0.0422
专用设备	-0.2945	0.1661	-21.8148	-1.0152	-0.0555
交通运输设备	-0.4304	-0.0052	-20.5617	-0.6069	-0.0238
电气机械和器材	-0.3563	-0.2232	-25.3869	-0.9638	-0.0419
通信设备、计算机和其他电子设备	-0.3944	-0.4386	-15.4885	-0.9414	-0.0388
仪器仪表	-0.0553	-0.8093	-28.0909	-2.0413	-0.0603
其他制造产品	-1.1928	-0.8286	-2.1998	-2.0817	-0.0303
废品废料	0.1690	-0.9160	-32.5723	-2.1322	0.0316
金属制品、机械和设备修理服务	-1.5666	-0.9091	-8.4999	-2.1643	-0.0438
电力、热力的生产和供应	-0.7933	0.2294	51.9272	-0.7045	-0.0239
燃气生产和供应	-0.1538	-0.8969	-27.9496	-2.1566	0.0452
水的生产和供应	-0.8293	-0.9187	-37.3803	-2.1697	-0.0490
建筑	-0.0532	1.3616	-36.9302	-0.8638	-0.0513
批发零售	0.7432	4.1454	-31.4360	-1.4630	-0.0622
交通运输、仓储和邮政	-1.1548	1.0448	-31.0391	-0.9101	-0.0434
住宿和餐饮	-1.1589	-0.1027	-35.6241	-1.8310	-0.0671
信息传输、软件和信息技术服务	-0.1409	-0.4952	-32.6597	-2.0301	-0.0619
金融	-0.2292	0.5809	9.5085	-1.4668	-0.0620
房地产	-0.1001	0.6186	10.1042	-2.0034	-0.0744
租赁和商务服务	-0.0933	-0.4127	-31.0903	-1.7511	-0.0523

续表

产业	产业需求收入弹性	产业规模	劳动生产率	关联度	价值链
科学研究和技术服务	-0.4331	-0.6420	-26.4295	-2.0509	-0.0627
水利、环境和公共设施管理	-0.2632	-0.7740	-28.4983	-2.1535	-0.0609
居民服务、修理和其他服务	1.8434	-0.4610	-29.3506	-2.0495	-0.0681
教育	2.4074	-0.0897	-32.0614	-2.1062	-0.0751
卫生和社会工作	0.9192	-0.3820	-28.4779	-2.0582	-0.0768
文化、体育和娱乐	-1.4456	-0.7997	-25.9935	-2.1547	-0.0738
公共管理、社会保障和社会组织	1.2386	0.3693	-27.1863	-2.0136	-0.0683

表5-10　　　　　　　　综合评价法计算结果

产业	综合得分	排序	产业	综合得分	排序
石油和天然气开采产品	11.5347	1	卫生和社会工作	-6.0151	22
电力、热力的生产和供应	10.1270	2	居民服务、修理和其他服务	-6.0172	23
房地产	1.7090	3	造纸印刷和文教体育用品	-6.0777	24
金融	1.6663	4	文化、体育和娱乐	-6.0935	25
石油、炼焦产品和核燃料加工品	-0.3248	5	金属矿采选产品	-6.1940	26
其他制造产品	-1.2667	6	仪器仪表	-6.2114	27
金属冶炼和压延加工品	-1.6853	7	燃气生产和供应	-6.2223	28
金属制品、机械和设备修理服务	-2.6367	8	非金属矿物制品	-6.2689	29
通信设备、计算机和其他电子设备	-3.4603	9	水利、环境和公共设施管理	-6.3500	30
化学产品	-3.6850	10	教育	-6.3850	31
煤炭采选产品	-3.8881	11	交通运输、仓储和邮政	-6.4205	32
交通运输设备	-4.3256	12	租赁和商务服务	-6.6800	33
专用设备	-4.6028	13	木材加工品和家具	-6.9304	34
食品和烟草	-5.0339	14	信息传输、软件和信息技术服务	-7.0775	35

续表

产业	综合得分	排序	产业	综合得分	排序
电气机械和器材	−5.3944	15	废品废料	−7.0840	36
通用设备	−5.4933	16	纺织服装鞋帽皮革羽绒及其制品	−7.1016	37
公共管理、社会保障和社会组织	−5.5320	17	建筑	−7.3074	38
金属制品	−5.6140	18	农林牧渔产品和服务	−7.3840	39
批发零售	−5.6145	19	非金属矿和其他矿采选产品	−7.7250	40
科学研究和技术服务	−5.9236	20	住宿和餐饮	−7.7568	41
纺织品	−5.9370	21	水的生产和供应	−8.2694	42

综合上述两种方法关于主导产业的选择结果，山东省主导产业的选择和培育方向考虑如下：

第一，化学产品、金属冶炼和压延加工品、金属制品已经成为较为成熟的主导产业。这三个产业部门的关联度、产业规模、需求收入弹性、劳动生产率以及全球和国内价值链水平5个方面的指标都较高，具备作为主导产业带动地区产业结构升级的能力。目前，山东省已在高性能纤维、高分子材料、有色金属和精品钢等新材料领域，培育形成了一批特色鲜明、优势突出、在国内具有较强竞争力的骨干企业，形成了一批拳头产品和特色产业链。下一步可积极发展高品质特殊钢、新型合金材料、工程塑料等先进结构材料，提升碳纤维、芳纶、超高分子量聚乙烯纤维等高性能纤维及其复合材料发展水平。通过加强基础和应用研究，攻克并掌握一批关键核心技术，延伸、扩展和提升产业链条，加快发展化学药品、生物技术药品、现代中药、海洋药物、新型医疗器械、生物医用材料等，提升医药产业发展层次。适度控制铝和铜冶炼能力，加快发展精深加工，开发生产高附加值产品，拉长产业链。推广应用冶炼节能环保新工艺、新技术和新装备，加强铝、铜回收利用。推进炼铁、炼钢及钢铁深加工，推动企业联合重组，提高炼铁、炼钢企业产业集中度。通过这些行业门类发展在区域经济中形成新的增长点。

第二，电气机械和器材、通用及专用设备制造业已表现出很强的主导产业特征。其中，山东省在新能源汽车电机、电子等关键零部件研发及产业化方面已取得明显成效，锂电池、感应电机、永磁电机、控制器及车用空调等产品实现产业化，清洁生产设备、现代农业设备、工程机械设备、环保及检测设备、大型专用机械设备等领域优势明显。下一步在此基础上应大力发展节能环保装备、循环经济关键装备、高端数控机床、海洋工程和油气开采、石油化工设备、发动机、轨道交通装备、工业机器人、航空航天装备、核电装备、大型成套设备、高档仪器仪表、高端基础零部件等。此类新能源及高端装备制造业，代表着未来产业发展的方向，应作为重点产业加以培育。

第三，通信设备、计算机及其他电子设备制造业，是山东省发展前景良好的产业。该产业目前在总量规模、需求收入弹性方面并不突出，但是关联度、增长率以及价值链水平却相当高，在国内和国际分工中表现出超强的发展能力。目前，山东省已在第三代和第四代移动通信（3G 和 4G）、平板显示、无线射频识别（RFID）、半导体照明等新兴产业加快发展，高端容错服务器、高性能服务器、海量存储设备、软件、智能家电、光通信系统、新型电子材料等一批关键技术和产品实现新突破，集成电路设计、测试、封装等产业链基本形成，成为带动产业快速增长的新生力量。下一步，在高端软件、云计算设备、数字家庭、新一代网络与通信、物联网、太阳能光伏、应用电子等产品和领域，可通过加快提升信息基础设施综合承载和服务能力，完善产业配套体系，推动信息技术广泛应用，提升信息技术产业水平和规模。

山东省新旧动能转换的主要领域确定了“十强”产业，新一代信息技术、高端装备、新能源新材料、现代海洋、医养健康、高端化工、现代高效农业、文化创意、精品旅游、现代金融。这和我们测算出来的结果基本一致。山东在基于自身优势的基础上选择重点培育新动能的产业，随着规划的实施和相关改革措施的实施，这“十强”产业会做大做强，引领山东新旧动能转换和高质量发展。

第二节 着力发展新兴产业培育新动能

当前世界范围内新一轮科技革命和产业变革正在兴起，全球科技创新进入密集活跃期。伴随着物联网、云计算、大数据、第五代移动通信技术等新一代信息技术的产生，催生了一系列战略性新兴产业领域，实际上就是产生了新经济新动能。科技和产业发展历史表明，每一次科技革命都在催生新的主导产业，从而引发产业变革。也就是说，新旧动能转换总是和科技革命相伴而生的，伴随着新技术革命的每一次前行，也就是新旧动能转换的过程。

所谓战略性新兴产业，是指建立在重大前沿科技突破基础上，代表未来科技和产业发展新方向，能引领产业转型发展和结构优化升级，对经济社会具有全局带动和重大引领作用的产业。世界上战略性新兴产业主要是随着新科技、新模式的发展而产生的一系列新兴产业部门。新兴产业经济已经成为发展最快、创新最活跃、辐射最广泛的科技产业经济活动。因此，战略性新兴产业在新旧动能转换中的地位，就是通过把握新科技革命带来的机会，以新科技、新模式、新业态、新产业，进入新兴产业价值链，进而取代、改造或重组落后产能，形成拉动经济增长的新引擎①，成为未来经济发展的新动力。战略性新兴产业作为一种新兴经济形态，是新旧动能转换的关键与驱动力。战略性新兴产业代表新一轮科技革命和产业变革的方向，是培育发展新动能、获取未来竞争新优势的关键领域，战略性新兴产业的发展情况，决定着未来一个国家或区域的竞争力。只有大力发展战略性新兴产业，才能开启向高质量发展的新征程，才能构筑新一轮产业竞争的制高点。山东以新一代信息技术、高端装备、新能源新材料、现代海洋、医养健康等产业为重点，推动互联网、大数据、人工智能和实体经济深度融合，打造先进制造业集群和战略性新兴产业发展策源地，培育形成新动能主体力量。

一、着力发展新一代信息技术产业

所谓新一代信息技术，是指以物联网、云计算、大数据、人工智能为代表的新兴技术，它既是信息技术的纵向升级，也是信息技术的横向渗透融合。信息技术是新兴产业的枢纽型技术，新一轮技术革命也是以信息技术为核心的。信息技术革命正以传统产业难以比拟的增量效应、乘数效应和技术外溢效应，不断向其他领域的产品和服务渗透，信息技术领域已成为提升国家科技创新实力、推动经济社会发展和提高整体竞争力最重要的动力引擎。信息技术不仅对其他新兴产业具有极强的渗透作用，还可以通过与其他产业的融合，信息网络产业的发展还能催生一些新的产业形态。因此，美国、欧盟等都把新一代信息技术列为战略性新兴产业，同样，我国也把新一代信息技术产业列为战略性新兴产业。山东省将新一代信息技术产业列为新旧动能转换“十强产业”之首，在“十强产业”中居于先导地位。山东的信息技术产业，虽然近年来发展规模不断扩大，居全国第3位，但与排名前两位的广东、江苏差距依然较大。国

① 隋映辉：《新旧动能转换，山东靠什么？——战略性新兴产业与新旧动能转换》，载《科技中国》2018年第4期，第67~69页。

家互联网信息办公室发布《数字中国建设发展报告（2017 年）》，山东省的信息技术产业指数在全国居第 6 位。鉴于信息产业在新旧动能转换中的重要性，必须要加大发展力度，积极落实网络强国、数字中国、智慧社会等国家战略，构建泛在互联融合智能安全的信息技术产业体系。

（一）突破产业核心技术，培育前沿信息产业

重点突破高性能计算、人工智能、传感器、虚拟现实、基础软件等关键核心技术，强化示范应用。这些新技术，将会催生新产业、新业态和新模式，同时也会推动智慧产业化、产业智慧化和跨界融合化，因此，加强研发和成果转化，突破产业核心技术，是推动新一代信息技术产业发展、培育新动能的突破口。

1. 推动量子通信技术研发应用

量子信息技术，事关国计民生重要领域。经过近 8 年的发展，济南无论是从量子技术的积累，还是成果转化上，都已经走在了全国前列。从运营服务、系统集成、整机制造、核心元器件研制到原材料供应的量子技术产业链条上，山东尤其是济南已经凝聚了一批优势企业。[①] 因此，下一步的重点就是要大力推进量子通信技术研发和产业化，开展量子通信网络基础设施共享服务平台、量子通信标准和安全性、核心关键器件等技术攻关。依托济南量子技术研究院、山东量子科学技术研究院有限公司和山东国迅量子芯科技有限公司等开展核心元器件研发。搭建量子安全区块链业务平台和量子通信业务支撑系统，推动重大共性关键技术协同创新，注重基础及前沿技术研究，重点突破量子通信、量子计算、量子精密测量及量子设备相关兼容软件，进一步提高设备集成度。积极推动量子信息技术市场应用，使山东成为全球量子技术及产业发展的战略高地之一。

2. 培育人工智能研发应用

新一代人工智能推动经济社会各领域从数字化、网络化向智能化加速跃升，正在并日益深刻地影响到社会组织模式和人类生活方式。人工智能正是智慧产业化、产业智慧化、跨界融合化的关键所在。积极发展人工智能，推动类脑研究，加快计算机视听觉、生物特征识别、新型人机交互、微机电系统、智能决策控制等应用技术研发和产业化。推进人工智能，加强核心基础理论研究，智能产业化应用，构建开放式人工智能技术支撑平台。加快人工智能技术

① 《山东“十强产业”它排第一，你知道有多厉害么》，载《齐鲁壹点》2018 年 3 月 22 日。

在智慧医疗、智能制造、智能家居、智慧海洋和智慧农业等方面的深度应用，培育新兴产业和新型企业，共同打造人工智能产业链和良好生态。

3. 巩固提升高端信息系统研发优势

要进一步提高核心基础软件研发能力，推进高端信息化装备产业持续创新，优化全省高端信息化装备创新发展布局。推进具有自主知识产权的大型服务器、海量存储等云计算基础设备、终端设备产业化，巩固山东省高端服务器产业领先地位。突破发展高性能集成电路产业，着力攻关核心通用芯片技术。攻克云数据中心虚拟化等关键技术，重点研发新一代融合架构的云数据中心支撑软件等具有自主知识产权的基础软件产品，实现与国际主流软件和标准的兼容与互操作，并在电子政务等领域实现全国产化替代。围绕"十强产业"对人工智能等新一代信息技术需求，开发各类行业应用软件，支撑新旧动能转换重大工程的实施。依托济南齐鲁软件园、青岛软件科技城、烟台服务外包示范园区等软件产业园区，瞄准技术产业发展制高点，建立面向各行业应用的重大集成应用平台，积极发挥浪潮集团、歌尔股份等领军企业的龙头带动作用。

4. 构筑新一代信息安全技术研发高地

加快关键安全基础技术突破，保障安全基础设施自主可控，推进新兴领域安全技术应用，打造可信安全的网络空间环境，培育信息安全服务新产业。研发基于国产 CPU 和网络芯片可信平台的安全网关产品，设计基于格的抗量子攻击新型密码算法和协议，研发抗量子攻击的密码产品、系统。强化隐私数据生命周期的保护模型研究，加强大数据发布、存储、挖掘、访问、控制隐私保护等核心技术的研发力度，构建大数据隐私安全保障技术体系。①

5. 建设全国知名集成电路设计和封测基地

发挥山东超级计算机和 EDA 软件领先优势，打造集成电路设计超级平台。以国产 FPGA 芯片和配套设计软件等研发及产业化为重点，形成具有核心知识产权的芯片设计技术，打破国外限制和封锁。

（二）促进新技术融合创新应用

突破大数据核心技术，加快构建自主可控的大数据产业链、价值链和生态系统。构建物联网技术研发与产业化体系，强化大数据技术的应用支撑作用，加速云计算技术融合和服务模式创新，开展北斗导航与地理信息产业应用示范，重点开展射频识别技术和传感器芯片及模组的技术研发，支持发展通信网

---

① 山东省科技厅：《山东省新一代信息技术创新发展重点方向和任务》2018 年 3 月 23 日。

络与设备、高端软件等物联网相关支撑产业，培育物联网安全设备、可信云等新一代技术架构和云服务业态，着力推进构筑国产化软硬件和网络安全体系，积极拓展物联网的应用范围，进一步深化物联网在高端装备、医养健康等行业中的应用。深入实施“互联网+”行动计划，推进大数据在政务、工业、农业、商贸、物流、民政、教育、医疗、交通、旅游、质监、警务、就业及社会保障等生产生活领域的综合应用，推动技术融合、业务融合、数据融合，构建完善云计算产业链。实施工业互联网创新发展战略和智能制造工程，支持企业加快数字化、网络化、智能化改造，集中力量攻克关键技术装备，实施智能制造“1+N”带动提升行动，培育智能制造生态体系。探索创新个性化定制、在线增值服务、网络化协同、分享制造等“互联网+先进制造业”新模式，推动工业企业商业模式创新及制造业转型升级。支持青岛创建国家工业云制造创新中心，将青岛建成为知名互联网工业城市。

二、着力发展高端装备产业

高端装备产业是指生产制造高技术、高附加值的先进工业设施设备的行业。主要包括传统产业转型升级和战略性新兴产业发展所需的高技术高附加值装备。高端装备制造业以高新技术为引领，处于价值链高端和产业链核心环节，是决定整个产业链综合竞争力的战略性新兴产业，是现代产业体系的脊梁，是推动工业转型升级的引擎。装备制造业为国民经济各部门提供生产技术装备，是工业之基。装备产业是国民经济的基础性、战略性行业，高端装备是典型的“国之重器”。山东是装备制造业大省，规模以上装备制造企业1.2万家，2017年全省装备制造业销售收入3.86万亿元，占全省工业的27%，规模居全国第3位①。但比起广东、江苏等装备产业强省，山东的装备制造业仍存在创新能力弱、高端装备占比不高（占27%左右）、电子信息装备占比低、本土配套率有待加强等短板，基础产品、基础工艺、基础材料等方面亟待加强。因此，山东要加快推动高端装备创新发展，突破关键技术与核心部件，提升综合集成水平，创建“中国制造2025”国家级示范区，打造国内一流的制造业创新中心和高端装备制造基地。

① 杨学莹、赵小菊：《打造国之重器挑起山东担当——山东新旧动能转换“十强”产业解析·高端装备篇》，载《大众日报》2018年7月16日。

（一）突破产业共性关键技术

作为重点发展的“十强产业”，高端装备产业要着力提升的就是自主创新能力。2018 年 6 月 13 日，习近平在中集来福士海洋工程有限公司烟台基地视察时强调：“一定要加强自主创新能力，研发和掌握更多的国之重器。”山东自主研发的高精密、高端大型智能化成套装备较少，与德日等发达国家产品相比，在高速、精度、可靠性等技术性能方面还存在明显差距。装备制造业还面临不少共性关键技术难题。突破轨道交通、工程机械、农机装备、动力机械等领域关键技术与核心部件，打造制造业创新中心，提高综合集成水平。对于每个企业都需要，适合行业抱团研发、共享的行业关键技术，政府应更有针对性地对重点公共服务平台大力扶持，打破中小企业各自为战的困境，帮助企业以更低成本完成新旧动能转换。通过突破核心技术，生产出高精密、高端智能设备，一方面培育了新动能，另一方面为两化融合及其他产业的转型升级提供了设备基础和条件。

（二）大力发展智能装备、轨道交通装备、通用航空装备、特种专用装备等产业①

在提高自主创新能力的基础上，山东基于现有装备产业的基础，未来重点发展智能装备、轨道交通、通用航空装备和特种专用装备等产业。

1. 大力发展智能装备产业

一是重点发展高精度、高可靠性中高端工业机器人，突破高精度减速器、高性能控制器、伺服电机、精密测量、高端液压元件等核心零部件和关键应用软件。积极发展医疗健康、家庭服务、教育娱乐等服务机器人和特种机器人。二是推进高档数控机床、智能加工中心研发与产业化，加快整机数字化、智能化应用技术研发，提升高端数控机床比重。三是加快开发高档仪器仪表，加强仪器仪表核心智能芯片研发及产业化，逐步扩大自主芯片供给。四是开展装备制造业标准化试点和智能工厂、数字车间示范。这些智能装备将为信息技术的广泛应用和产业融合发展提供重要前提和保障。

2. 强化轨道交通装备领先地位

山东有中国高铁“龙头”——中车青岛四方机车车辆股份有限公司，在

① 《山东省人民政府关于印发山东省“十三五”战略性新兴产业发展规划的通知》，2017 年 3 月 9 日；《山东省新旧动能转换重大工程实施规划》，2018 年 2 月 13 日。

轨道交通装备上处于领先地位。但也有不少关键技术亟待突破，因此要加快建设高速列车国家技术创新中心，重点发展高速动车组、高档客运列车、城市地铁、快速重载货车，配套发展轻量化车体、车轮、轮轴轴承、高性能转向架、传动齿轮箱、发动机、牵引制动系统、通信信号装备等关键零部件及运营管理系统。

3. 推动通用航空装备突破发展

加快通用飞机发展，建设国家通用航空产业综合示范区。加快通用航空整机研发产业化。推动通用航空整机研发和集成技术研究，重点发展飞机总装、部装及机载设备、航空发动机、航空铝型材、芳纶蜂窝材料、钛金紧固件、航电设备等关键部件，重点布局小型固定翼飞机、民用直升机、多用途飞机、特种飞机和无人直升机等整机的研发制造，着力突破关键技术，提高自主化水平。

4. 促进石油工程装备转型升级

加快石油工程装备技术创新，提高高端石油装备比重。促进总装及配套产业协调发展，重点发展石油钻采通用及页岩油气专用装备、全液压钻机、模块钻机等装备，以及地震仪、检波器、随钻测量测井仪、电磁地质导向仪等勘探测录装备。加快输变电设备、石油管线等配套设备升级，提高石油工程装备的智能化水平，大力发展大型成套装备，建设国家石油石化装备制造基地。

（三）推动高端装备产业集群式发展

围绕龙头企业培育集群加大产业基地、园区的培育建设，促进高端装备集聚、集约发展，强化对周边地区的辐射带动，是山东省高端装备制造业新旧动能转换的重要路径。如中车四方高铁产业链上有约600家企业。通过集群化发展，促进产业集群各企业间的协同创新，提高产业竞争力。

三、着力发展新能源新材料产业

新能源材料是当今世界新技术革命的三大支柱（新材料、新信息、新能源）之二。新能源是指刚开发利用或正在研究推广的能源。新能源产业主要包括新一代核能技术和先进反应堆，太阳能热利用技术推广应用，风电技术装备，适应新能源发展的智能电网及运行体系，生物质能开发利用等。新材料是指新出现或正在发展中，具有传统材料所不具备的优异性能和特殊功能的材料；或采用新技术（工艺，装备）使传统材料性能有明显提高或产生新功能的材料。新材料产业主要包括新材料本身形成的产业、新材料技术及其装备制造业、传统材料技术提升的产业等。相对于传统材料而言，新材料是发展先进制造业和高新技术产业的基础和先导，是促进传统产业转型升级、构建竞争新优势的重要支撑。新材料技术在全球经济发展与产业升级变革中的支撑性、引领性作用不断加强，新材料技术成为世界科技强国角逐的重点。新材料产业也成为各国重点发展的战略性新兴产业。

“十二五”以来，山东省新能源和可再生能源发展步入全面、快速、规模化发展阶段。特别是新能源和可再生能源发电快速发展，太阳能热利用规模一直居全国首位，遥遥领先其他省份。生物质发电装机居全国首位，风电、光伏发电装机居全国前列，核能发展优势较为明显。截至 2018 年 6 月，山东电网装机容量 1080. 1 万千瓦，光伏装机容量 1159. 6 万千瓦。山东的新材料产业规模居全国前列，全省产业门类多、产业基础较好，一些行业和企业在全国比较优势明显，有一大批骨干企业，在聚氨酯、高性能氟硅材料、先进陶瓷、特种玻璃等形成了较强的产业和规模优势。截至 2017 年底，全省规模以上新材料企业达到 1665 家，已建成省级以上新材料产业园区 25 家，国家级高新技术产业化基地 7 家。① 下一步，山东在发挥原有优势的基础上，突出新能源新材料基础性、先导性、战略性作用，大力发展可再生能源，推动新材料融入高端制造供应链，建设具有国内尖端水平和全球影响力的新能源、新材料研发、检验检测中心和产业发展高地。加快培育核心企业，打造行业龙头，通过“建链、补链、强链”，完善产业全链条，推进集中集群发展，加快培育衍生一大批能够引发产业体系重大变革的高新产业，力求实现颠覆式、爆发式增长。

（一）大力发展清洁能源

推动能源生产与消费革命，实施能源开发清洁替代和能源消费电能替代，提高电能在终端能源消费中的比重。高效发展风能、优化发展太阳能、推广发展生物质能，重点突破风能光能互补、先进燃料电池、高效储能与海洋能发电等新能源电力技术“瓶颈”。综合推广利用氢能源，加快济南新旧动能转换先行区中国氢谷建设，打造氢能源综合利用示范区。在济南，集“氢能源科技园”“氢能源产业园”“氢能源会展商务区”三位一体的“中国氢谷”正在建设，它将围绕 21 世纪最具发展潜力的清洁能源，打造上下游的研发制造链条

---

① 张思凯、左丰岐、代玲玲：《先导产业更需深度创新——山东新旧动能转换 · 新能源新材料篇》，载《大众日报》2018 年 8 月 19 日。

和产业集群。发展新能源电池和汽车电控技术，支持青岛等有条件的城市发展新能源汽车。探索新能源汽车分时租赁、储能电池充换电、分布式能源等新模式。推动烟台核电产业技术创新平台建设。推动海洋能示范工程建设。

（二）大力发展新材料

根据山东省新材料产业发展状况，要超前布局前沿新材料，加快发展基础优势材料。大力开发智能材料、胶体材料、仿生材料、纳米材料、新型超导材料和生物基材料等。重点发展先进高分子材料、新型无机非金属材料、粉末冶金、高性能轻质合金、高性能纤维及复合材料等五大优势领域，优先发展稀土新材料、石墨烯、新型半导体材料等新兴领域。

推动新材料产业协调发展、错位发展，构建竞争有序的新材料产业整体格局，提升济南都市圈、半岛城市群等重点区域的新材料集聚水平，发展壮大现有优势新材料产业基地，加快发展特色潜力新材料产业基地，形成规模效益，发挥示范效应。推进石墨烯特色资源高质化利用，加强专用工艺和技术研发，打造济南、青岛、潍坊、济宁、威海、菏泽等石墨烯研发生产基地。建设高性能碳纤维、稀土、玻纤复合材料、高端化工新材料、先进陶瓷、氟硅新材料、有色及贵金属、生物医用材料、新型能源材料特色产业基地。发展光电子材料，建设具有较强核心竞争力的碳化硅、铌酸锂半导体产业和光电子产业基地。提高行业技术创新能力和关键材料自给率，加快形成一批具有广泛带动性的创新成果。建设国内领先的新材料研发中心和产业基地。不断优化完善产业链，提高山东新材料产业竞争优势。山东省在某些高端新材料的研发上已走在世界的前端，但还需要将产业链向下游延伸，同步提升材料和器件制造水平，打造国际领先的产业集群。

在新能源新材料产业领域，山东正在建设国内具有尖端水平和全球影响力的新能源、新材料研发、检验检测中心和产业发展高地。风电、核电、光伏系统集成以及令人眼花缭乱的其他各种新材料，正在齐鲁大地竞相发展、遍地开花。

四、着力发展现代海洋产业

现代海洋产业是指以开发、利用和保护海洋资源和海洋空间为对象的现代产业，主要包括现代海洋渔业（海上粮仓、海洋牧场、深远海渔业）、海洋油气业（深海油气资源勘探开发、天然气水合物开采）、海洋生物医药业、海洋高端工程装备及高技术船舶制造、海洋金融、海洋信息、涉海商务、海水淡化利用业、海洋科研教育管理服务业以及与之相关的上下游产业。海洋战略新兴产业体现着一个国家或地区海洋经济的发展潜力和整体水平。

2017 年 6 月，山东省第十一次党代会作出加快建设海洋强省的决策部署，将其纳入新旧动能转换重大工程加快推进。2018 年全国两会期间，习近平总书记对山东提出“要更加注重经略海洋”指示要求，并进一步要求加快构建完善的现代海洋产业体系。山东省海洋区位、资源、环境条件十分优越，海洋经济发展的潜力巨大。山东海洋资源丰度指数全国第一，海洋渔业、海洋交通运输等产业增加值位居全国前列。山东海洋科研实力十分雄厚：拥有全国近一半的高层次海洋科技人才，22 名涉海两院院士，拥有全国唯一的海洋科学与技术国家实验室以及国家深海基地、大型综合海洋科学考察船等重量级国家创新平台。海洋科技、海洋人才和日积月累形成的海洋产业基础是山东发展海洋经济的优势所在。截至 2017 年年底，山东沿海港口吞吐量突破 15 亿吨，总量居全国第二，是全国唯一拥有 3 个吞吐量过 4 亿吨大港的省份。山东省海洋产业有了长足发展，2017 年，全省海洋生产总值 1.48 万亿元，占全国海洋生产总值的 19.1%，全省生产总值的 20.4%[①]。但传统产业、传统动能占比高的状况依然没有改变，海洋新兴产业仅占全省海洋经济总量的 18%。山东是严重缺水地区，海水利用业发展水平，却远低于水资源比较丰富的福建和广东等省。这种状况说明了山东省存在的差距[②]。还存在科技成果转化率低、海洋意识和海洋思维滞后等问题。因此，增强海洋经济发展动能，加快建立现代海洋产业体系。从国内外经验来看，打造现代海洋产业体系，主要包括传统海洋产业转型升级、海洋战略性新兴产业培育和海洋现代服务业充分发展等三方面内容。

（一）巩固提升海洋优势产业

壮大海洋工程装备产业。海洋装备是山东优势产业，例如中集来福士公司的中低端海工产品的国产化率达 70%，高端产品的国产化率约 30%。[③] 要以海洋油气平台装备、工程机械装备、探测监测装备、电力和海水淡化装备为重点，以烟台、青岛和威海为主要依托，尽快形成具有较强国际竞争力的产业集群。发展海工装备和海水利用研究开发海洋观测与监测关键装备。依托青岛海

① 王川：《山东新旧动能转换“十强”解析·现代海洋篇》，载《大众日报》2018 年 8 月 22 日。

② 《刘家义在山东海洋强省建设工作会议上的讲话》，载《大众日报》2018 年 6 月 20 日。

③ 赵洪杰、杨学莹：《构建完整的现代海洋产业体系》，载《大众日报》2018 年 6 月 3 日。

洋科学与技术国家实验室等重大创新平台，重点研究海洋复杂环境下的观测传感器、遥测遥感器等核心装备。围绕强化对海洋环境的智能化监测，大力开发海底观测平台、远程探测雷达、遥感监测无人机、深海机器人等海洋监测设备。发展冷藏集装箱船、邮轮游艇、高端远洋渔船等高技术船舶，东营建设高端海洋石油装备创新中心，青岛、潍坊建设绿色大功率船用发动机生产基地，青岛、烟台、威海建设国家海洋工程装备及高技术船舶创新中心。高水平建设“海上粮仓”、国家级海洋牧场示范区。突破育种关键技术，培育海水增养殖优质品种和繁育健康苗种。推动生态低碳、健康高效、工厂化养殖，控制近海捕捞，拓展远洋渔业和极地捕捞，提升海产品精深加工水平，培育完善种质资源保护和渔业资源修复—良种繁育—健康养殖—精深加工—现代贸易产业链条。支持东营、滨州、潍坊、烟台建设黄河三角洲国家生态渔业基地。

（二）加快发展海洋高技术产业

海洋经济是高技术经济、综合型经济，技术要求高、资金投入大、产业关联度强。构建现代海洋产业体系，必须突破关键技术、提高创新能力并加快发展高技术产业。实施“透明海洋”工程，全面构建“智慧海洋”系统。作为海洋强省建设十大行动之一，山东在全国率先实施“智慧海洋突破行动”。由海洋国家实验室牵头，启动建设智慧海洋大数据共享支撑平台，争取 2022 年建成特色鲜明、国际一流的海洋大数据中心和海洋大数据产业集群，提升海洋信息获取手段。研制基于光纤传感技术的海洋温度、振动、应力监测装备和海洋动力学环境监测装备。加大海洋生物活性物质研究开发力度，利用生物提取与合成、基因工程、超临界、纳米、膜分离等先进技术，着力开发海洋新药物、生物医用材料、功能食品（保健品）、酶制剂、化妆品等功能性海洋生物制品。打造青岛、烟台、威海、潍坊海洋生物产业集群。加快推进海洋药物资源、医药研发、药效学评价、安全性评价、中试孵化、临床试验、动物试验、生物制品等创新平台建设，完善海洋生物医药研究开发体系。实施海洋基因库项目，建设全球最大的海洋综合性样本、资源和数据中心。发展海洋新能源产业。合理适度推进海洋风能利用，积极支持潮汐能、波浪能、海流能、海洋生物质能的综合利用，实施关键技术攻关工程，研发生产具有自主知识产权的核心装备，大力发展海水源热泵技术、温差发电技术，推进可燃冰开采、储运、应用技术研发和产业化，建设全国性海洋新能源产业基地。支持威海国家级浅海海上综合试验场、青岛海上试验场建设。加大海水利用大型化技术研发投入，积极开发海水淡化、海水直接利用和海水综合利用的关键新材料、新工艺、新技术和新装备。重点推进海水淡化及浓海水综合利用示范工程，推进海水化学资源综合利用，建设全国重要的海水利用产业基地。

（三）壮大发展海洋服务业

在海洋现代服务业层次提升方面推动新突破。以科技创新为根本动力，强化“大数据”和信息网络技术对海洋服务业发展的支撑作用，积极推动传统海洋服务业向现代服务业转型。积极发展海洋交通运输业，发展沿海和远洋运输，推进水陆联运、河海联运，建设区域性水产品交易中心和冷链物流中心。提升青岛、日照、烟台、威海四大临港物流中心现代化水平，壮大东营、潍坊、滨州、莱州等临港物流园区，打造东北亚国际航运综合枢纽、国际物流中心。发展航运服务业，推动海洋金融、航运保险、船舶和航运经纪、船舶管理、海事咨询、海事仲裁、海事审计与资产评估及其衍生业态发展。积极发展滨海旅游业，突出海洋特色，持续推动文化、体育与旅游、养生深度融合发展，建设全国重要的海洋文化和体育产业基地。发展海洋科教服务业、涉海商务服务业和涉海金融保险服务业。加快发展洁净产品生产技术、环境工程与技术咨询、环保科技推广、环境信息服务等环保中介服务。

目前，山东建立“6个1”体系，推进现代海洋产业发展。“6个1”即1位省级领导牵头、1个专班推进、1个规划引领、1个智库支持、1个联盟（协会）助力、1支（或1支以上）基金保障。

五、着力发展医养健康产业

医养健康产业以维持、修复和促进健康为目的，以医和养为核心特色的产品生产、服务提供和信息传播等相关产业统称，涉及医疗、医药、养老、养生、体育、旅游、文化、食品等多个与健康紧密相关领域，是涵盖全产业链条、全地域范围，覆盖全体人群、全生命周期，相互交叉、相互渗透的综合性产业。山东将医养健康产业确定了十大重点领域，分别是医疗服务、健康教育与管理、健康养老、生物医药、医疗器械与装备、中医中药、体育健身、健康旅游、健康食品和健康大数据。医养健康产业是多业态融合发展的朝阳产业、未来产业，其产业链条长、延伸配套性好、支撑带动力强。随着新一轮科技革命和产业变革加速到来，大数据、云计算、人工智能等新一代信息、生物、工程技术与医疗健康领域的深度融合日趋紧密，健康管理、健康养老、健康旅游、休闲养生、“互联网+健康”等健康产业新业态、新模式蓬勃兴起，医养健康产业将呈现爆发式增长态势。医养健康产业是经济高质量发展的重要引擎，也是民生改善和经济发展的重要契合点。山东将医养健康产业作为新旧动能转换“十强”产业之一，是培育新动能的主要载体和抓手，也是满足人民群众对美好生活需要的重要保障。

山东是全国首个提出医养健康概念的省份，山东发展医养健康产业的基础雄厚。2016 年，全省医养健康产业增加值 4284.8 亿元，占 GDP 比重 6.3%；全省医疗卫生和养老服务机构、床位数量均居全国前列；2017 年，山东省医药工业规上企业 861 家，实现主营业务收入 4798.9 亿元，保持全国领先①。但相对于广东、江苏等健康产业大省，山东的医养健康产业也存在龙头企业和知名品牌少、新技术研发和应用不足、产业融合有待深化、人才智力支撑不强等问题。为满足人民群众对美好生活的新期盼，山东积极探索，加快发展医养健康产业，培育经济发展新动能。

（一）提升医药工业发展水平

聚焦生物医药、中药、生物医学工程等领域，推进国家综合性新药研发技术大平台、国家创新药物孵化基地建设，加快开发满足重大临床需求的创新药物和医疗器械。一是积极发展生物医药。瞄准国际医学前沿，大力发展生物技术药物，积极培育特色海洋药物，加快研发小分子药物，攻克关键技术，提高原研药、首仿药、中药、新型制剂等创新能力和产业化发展水平。二是积极发展中医中药。壮大中药材种植基地，加快发展现代中药，支持中药科技创新，提升中医医疗保健服务水平，打造全国重要的中医药养生基地。三是大力发展医疗器械与装备。突出解决高端医疗器械依赖进口、核心部件国产化程度低的问题，重点加强数字诊疗装备、体外诊断产品、可穿戴医疗装备、医用机器人、高值耗材等重大产品攻关，加快推动医疗器械技术突破，打造高端医疗器械产业集聚基地。

（二）创新医养健康服务模式

一是大力发展基于互联网和人工智能的健康服务产业，支持商业应用程序开发，推进远程医疗、移动医疗和医药物流等第三方服务规范发展。夯实健康大数据应用基础，全面深化健康大数据应用，培育健康大数据新业态。不断推

① 李振、杨学莹：《医养健康探新路——全国新旧动能转换“十强”产业解析·医养健康篇》，载《大众日报》2018 年 8 月 13 日。

进健康医疗与养生、养老、家政等服务业协同发展。提高健康医疗大数据开发利用水平，构建基于大数据的医疗决策支持系统，建设国家健康医疗大数据中心和济南国际医学科学中心。鼓励发展基于大数据的精准健康管理服务。大力发展居家健康信息服务，规范网上药店和医药物流第三方配送等服务，推动中医药养生、健康养老、健康管理、健康咨询、健康文化、体育健身、健康旅游等产业发展。推动疾病危险因素监测评估和妇幼保健、老年保健、国际旅行卫生健康保健等智能应用。

二是积极发展健康旅游。山东各地可依托当地独特的生态、康养与旅游资源，加快开发滨海疗养、森林康养、温泉浴养、研修康养、田林休闲等健康旅游业态以及高端健康体检、医学美容、养生护理、医疗保健等健康旅游项目，推动医养健康与旅游深度融合。

三是积极发展体育健身，发展健康教育与管理。深入推进全民健身与全民健康深度融合，大力开发具有消费引领性的健康运动项目，积极推广覆盖全生命周期的运动健康服务，构建健康运动产业生态圈。建设全省科学健身指导体系，倡导“运动处方”模式，开展慢性病运动干预。加快构建全生命周期健康评估咨询体系和健康管理服务体系，推动健康教育与管理产业快速发展。

四是积极发展健康养老。推进医养结合、开展社区居家健康养老服务、丰富养老服务业态、增加老年用品供给、加快适老化建设改造、推广普及老年教育，做优以医养结合为重点的健康养老产业。

（三）创新医养健康产业发展环境

进一步优化医疗资源配置，推进公立医院综合改革和分级诊疗制度改革，加强城乡医疗对口支援，加快全科医生培养和符合条件的医生多点执业，构建与山东经济社会发展水平相适应、与居民健康需求相匹配的整合型医疗卫生服务体系。进一步拓展和深化家庭医生签约服务，将基本医疗、基本公共卫生和健康管理有机整合，为签约对象提供综合、连续的基本医疗卫生服务。支持居家养老服务机构与周边社区卫生服务中心、乡镇卫生院、诊所等基层医疗机构深化合作，将医疗护理和康复等服务延伸至家庭，为特殊和老年群体提供日常护理、保健咨询等服务。①

根据山东省医养健康产业发展实际，初步确定设立 2 支医养健康产业母基金。目前第一支母基金已经设立，总规模 100 亿元，将对发展潜力大、引领带

① 参见《山东医养健康产业规划（2018～2022）》，2018 年 7 月。

动作用强的重大项目予以重点扶持。

第三节 改造提升传统产业形成新动能

“老树发新芽”，推动传统产业转型升级，是新旧动能转换要做好的重要文章。山东是工业大省，工业总产值及工业增加值居中国各省前三位，在传统产业具有优势，山东传统产业占工业比重约70%，重化工业占传统产业比重约70%，必须重视传统产业的新动能培育。因此，加强技术改造和模式创新，推动传统产业优化升级，加快发展现代服务业，瞄准国际标准提高装备技术水平，形成支撑经济发展的新动能。

一、推动化工产业迈向高端

山东省将高端化工产业列为“十强产业”。高端化工产业是指石油和化学工业技术处于行业高端的加工制造业，主要生产制造高技术含量、高附加值的高端石化产品、精细与专用化学品和化工新材料的产业。山东省是传统化工大省，是全国唯一一个主营业务收入超过3万亿元的省份，化工企业数量最多。截至2016年底，山东化企进入全国化工500强名单的已经有104家，占总数的20%[①]，细分行业方面，山东炼油、轮胎、氯碱、化肥等产业规模均居全国首位，山东省轮胎行业在全国来看也独占鳌头。但山东化工产业亦存在“大”而不“强”的问题。化工产业仍存在产业集中度低、产业结构不尽合理、创新能力仍显不足、安全环保压力大等问题。因此，山东以基地化、链条化、智能化为方向，坚持创新、安全、环保、质效联动发展，加快优化产业布局和产品结构，促进化工产业向高端发展，建设高端化工产业强省，助力“山东制造”跃升“山东创造”“山东智造”。

（一）提升集约集聚发展水平

加快推动化工企业进入园区集聚发展，争取到2022年进园进区比例由现在的20%提高到40%左右。全省现在有化工园区近200家，推动现有化工园

① 付玉婷：《新旧动能转换十强产业解析：化工大省价值重塑》，载《大众日报》2018年8月12日。

区提质升级，提升园区承载力，推动各类优质资源要素向园区集聚，促进产业集群上规模、上特色、上水平。完善化工园区产业升级与退出机制，要以质量第一、效益优先为导向，高标准抓好高端石化产业基地和园区建设。加强园区的环保基础设施建设，开展循环化改造，实现近零排放，推动绿色化、规模化、集约化发展。推动企业实施技术创新，加大技改投入。利用清洁生产、智能控制等先进技术改造提升现有生产装置，降低消耗，减少排放，提高产品质量和综合效益。

山东将打造以鲁北高端石化产业基地为主体，以半岛东部化工新材料、鲁中高端盐化工、鲁南现代煤化工三大产业集聚区为支撑，以鲁西北化工企业转型示范区、黄海临港石化原料集散区为补充的“1+3+2”的高端化工产业发展格局。在东营、烟台、滨州、潍坊布局建设芳烃、乙烯等一批重大项目，建成国内领先、世界一流的高端石化产业基地。培育淄博、菏泽两大千亿级精深加工产业集群。依托济宁、枣庄、菏泽、泰安、临沂等煤化工产业园，打造鲁南国家级煤化工产业示范基地。依托潍坊、烟台、东营、泰安、滨州、菏泽等盐化工产业园，适度发展食品级、电子级盐化工，打造高端盐化工产业基地。山东省将着力推进炼化一体化、新材料、海洋化工、煤化工、精细化工、轮胎制造等六大主导产业高质量发展。

（二）延伸拓宽产业链条

深入组织实施重大技术创新工程、智慧化工建设工程，突破重点领域核心关键技术，提高企业技术装备水平，提升为电子信息及新能源产业配套的电子化学品工艺技术水平。重点在特种橡胶、特种纤维、特种工程塑料、前沿新材料、高性能复合材料等领域，打造一批特色产业链。各地区和化工园区，可以围绕本地本园区的优势产业和骨干企业，加大研发力度，打造化工技术研发和产业化示范基地，向上下游延伸拓宽产业链条，形成化工产业发展新格局。通过技术水平提升和信息技术应用，促进化工产业迈向价值链中高端，并推动新材料产业的发展。

（三）加快炼化一体化步伐

炼化是化工龙头，在山东省2.1亿吨的总产能中，1.3亿吨都由地方炼厂提供。山东省委书记刘家义同志曾指出，山东地炼行业规模大，但绝大多数企业只搞了个原油进口加工和成品油出口，实际上就是“来料加工”，以巨大的环境污染、安全隐患、土地消耗等为代价，赚了一点点加工费而已。从根本上打破处于产业链低端、受制于人的局面，就要坚持基础产业优化整合，加快向下游延伸，推动地炼产业由“一油独大”向“油化并举”转变。构建循环产业链，开发生产石油炼化下游产品。要重点推动炼油企业提高集中度，最终形成几家千万吨级规模的优质炼化一体化企业集团。目前由16家山东地炼企业联合出资的山东炼能集团已成立，目的是优化整合地方炼企在原料、物流、产品等方面的配置，实现链条化、差异化发展，由“一油独大”向“油化并举”转变，这是解决行业发展不平衡不充分矛盾最关键的一环。要在搞好传统炼油业务改造基础上，加快推进创新技术储备。企业应积极与高等院校、科研院所开展合作，建立行业级、国家级炼化一体化创新平台。加强石化产业产能和技术国际合作交流，打造面向世界的产业平台。

集约化发展、延伸拓宽产业链、提升价值链、促进跨界融合，推动化工产业走向高端，是实现化工产业转型升级、实现高质量发展的路径和方向。

二、推动农业向现代高效农业转型

现代高效农业是指以市场为导向，运用现代科学技术，充分合理利用资源环境，优化组合各种生产要素，实现经济、社会、生态综合效益最佳的农业生产经营模式。山东是农业大省，农业综合产能位居前列。2017年，农林牧渔业总产值9298.2亿元，农林牧渔业增加值5158.7亿元，均居全国第一位，粮食总产量占全国的7.6%，居全国第三位。蔬菜（含食用菌）、园林水果、肉蛋奶、水产品产量均居全国第一位。绿色发展迈出坚实步伐，农业发展动力持续提升，2017年，全省农业科技进步贡献率达到63.27%，高出全国5个百分点，全省农产品出口额连续19年保持全国第一位。[①] 截至2017年底，全省家庭农场发展到5.5万家，农民合作社18.6万家，农业龙头企业9600家，参与产业化经营的农户超过1800万户，土地经营规模化率达到40%以上。对标发达国家和先进省份，山东农业存在供给侧结构性矛盾、小农户与现代农业发展有机衔接不充分等短板。[②]

全面贯彻落实党的十九大和习近平总书记视察山东重要讲话精神，扎实实施乡村振兴战略，坚持农业农村优先发展，把加快培育农业农村新动能作为统领现代高效农业发展的重大工程。推动农业向现代高效农业转型升级，发展现

① 《山东省新旧动能转换现代高效农业专项规划（2018～2022）》，2018年7月20日。

② 王川：《山东新旧动能转换“十强”产业解析：让传统农业变身强农富民产业》，载《大众日报》2018年7月17日。

代高效农业，主要依靠先进科学技术、优良物质装备、集约组织方式、新型从业人才，通过拉长产业链条，推进绿色生产，提高产品质量，提升经济效益，加快实现农业由传统产业到高质高效产业转变，打造乡村振兴齐鲁样板，加快实现农业强、农村美、农民富。

（一）加快发展农业“新六产”

深化农业供给侧结构性改革，促进农村一二三产业融合发展，积极发展农业“新六产”。促进农林牧渔业与加工、流通、旅游、文化、康养等产业深度融合，推动产业链相加、价值链相乘、供应链相通“三链重构”，构建农产品从田头到餐桌、从初级产品到终端消费无缝对接，集生产生活生态功能于一体的产业新体系，实现从单一产业向全链条、多功能、新业态发展的动能转换。大力发展农产品加工业，推进农产品精深加工及加工副产物综合利用。加快发展休闲农业和乡村旅游，利用“旅游＋”“生态＋”等模式，推进农业与旅游、教育、文化、康养等产业深度融合，拓展观光采摘、休闲体验、休闲垂钓、科普教育、文化创意等功能，推动乡村旅游规模化发展，打造一批相对集中、业态丰富、功能完善的乡村旅游集群片区和一二三产业融合发展的乡村旅游园区。稳步推进农村电商发展，培育一批区域性、垂直性电商平台，扩大农产品网上销售。加快省级品牌农产品电商综合服务平台建设，建成国内具有影响力的农产品营销平台。大力发展农业生产性服务业。

（二）大力发展特色高效农业

发展特色高效农业，要把增加绿色优质农产品摆在突出位置。这就需要进一步推进农业标准化生产、全程化监管，全面提升农产品质量安全水平。

一是坚持创新驱动，实施农业科技创新工程和渤海粮仓科技示范工程，综合应用工程装备技术、生物技术、信息技术、环境技术，加快发展设施农业，向科技强农、绿色护农的动能转换。以农业科技创新引领产业提质增效转型升级，进一步提升农业科技进步率。加快现代种业发展，推进种业研发创新，加快培育一批具有广阔应用前景和自主知识产权的突破性品种，重点培育一批具有国内外较强竞争力的“育繁推一体化”种子企业。

二是调优调新产业产品结构，加快构建粮经饲协调发展的三元种植结构。做大做强优势特色产业，立足各地资源禀赋，培育“名优特稀新”经济作物。推进畜牧业提质增效，打造一二三产业融合的现代畜牧业产业园。同时，做好粮食生产功能区、重要农产品生产保护区和特色农产品优势区“三区”同建。

三是落实藏粮于地战略，划定和建设粮食生产功能区和重要农产品生产保护区，开展耕地轮作休耕试点，推进高标准农田建设，稳定提升粮食产能。因地制宜探索试行耕地休养生息制度，在确保全省耕地保有量和永久基本农田保护面积等耕地保护责任目标的基础上，有序开展退耕还林、还草、还湖工作，推动农业可持续发展。

四是发展智慧农业，大力实施“互联网+”现代农业战略，应用物联网、云计算、大数据、移动互联等现代信息技术，推动农业全产业链改造升级。

五是强化品牌引领新动能。通过标准提升、高端引领，实现从依靠数量规模扩张向质量兴农、品牌富农的动能转换。积极培育壮大区域公用品牌，以提高绿色优质农产品供给水平为目标，着力打造“齐鲁灵秀地·品牌农产品”这一山东省农产品整体品牌形象。支持各地以特色优势农产品为依托打造区域公用品牌，加强品牌管理，提升竞争力。

（三）提升农业经营服务水平

提升农业主体培育新动能。积极培育龙头企业、合作社、家庭农场等新型经营主体，做大做强龙头企业，发挥引领带动作用；做优做活农民合作社，发挥桥梁纽带作用；做专做精家庭农场和种养大户，发挥基础支撑作用。鼓励各类主体间开展多种形式的合作与联合，建立家庭农场联盟、农民合作社联合社、产业协会联盟及产业化联合体。

创新完善农业社会化服务。围绕实现小农户与现代农业发展有机衔接，健全农业社会化服务体系。建立完善公益性服务和经营性服务相结合、专项服务和综合服务相协调，贯穿农业产前、产中、产后全过程的综合配套服务体系。推进基层农技推广体系改革，探索建立公益性农技推广与经营性技术服务共同发展的新机制。发挥行业组织的作用，建立农技指导、信用评价、保险推广、产品营销于一体的公益性、综合性农业公共服务组织和平台，不断提高服务质量。大力培育经营性农业社会化服务组织。不断提高专业化、标准化服务水平。强化人才支撑，建立政府主导、部门协作、统筹安排、产业带动的培训机制，培育新型职业农民、提升农民职业技能。

三、推动文化创意产业转型升级

文化创意产业又称文化及相关产业，是指为社会公众提供文化产品和文化相关产品的生产活动的集合。文化创意产业本质上是一种创意经济，其核心竞争力就是人自身的创造力。文化创意产业可以界定为：以创意为核心，以文化为灵魂，以科技为支撑，以知识产权的开发和运用为主体的知识密集型、智慧主导型战略产业①。文化创意产业一方面会衍生新产品、新市场，产生新机会，是突破经济发展的新动力源泉。另一方面文化创意产业与相关产业横向融合，通过发展设计和营销，打造品牌、提高质量、提升附加值，能有效提升文化产业和其他产业产品的附加值；推动文化创意产业在产业链上纵向延伸，以创意设计带动后端的产品制造、配套服务、衍生产品、品牌服务、市场营销等联动发展，从而推动传统产业转型升级。发展文化创意产业，有助于保持经济增长和培育新增长点，形成新动能。

党的十九大报告指出：文化是一个国家、一个民族的灵魂。文化兴国运兴，文化强民族强。没有高度的文化自信，没有文化的繁荣兴盛，就没有中华民族伟大复兴。山东省新旧动能转换重大工程实施规划中也将文化创意产业作为十大重点产业之一。山东是文化资源大省，但不是资源转化大省。山东文化底蕴浓厚，近年来，山东文化创意产业快速发展，但其增加值占 GDP 比重仅为 4.17%。这其中包括文化产业增加值占 GDP 的比重偏低、内部结构不够合理（制造业占主导，约 50%②）、产业链条不完整、区域发展不平衡、企业竞争力不够强、科技含量不够高等。而解决这些问题的关键，便是深挖本土核心文化资源，讲好本地的文化故事，推动文化创意产业发展，打造文化新动能。

（一）推动传统文化传承创新发展

山东传统文化资源丰富，素来以“孔孟之乡、礼仪之邦”著称的山东省有几千年的历史文化积淀，儒家文化深深影响着几代人的行事做人风格，有作为大汉口文明的发祥地。泰山是中国第一个被联合国教科文组织同时评为世界自然与文化双遗产的名胜；曲阜的“三孔”属于世界文化遗产，也是世界上最大、延续最久、保留最完整的宗族墓地与人造林园；临沂有“聊斋园”……另外，省内有 23 个中国民间艺术乡，75 个各类博物馆，这些都为文化创意产业的发展提供了丰富的素材与源泉。

推进优秀传统文化创造性转化、创新性发展。实施“互联网 + 齐鲁优秀传统文化”行动计划，延伸旅游演艺、修学度假、建筑博览、工业遗产等文化产业链条。建设曲阜优秀传统文化传承发展示范区，高水平举办国际孔子文化

---

① 《关于文化创意产业的思考》，网易，2018 年 2 月 23 日。

② 潘爱玲：《山东文化产业如何做大做强》，载《大众日报》2017 年 3 月 22 日。

节、尼山世界文明论坛、世界儒学大会等一批具有国际影响力的历史文化活动，打响“孔子故乡·中国山东”品牌。加快建设大运河文化带，弘扬墨子文化创新精神和鲁班文化工匠精神，传承创新齐鲁文化。挖掘始祖文化、北辛文化和大汶口文化、泰山文化、黄河文化、海洋文化、泉水文化、忠义文化等特色文化丰富内涵，提升优秀传统文化独特魅力和时代价值。大力弘扬沂蒙精神和红色文化，加强政德党性教育基地建设。建设鲁文化、齐文化、红色文化三大文化产业园。

（二）优化文化产业结构布局

文化及相关产业包括新闻信息服务、内容创作生产、创意设计服务、文化传播渠道、文化投资运营、文化娱乐休闲服务、文化辅助生产和中介服务、文化装备生产、文化消费终端生产九个大类。当前信息技术的不断发展也催生了新的文化业态，文化创意产业正进入一个全新的上升发展周期。因此，首先就要促进文化创意产业与互联网深度融合，推动创意产业领域的转型升级，优化创意产业结构，提升创意产业发展水平。一方面运用“文化+”“互联网+”和高新技术，改造提升出版发行、印刷复制、影视制作、工艺美术等传统文化产业，另一方面，大力发展新兴文化业态，发展网络视听、移动媒体、数字出版、动漫游戏、创意设计、VR和AR等新兴产业。各地应结合地方优势产业，深入推进“文化+”战略，打破传统领域和板块界限，促进文化同制造业、旅游业、农业、体育、金融等产业融合发展，推动“创意山东”建设，不断拓展文化产业发展的广度和深度。深入实施文化产业发展“金种子”计划，培育一批文化产业孵化器，孵化一大批文化创意中小企业，建设山东省文化产业创新实验园区。实施文化领军企业培育工程。

（三）推动文化创意和设计服务发展，强化文化产业发展支撑

为加快文化创意产业发展，根据各地优势资源搭建文化创意和设计服务平台。济南、青岛、烟台、潍坊、威海等创建联合国教科文组织“创意城市”，济南、威海建设时尚服装创新创业国家平台、威海国家建筑设计创新平台，青岛承建中德工业设计中心，济南建设中美设计创新云服务平台，潍坊打造“中国画都”。济南、青岛开展国际合作、影视交易等试点，建设国家影视文化消费先行体验区和全球影视文化中心。建设山东文化创意版权信息平台，支持现代著作权保护技术的开发和应用，促进版权授权体系发展。重点培育济南、青岛、潍坊、枣庄、临沂等国家级和省级版权中心（贸易基地）。鼓励创建对外

文化贸易基地和国家级文化产业示范园区。支持济南、青岛建设影视文化消费先行体验区。加快文化创意产业会展、博览会的发展。开展文化创意设计大赛。通过开展文化旅游产品设计、现代手工艺设计、新媒体艺术设计、视觉设计、文化艺术创新设计等产品及概念设计大赛，提高创意设计水平，激励创意人才成长，让创意找到市场，让企业发现商机，让艺术融入生活，加快文化创意产业与相关产业融合发展。①

在文化领域广泛应用现代科技，推动创意产业技术进步、效率提升和模式变革，注重技术创新，增加文化创意产品的科技含量，建立科技含量高、富有创意的现代文化产业体系。建立文化与科技融合的科技研究中心和重点实验室，搭建一批文化技术创新服务平台，组建一批文化产业技术创新联盟，向中小科技文化企业提供技术支持服务。培育一批具有自主知识产权、自主品牌的创新型文化科技企业，争创国家文化科技融合示范基地。运用高科技推动文化产品创意、生产、传播、消费和服务方式的创新。加强文化资源的数字化采集、保存和应用，建设"海岱云博"文物大数据云平台，实施全省馆藏珍贵文物精品、古籍数字化工程。

四、推动精品旅游产业高质量发展

旅游业是现代服务业的重要组成部分，山东正处于实现由大到强战略性转变的关键阶段，推动实施新旧动能转换重大工程，旅游产业的提档升级必将发挥着重要作用。"精品旅游产业"被确定为支撑山东新旧动能转换的十大强省产业之一。所谓精品旅游产业，是指以精品化为导向，以"好客山东"为统领品牌，以建设全域化现代综合性旅游目的地为目标，顺应大众旅游时代消费升级趋势，围绕"旅游+""+旅游"、公共服务提升、全域旅游构建，体现多元化、融合化、全域化、国际化旅游休闲及相关经济活动的集合，也可称为旅游休闲及相关产业。

近年来，山东省旅游业发展势头良好，旅游总人数（人次）持续增长，"好客山东"的品牌是中国认可度最好的旅游目的地品牌之一，山东已成为全国第二大旅游到客人数大省。山东是全国7个全域旅游示范省建设省份之一，A级景区、旅行社数量、"中国乡村旅游模范村"等均居全国第一。旅游业投

① 张振鹏:《山东省文化产业转型升级的对策研究》，载《人文天下》2016年第11期，第6~12页。

资活跃，大型旅游投资项目较多。山东旅游消费总额去年底达9200亿元[①]，规模不断壮大，内容不断丰富。但对标发达国家和先进省份，山东存在城市旅游消费中心作用不明显、精品旅游产品不足、市场主体发育不充分、入境旅游相对滞后、各类产业和社会资源旅游转化率低、城乡和地区间发展不平衡等问题。这次提出发展精品旅游业，推进旅游业多元化、全域化、国际化发展，打响“好客山东”品牌，打造全域旅游示范省和国际旅游度假目的地。这标志着山东省旅游业发展开始由规模增长阶段正式步入了精品旅游时代。

（一）构建全域旅游发展体系[②]

全域旅游是旅游产业的全景化、全覆盖，是资源优化、空间有序、产品丰富、产业发达的科学的系统旅游，要求全社会参与，通过消除城乡二元结构，实现城乡一体化，全面推动产业建设和经济提升，是我国新阶段旅游发展战略的再定位。山东也制定了全域旅游发展规划，坚持景观延续性、文化完整性、产业集聚性原则，统筹推进重要旅游城市和品牌景区协同发展，推出一批主题鲜明、独具魅力的特色旅游线路和产品，加快旅游业由传统景观模式向全域旅游模式转变。重点打造东方圣地、仙境海岸、平安泰山、泉城济南、齐国故都、鲁风运河、水浒故里、黄河入海、亲情沂蒙、鸢都龙城等十大文化旅游目的地品牌。以十大文化旅游目的地品牌建设为核心，不断完善旅游基础设施，延长游客停留天数，推动旅游全年化，增加旅游产品消费。加快重点旅游工程项目建设，推进A级景区优胜劣汰、提档升级，全面提升山东旅游美誉度与竞争力。

（二）丰富旅游新产品新业态

深入实施“旅游+”、“互联网+”战略，推进旅游与工业、文化、体育、教育、医疗、农业、等产业的渗透和融合，加快旅游服务和产品创新，延伸提升旅游产业链、价值链，实现旅游产业智慧化、跨界融合化和品牌高端化。推动旅游与产业融合发展，重点发展滨海旅游、示范城市与区域旅游、乡村旅游、康养旅游、红色旅游、工业旅游、研学旅游、低空旅游、体育旅游、自驾车旅游、文化遗产与博物馆旅游、生态旅游等业态。针对不同的消费者群体，细分市场，开发不同类型的旅游产品和旅游市场，如老年旅游、研学旅游、养

---

① 刘兵、刘英、付玉婷：《“好客山东”须做精品文章——山东新旧动能转换“十强”产业解析·精品旅游篇》，载《大众日报》2018年8月14日。

② 《山东省全域旅游发展中规划（2018～2022）》，2018年3月18日。

生度假等。可充分利用互联网平台，开发个人定制的高端旅游。各地可深入挖掘民风民俗，开发具有本区域特色的旅游项目。创新旅游产业运营管理机制，加快大型旅游综合体、休闲度假区、中央游憩区、环城市游憩带建设，有序引进国内外主题游乐品牌，构建与国际接轨的旅游服务体系。对接国际化建设山东旅游产业发展标准，以国际化引领旅游业整体升级。

（三）提升旅游公共服务质量

发展智慧旅游是山东省旅游产业转型升级的重要选择，因此要加强旅游大数据建设、智慧城市建设、旅游管理数字化。建设省市县三级全域旅游数据平台、全省旅游产业管理信息平台及大数据平台。推进旅游景区信息化建设，在各级游客集散中心、机场、车站、码头、3A级以上景区、星级饭店、农家乐集中连片区实现免费Wi-Fi、信息推送、智能导游、在线预订等全覆盖，建设智慧全域旅游服务中心。推进旅游数据共享机制和平台建设，以实现旅游管理的高效。建设一批“互联网+旅游”平台，打造全国知名的旅游电商品牌。改进基础设施建设，畅通跨区域旅游通道，完善多样化出行方式，打通旅游交通“最后一公里”。提升服务完善设施。按照“安全卫生、整洁有序、管理规范、服务标准、文明礼貌、赏心悦目”全域旅游标准，对旅游服务环境进行全方位、系统化提升，打造赏心悦目的旅游环境。提高旅游配套设施标准化、人性化建设水平。改造提升住宿业、餐饮业水平。持续推进旅游厕所革命。加强旅游市场监管和诚信体系建设，为人民群众提供安全放心、便捷优质的旅游消费环境。

五、推动金融业向现代金融服务业转型

现代金融服务业是指以服务实体经济为导向，通过开展业务活动为客户提供包括融资投资、储蓄、信贷、结算、证券买卖、商业保险、担保和金融信息咨询等服务的相关产业。金融是现代市场经济的核心和血液，在支撑经济体制改革、推进结构性调整、发展社会民生事业等方面都具有举足轻重的地位。大力发展现代金融产业，对于加快新旧动能转换、推动高质量发展具有重要意义。

山东作为传统经济大省，在农业、化工、机械等行业中位居全国前列，但金融业等现代服务业发展相对滞后，经济结构性矛盾突出。实施“金改22条”以来，山东金融产业步入改革创新的快车道。一方面，作为一个独立的产

业，山东金融业在全省经济发展中奠定了不可动摇的地位。2016 年，全省金融业增加值占全省 GDP 的 5.1%，占第三产业增加值的 10.7%，另一方面，作为服务性行业，山东金融业对实体经济各部门的支持效率显著提升。当前，山东仍然面临经济下行压力加大以及“三期叠加”的矛盾，金融风险暴露逐渐增多，如何在防风险的同时继续推进金融改革创新，更好地支持新旧动能转换、更好地服务经济社会发展仍然是全省现代金融发展的头等大事。[①] 因此，努力打造金融强省，构建现代化、普惠化、便利化的金融服务体系，切实增强对新旧动能转换的金融服务。

（一）拓宽直接融资渠道，优化融资结构

努力提高直接融资比重，推动社会融资由间接融资为主向间接融资与直接融资并重转变。深入推进多层次资本市场体系建设，进一步优化区域股权交易市场与主板市场、创业板市场、新三板市场之间的转层、转板机制，促进中小企业股权融资市场层次化、系统化，为山东省挂牌企业提供股权交易、发债、银行融资等综合金融服务[②]。加大上市资源培育力度，持续推进规模企业规范化公司制改制工作，推动更多企业到境内外资本市场上市挂牌。推动国有企业利用资本市场实施混合所有制改革。鼓励农村产权、海洋产权、能源环境、文化产权等交易场所建设，拓宽覆盖范围和交易品种。开拓利用债券市场，推动企业发行公司债、企业债和各类债务融资工具，积极发展项目收益债、可转换债券、永续票据、绿色债券等创新产品，鼓励企业赴境外发行人民币和外币债券，引导和推动中小微企业借助债务工具进行直接融资。探索开展基础设施、金融资产、企业资产、商业不动产证券化，推动实体经济优势转化为资本竞争优势。

（二）做优金融支柱产业

发挥信贷融资重要渠道作用，创新间接融资方式，保持信贷增速与经济增长合理匹配。创新加大质押物范围，积极发展信用贷款，积极推广以应收账款、股权、知识产权等为标的物的抵押贷款业务和以现金为核心、以大数据为依托的信贷业务。围绕新旧动能转换，实施差别化信贷政策，与省里产业政策相配合，引导信贷资金定向精准支持“三农”、小微企业、科技、绿色、扶贫

---

① 胡金焱：《改革创新——山东金融发展之魂》，载《大众日报》2017 年 8 月 16 日。

② 张志元、李维邦：《金融供给侧改革培育经济新动能：山东的实践与探索》，载《山东财经大学学报》2018 年第 1 期，第 14 页。

等领域。发展普惠金融，加大对“三农”以及县域、农村地区、小微企业、民营经济的金融支持力度。强化科技与金融的深度融合，健全信贷支持科技型企业的服务体系，推动信贷资源在创新型企业中的配置结构优化。建立一个全面高效的绿色金融体系，引导资金投向绿色产业，提升新旧动能转换效率。推动银行业加快转变发展方式，进一步完善信贷管理体制。积极吸引境内外金融投资机构来山东设立总部或者分支机构，推动有条件的金融机构设立专营事业部和特色支行，鼓励农商行、城商行、民营银行发展特色信贷业务。鼓励设立民营银行、金融租赁、消费金融、财务公司等新型金融机构。大力发展科技保险、信用保险、农业保险、医疗保险、养老保险、责任保险等重点保险业务，提升实体经济风险保障水平，为相关产业发展提供保障。探索建立保险资金与创新创业投资对接机制，引导保险资金投向创业投资、私募股权和创新企业。推进知识产权保险等险种试点。

（三）推动金融业务创新

加快完善金融市场、金融组织、金融产品和服务模式，更好满足实体经济和人民群众多样化的金融需求。积极发展养老金融、教育金融、文化金融、旅游金融、农村金融等新型金融服务。新型金融业建立与农业农村发展相适应、运行规范、监管有力、成效明显的新型农村合作金融框架。构建政策性和政府性融资担保体系。推行农村承包土地经营权和农民住房财产权抵押贷款业务，探索建立农业巨灾风险分担机制和风险准备金制度。推动科技与金融融合发展，引导银行机构与基金公司合作，为企业提供股债结合的融资机构。支持齐鲁股权交易中心和青岛蓝海股权交易中心错位竞争、差异化发展，将齐鲁股权交易中心初步建成以资本要素为特征的中小企业投融资平台和金融综合交易平台，将青岛蓝海股权交易中心打造成为财富管理特色突出、适合中小企业培育成长的金融综合服务平台。规范发展互联网金融、区块链、人工智能等领域的新型金融业态。支持小额贷款公司、民间融资、融资租赁、融资担保等金融组织不断创新产品和服务模式，提高其可持续发展能力和服务水平。创新发展介于现货与期货之间的大宗商品交易业务，打造具有全国影响力的交易场所。做强做优日照大宗、东亚畜牧、石油装备等现有交易市场，针对有色金属、化工产品、纺织原材料、优质农产品等品种，培育设立新的交易市场。推动大宗商品交易市场探索“电子商务 + 现代物流 + 供应链融资”运营模式。深化“互联网 + 金融”与云计算、大数据等新一代信息技术的结合，推动服务渠道与模式创新，拓展金融产业发展的新模式新业态。

（四）防范化解金融风险

全力打好防控金融风险攻坚战。持续强化风险监测预警。建立健全金融风险检测预警和应对处理机制，定期研判全省金融风险形势，对企业资金链、存续债券、重大负面舆情等重点风险苗头，及时进行分析研判。健全风险管控和化解处置机制。加强政银企沟通协作，创新运用多种手段大力推进不良贷款处置，化解商业银行不良贷款历史包袱。加强金融法治建设，坚决打击非法集资、恶意逃废金融债务、金融诈骗等金融违法行为。加快推进社会信用共享公用，培养具有较强竞争力的征信机构。完善中央和地方金融监管协调机制和金融监管机构与地方政府沟通协调机制，健全事中事后监管制度，提升跨行业、跨市场交叉性金融业务监管能力。

参考文献：

1.《中共山东省委山东省人民政府关于推进新旧动能转换重大工程的实施意见》，2018年2月13日。

2.《山东新旧动能转换综合试验区建设总体方案》，2018年1月。

3.《山东省人民政府关于印发山东省新旧动能转换重大工程实施规划的通知》，2018年2月13日。

4.《山东“十三五”海洋经济发展规划》，2017年3月31日。

5.《山东省人民政府关于印发山东省新旧动能转换现代高效农业专项规划（2018~2022年）的通知》，2018年7月21日。

6.《山东3~5年建成现代金融服务体系》，经济导报—山东财经网，2016年9月21日。

7.《关于做强金融产业 更好支持新旧动能转换的支持意见》，2018年7月17日。

8. 胡金焱：《改革创新——山东金融发展之魂》，载《大众日报》2017年8月16日。

9. 张振鹏：《山东省文化产业转型升级的对策研究》，载《人文天下》2016年第11期。

10. 隋映辉：《新旧动能转换，山东靠什么？——战略性新兴产业与新旧动能转换》，载《科技中国》2018年第4期。

11.《山东“十强产业”如何界定与测算?》，载《大众日报》2018年5月20日。

12.《山东省国民经济和社会发展第十三个五年规划纲要》，2016 年 3 月 2 日。

13.《山东省金融业发展第十三个五年规划纲要》，2016 年 12 月 6 日。

14.《山东省全域旅游发展中规划（2018～2022)》，2018 年 3 月 18 日。

15.《山东省高端化工产业发展规划（2018～2022 年)》，2018 年 7 月。

16.《山东省“十三五”战略性新兴产业发展规划》，2017 年 3 月 9 日。

17.《山东省医养健康产业发展规划（2018～2022 年)》，2018 年 6 月 25 日。

18.《山东省“十三五”海洋经济发展规划》，2017 年 3 月 31 日。

19.《山东省新材料产业“1351”工程实施方案（2018～2020 年)》，2018 年 1 月 25 日。

20. 山东省科技厅：《山东省新一代信息技术创新发展重点方向和任务》，2018 年 3 月 23 日。

21. 宋晓雨：《加快科技成果转化山东再添新“王牌”》，载《联合日报》2017 年 11 月 24 日。

22. 山东省人民办公厅：《山东省人民政府办公厅关于进一步推动科技成果转化的实施意见》，2018 年 1 月 4 日。

23. 王川：《山东新旧动能转换“十强”解析·现代海洋篇》，载《大众日报》2018 年 8 月 22 日。

24.《刘家义在山东海洋强省建设工作会议上的讲话》，载《大众日报》2018 年 6 月 20 日。

25. 赵洪杰、杨学莹：《构建完整的现代海洋产业体系》，载《大众日报》2018 年 6 月 3 日。

26. 杨学莹、赵小菊：《打造国之重器挑起山东担当——山东新旧动能转换“十强”产业解析·高端装备篇》，载《大众日报》2018 年 7 月 16 日。

27. 张思凯、左丰岐、代玲玲：《先导产业更需深度创新——山东新旧动能转换·新能源新材料篇》，载《大众日报》2018 年 8 月 19 日。

28. 李振、杨学莹：《医养健康探新路——全国新旧动能转换“十强”产业解析·医养健康篇》，载《大众日报》2018 年 8 月 13 日。

29. 付玉婷：《新旧动能转换十强产业解析：化工大省价值重塑》，载《大众日报》2018 年 8 月 12 日。

30. 潘爱玲：《山东文化产业如何做大做强》，载《大众日报》2017 年 3 月 22 日。

31. 刘兵、刘英、付玉婷:《“好客山东”须做精品文章——山东新旧动能转换“十强”产业解析·精品旅游篇》，载《大众日报》2018 年 8 月 14 日。

32. 张志元、李维邦:《金融供给侧改革培育经济新动能: 山东的实践与探索》，载《山东财经大学学报》2018 年第 1 期，第 14 页。

第六章

突出供给侧结构性改革主线

供给侧结构性改革是我国“十三五”时期的主线，也是建设现代化经济体系的主线，因而在开启全面建设社会主义现代化国家新征程中发挥着不可替代的作用。主线意味着经济工作的重心要围绕“供给侧结构性改革”来展开，这是以习近平同志为核心的党中央深刻把握经济发展大势作出的战略部署，也是适应国际金融危机后综合国力竞争新形势的主动选择。新旧动能转换和供给侧结构性改革有着内在的密切联系，新旧动能转换是供给侧结构性改革主线上的牛鼻子。2017 年底召开的中央经济工作会议和 2018 年《政府工作报告》都把新旧动能转换作为深化供给侧结构性改革的重要内容。这表明，我们要在深化供给侧结构性改革进程中推动新旧动能转换，在加快新旧动能转换过程中深化供给侧结构性改革。由此，推动实体经济发展，加快产业转型升级，提高供给体系质量，促进经济发展质量变革、效率变革、动力变革，不断增强我国经济发展的质量优势。

第一节　供给侧结构性改革主线地位和作用

一、供给侧结构性改革的内涵、特点及主线地位

我国供给侧结构性改革是由习近平总书记提出并进入顶层设计的。2015 年 11 月 10 日在中央财经领导小组第十一次会议上，习近平总书记提出，“在适度扩大总需求的同时，着力加强供给侧结构性改革，着力提高供给体系质量和效率，增强经济持续增长动力，推动我国社会生产力水平实现整体跃升。”此后，习近平总书记多次深刻阐述供给侧结构性改革的定位、依据、目标与施策重点。

供给侧的“侧”字就是“端、面”的意思。供给侧结构性改革是“供给侧＋结构性＋改革”组成的合成词。“供给侧”是着眼于供给端和生产端的管理和制度建设，通过对资源要素的投入方式、投入结构、企业生产成本、生产方式等方面的管理，促进资源要素有效供给、质量提升、高效配置的市场机制运行和制度建设，提高供给的质量和水平。“结构性”是立足于资源要素有效配置和供需有效匹配，通过结构性的调整来适应新的发展阶段供求的动态平衡。“改革”是改革原有制度，构建新制度，通过全面深化改革，把体制机制改革与结构调整紧密结合，形成进一步解放和发展生产力的制度保障，推动我国社会生产力水平整体跃升。

供给侧结构性改革是“供给侧＋结构性＋改革”三者的有机统一。供给侧结构性改革的出发点在供给侧，通过矫正要素配置的扭曲，提高供给质量，扩大有效供给。改革的重点是结构调整，提高供给结构对需求变化的适应性和灵活性。改革本质上是要提高全要素生产率和社会生产力水平，最终目标是更好满足广大人民群众日益增长的美好生活需要，实现以人民为中心的发展思想。

供给侧结构性改革在我国改革开放进程中具有独特的历史方位：我国经济总量稳居世界第二，已经站在全新的发展起点上，面临社会主义现代化建设诸多新目标新任务而推进的改革，是一场关系全局、关系长远的攻坚战。供给侧结构性改革具有突出特点：一是更加注重改革的精准性，它是针对我国经济发展中的结构性问题而实施的改革，突出了问题导向。二是更加注重改革的规范性。全国各省都是先制定改革方案再实施，是于法有据地推进改革。三是更加注重改革的系统性，强化改革政策之间、措施之间、工作之间的衔接配合、协同发力。四是更加注重改革的公开性，改革的政策、方案、措施、过程均阳光透明，接受监督。

供给侧结构性改革具有主线地位。一般来说，主线是指在事物发展中起主导作用或统领作用的线条，是把事物发展的相关因素连接起来的关键力量。中央经济工作会议和“十三五”规划纲要均强调，供给侧结构性改革是我国“十三五”时期的主线，也是当前和今后一个时期我国经济发展和经济工作的主线。党的十九大报告指出，建设现代化经济体系，要以供给侧结构性改革为主线，推动经济发展质量变革、效率变革、动力变革。因而，供给侧结构性改革作为建设现代化经济体系的主线，在开启全面建设社会主义现代化国家新征程中也发挥着不可替代的作用。

二、供给侧结构性改革的作用

（一）是贯穿当前和今后一个时期经济发展和经济工作的主线

供给侧结构性改革是适应经济发展新常态的必然要求。新常态是对我国当前经济发展阶段性特征的高度概括，是对我国经济发展战略性走势的科学判断，也是谋划和推动经济社会发展的重要依据。从提出经济新常态，到推进供给侧结构性改革，体现了党中央对当前及未来中国经济走向的判断以及实现经济社会持续健康发展的基本方针。

2014 年 5 月，习近平总书记在河南考察时首次提及中国经济进入新常态。2014 年 11 月，习近平主席在 APEC 工商领导人峰会上详细阐述了中国经济进入新常态。“新常态下，我国经济发展的主要特点是：增长速度要从高速转向中高速，发展方式要从规模速度型转向质量效率型，经济结构调整要从增量扩能为主转向调整存量、做优增量并举，发展动力要从主要依靠资源和低成本劳动力等要素投入转向创新驱动。这些变化，是我国经济向形态更高级、分工更优化、结构更合理的阶段演进的必经过程。”①

经济发展进入新常态，是我国经济发展阶段性特征的必然反映，是不以人的意志为转移的。进入新常态，制约我国经济发展的矛盾和问题主要是结构性的，是供给能力不适应广大人民群众日益增长、不断升级和个性化的物质文化需求。矛盾的主要方面和关键症结是供给侧的结构性问题，表现为无效和低端供给过剩、有效和中高端供给不足。供给侧结构性改革直接作用于生产者和劳动者，通过调整改善经济结构，影响企业成本、效率和劳动生产率；通过供给方面的成本降低、效率提升，使供给体系更好适应需求结构的变化，提高我国经济发展质量。因此，推进和深化供给侧结构性改革，就成为我国经济发展进入新常态后经济发展思路和工作着力点的重大调整，是化解我国经济发展面临困难和矛盾的重大举措，也是培育经济增长新动力、实现新旧动能转换的必然选择。供给侧结构性改革作为新常态下指导我国经济工作全局的重大决策，不仅对当前和今后一个时期经济发展和经济工作来说，起到主线的作用，而且这条主线本身具有客观必然性。

---

① 习近平：《在省部级主要领导干部学习贯彻党的十八届五中全会精神专题研讨班上的讲话》，载《人民日报》2016 年 5 月 10 日。

（二）是新常态下加强宏观经济管理不可或缺的载体和手段

供给侧和需求侧是宏观经济管理和调控的两个基本手段。需求侧管理，重在解决总量性问题，注重短期调控，主要通过调节税收、财政支出、货币信贷等来刺激或抑制需求，进而推动经济增长。供给侧管理，重在解决结构性问题，注重激发经济增长动力，主要通过优化要素配置和调整生产结构来提高供给体系质量和效率，进而推动经济增长。因此，供给侧管理和需求侧管理不是非此即彼、一去一存的替代关系，而是相互配合、协调推进。宏观经济管理既需要需求管理，又需要供给管理；既需要总量调控，又需要结构调控。

对于宏观经济管理而言，以供给侧为重点，还是以需求侧为重点，要根据宏观经济形势作出抉择。在经济发展的不同阶段，侧重点和力度也不同。总的来看，我国当前经济发展中矛盾的主要方面在供给侧。改革开放以来，我国宏观经济管理的主基调是需求侧管理，宏观经济政策基本上以需求侧管理为主。表现为，经济增长速度低了，就进行需求侧管理，从需求侧刺激投资、刺激消费、刺激出口；投资增长速度高了，就压缩投资、压缩消费、压缩出口。当前和今后一个时期，要“在适度扩大总需求的同时，着力加强供给侧结构性改革”①，意味着宏观经济管理要从过去依靠需求侧管理转向依靠供给侧管理，向供给侧结构性改革要新动力、新优势。因此，推进和深化供给侧结构性改革，是针对我国宏观经济供求关系变化作出的重大决策，是经济发展新常态下加强宏观经济管理不可或缺的载体和手段。运用这一载体和手段，在我国宏观经济管理中具有长期的战略意义。

（三）能有力地推动和实现经济的高质量发展

经过40年的快速发展，我国经济总量稳居世界第二，已从低收入阶段跨入中等收入阶段，正向高收入阶段迈进。党的十九大报告指出：我国经济已由高速增长阶段转向高质量发展阶段，正处在转变发展方式、优化经济结构、转换增长动力的攻关期。这意味着经济增长速度由高速转为中高速，经济增长动力由要素驱动向创新驱动转变，经济发展方式由粗放型向集约型转变。推进供给侧结构性改革，体现了我国经济工作从注重短期经济增长向提高经济发展质量与效益的转变。

高质量发展本身就是产品和服务高品质的发展。转变发展方式的实质是，

① 《习近平主持召开中央财经领导小组第十一次会议》，新华网，2015年11月10日。

通过优化组合各个生产要素，不断挖掘生产要素的潜力，提升生产要素的使用效率，进而推动高质量发展。按照马克思主义政治经济学原理，所谓质量，是指产品能够满足实际需要的使用价值特性。经济发展质量的高低，最终要以经济发展能否满足人民日益增长的美好生活以及人的全面发展的需要为判断标准。我国经济进入高质量发展阶段，表明经济增长总量不足的问题基本解决之后，经济发展质量效益问题凸显出来。这就要格外关注能满足人民日益增长的美好生活需要的商品使用价值方面的供给侧。解决经济发展质量效益问题，必须推进供给侧结构性改革。因为，高质量发展不仅要求供给结构与需求结构相匹配，还要求供给结构在较短的时间内跟上需求结构的变化，在动态中不断满足日益增长的、不断变化的、丰富多样的需求，更要求在技术不断创新的基础上，靠新供给不断创造新需求，在供给与需求的不断满足、互相创造中实现供需动态平衡。这是深化供给侧结构性改革的基本要求。因此，实现高质量发展和供给侧结构性改革有内在的一致性。

经济发展由高速增长转向高质量发展，必须引入质量和效益指标，并作为工作重心。抓住深化供给侧结构性改革这条主线，有助于形成高质量发展的政策体系、标准体系、绩效评价和政绩考核体系，有助于营造和优化高质量发展的制度环境。因此，深化供给侧结构性改革，能有力地推动和实现经济的高质量发展。

（四）在现代化经济体系建设中发挥着关键作用

党的十九大报告把深化供给侧结构性改革作为建设现代化经济体系的主线，要求必须把发展经济的着力点放在实体经济上，把提高供给体系质量作为主攻方向，坚持质量第一、效益优先，推动经济发展质量变革、效率变革、动力变革，显著增强我国经济质量优势。

深化供给侧结构性改革，有助于建设现代产业体系。现代产业体系是现代化经济体系的重要内容，建设现代化经济体系，需要加快构建实体经济、科技创新、现代金融、人力资源协同发展的产业体系。构建这一现代产业体系，发展实体经济是核心，而供给侧结构性改革也要振兴实体经济。供给侧结构性改革，着眼于提高劳动生产率，需要建设知识型、技能型、创新型劳动者大军；着眼于提高企业竞争力，培育具有全球竞争力的世界一流企业，激发和保护企业家精神，鼓励更多社会主体投身创新创业；通过完善产业组织，优化产业结构，促进传统产业转型升级，培育新动能。这些改革和发展的举措，必将全面提升实体经济发展水平。

深化供给侧结构性改革，有助于构建“三有体制”。“三有体制”，即市场机制有效、微观主体有活力、宏观调控有度，是建设现代化经济体系的应有之义。而供给侧结构性改革的本质就是深化改革，加快完善社会主义市场经济体制，包括推进国有企业改革，加快转变政府职能，深化价格、财税、金融、社保等领域的基础性改革。因此，抓住供给侧结构性改革这条主线，牵着这个“牛鼻子”，有助于构建市场机制有效、微观主体有活力、宏观调控有度的经济体制，从而推进现代化经济体系建设。

（五）有助于跨越“中等收入陷阱”

世界银行按人均国民总收入（与人均 GDP 大致相当）把世界上的国家划分为低收入、中等收入和高收入国家三种类型，其中中等收入又分为下中等收入和上中等收入两个阶段。按照世界银行学者们的研究，“中等收入陷阱”指的是，发展中国家人均国民总收入达到 3000 美元后，或是陷入增长与回落的循环之中，或是较长期处于增长十分缓慢甚至停滞的状态，无法进入高收入国家的行列。第二次世界大战之后，116 个发展中国家真正从中等收入阶段跨越到高收入国家的只有 15 个国家，其余 101 个国家没能跨越过去，反而停留在拉美漩涡、东亚泡沫、西亚北非危机当中①。拉美和中东的部分国家是陷入“中等收入陷阱”的典型。

按照世界银行的分组标准，中国在 2000 年以前处于低收入阶段，2000 ~ 2010 年处于下中等收入阶段。2010 年，中国由下中等收入国家跃升为上中等收入国家。表面上看，这只是中国人均 GDP（或人均 GNI）逐年提升造成组别上的变化，但实际上是中国进入一个新的经济发展阶段。在这一年，中国的经济总量超过了日本，成为世界上第二大经济体。进入上中等收入阶段，传统要素的优势逐步消失，大规模投入受到制约，增长速度减缓。要求尽快提高生产率，从粗放增长转向集约增长，从要素驱动转向创新驱动。实施和推进供给侧结构性改革，解决的就是这些问题。供给侧结构性改革五大任务中的“三去”是通过市场化方式降低无效供给，提高供给侧的质量和效率；“一降一补”是为了提高有效供给，提高企业生产率、投入产出率和竞争力。可见，推进和深化供给侧结构性改革，为我国跨越“中等收入陷阱”创造了必要条件。我国只有顺利跨越“中等收入陷阱”，才能在 2020 年全面建成小康社会基础上，向 2035 年基本实现社会主义现代化、2050 年建成社会主义现代化强国的

---

① 刘伟：《供给侧结构性改革具有长期的战略意义》，载《光明日报》2017 年 1 月 12 日。

目标迈进。

（六）为世界经济走出困境提供了中国智慧和中国方案

2008 年爆发的国际金融危机，使世界经济陷入生产过剩、贸易收缩和低速增长的困境。欧、美、日等发达国家虽然采取了一系列刺激需求的措施，但效果不佳。世界经济依然经历着结构性变化，整体好转仍旧面临着巨大的不确定性。中国提出并推进的供给侧结构性改革，通过创新体制机制解决结构性问题，引导资源优化配置，增强可持续发展动能，不仅找到了解决中国经济发展深层次矛盾和问题的治本良策，适应我国经济转型升级的现实要求，形成了中国模式、中国样本，而且自 G20 杭州峰会以来就备受国际社会关注，被认为是当前世界经济复苏和转型的重要核心引领范式，得到国际社会的广泛认同。因此，中国供给侧结构性改革的理论与实践，也成为解决世界经济结构性矛盾和问题的可用药方，汇聚了从供给侧扩大内需的中国实践经验，颠覆了以往只能从需求侧扩大内需的普遍认识，为世界经济走出困境，实现新发展提供了中国智慧和中国方案。

第一节　供给侧结构性改革与新旧动能转换的内在联系

一、新旧动能转换是供给侧结构性改革的重要内容

党的十九大报告将深化供给侧结构性改革放在贯彻新发展理念、建设现代化经济体系六大战略部署的首位，凸显了供给侧结构性改革在我国经济发展中主线的地位和作用。2017 年底召开的中央经济工作会议围绕推动高质量发展，强调深化供给侧结构性改革，推进中国制造向中国创造转变，中国速度向中国质量转变，制造大国向制造强国转变，指出深化要素市场化配置改革，重点在“破”“立”“降”上下功夫。大力破除无效供给，把处置“僵尸企业”作为重要抓手，推动化解过剩产能；大力培育新动能，强化科技创新，推动传统产业优化升级，培育一批具有创新能力的排头兵企业，积极推进军民融合深度发展；大力降低实体经济成本，降低制度性交易成本，继续清理涉企收费，加大对乱收费的查处和整治力度，深化电力、石油天然气、铁路等行业改革，降低用能、物流成本。这些对新旧动能转换的具体要求，尤其是重点在“破”

“立”“降”上下功夫，不仅和深化供给侧结构性改革的实践融合起来，而且进一步展现了深化供给侧结构性改革的路径。

2018 年《政府工作报告》把发展壮大新动能作为供给侧结构性改革的重点内容。所提出的举措，诸如：做大做强新兴产业集群，实施大数据发展行动，加强新一代人工智能研发应用，在医疗、养老、教育、文化、体育等多领域推进“互联网 +”。发展智能产业，拓展智能生活。运用新技术、新业态、新模式，大力改造提升传统产业，在新旧动能转换基础上实现产业优化和升级。这些举措已成为深化供给侧结构性改革的基本要求。因此，加快新旧动能转换，是供给侧结构性改革的题中之义。

新旧动能转换是从发展动能的角度而言的，和供给侧结构性改革要解决的结构性矛盾和问题是一致的。供给侧和需求侧是经济学中的两个重要概念。通常，促进一国经济增长的要素，在需求侧有三个：消费、投资、净出口，而消费、投资、净出口等于当年的 GDP。供给侧一般有四个要素：劳动、资本、技术、资源，这四个要素配置后经过生产形成的是下一阶段的 GDP。供给侧与需求侧是辩证统一的关系，既相互促进，又相对独立，具有各自运动的规律，它们在推动经济增长中的作用方式和条件有所不同。一个国家经济发展质量如何，取决于这些要素利用的程度。判断经济增长的动力如何，也就要看这些要素作用的发挥效果。因此，只要能够激发供给和需求两端要素活力的举措，就能形成新动力。我国过去主要靠土地和劳动等要素投入实现经济增长，近年来低成本资源和要素投入形成的驱动力明显减弱，传统的比较优势日益减弱，依靠增加要素投入和出口拉动的粗放型发展模式难以为继，发展动力必须转向创新驱动，通过创新引领发展，培育新动能。所以，无论从需求侧角度，还是从供给侧角度，不同的发展阶段，拉动经济增长的主要动能不同。由此，新旧动能是相对的。从新旧动能转换看，过去主要依靠土地、劳动力、资本等带动经济增长的传统生产要素是旧动能。现在，要摆脱对资源能源、环境等要素投入的过度依赖，更多地依靠人才、技术、知识、信息等新的生产要素形成新动能，特别是那些与产业智慧化和智慧产业化发展直接相关的深度学习、人工智能、大数据、普适计算、云计算等新生产要素，更是新动能。这一转换促使经济发展由规模速度型转向质量效益型，由高速增长阶段转向高质量发展阶段。

实现经济高质量发展的核心，是要尽快培育形成新动能。新旧动能转换，本质上就是要解决经济增长动力的转换。新旧动能转换是手段，通过新旧动能转换实现经济转型升级、提质增效才是目的。推进供给侧结构性改革的主攻方向是提高供给体系质量，其路径一方面要加快淘汰落后产能、消化过剩产能；

另一方面要推动传统动能，特别是实体经济的转型升级，这也是新旧动能转换的基本要求。通过改革供给侧环境、优化供给侧机制，扩大高质量产品和服务供给，改造提升传统动能，为新动能的成长创造良好的环境。因此，推进供给侧结构改革，为新旧动能转换创造了条件和优化了环境。

推动新旧动能转换，必须紧扣供给侧结构性改革主线，以质量第一、效益优先为导向，从提高供给质量出发，用改革的办法推进结构调整，减少无效和低端供给，扩大有效和中高端供给，增强供给结构对需求变化的适应性和灵活性，提高全要素生产率，使供给体系更好适应需求结构变化。深化供给侧结构性改革，需要完成质量变革、效率变革、动力变革。其中，动力变革就是新旧动能转换问题，它在三大变革中起着核心和基础作用。因此，紧紧抓住供给侧结构性改革这条主线，才能有效推进新旧动能接续转换。

解决当前我国经济发展中结构性矛盾，必须从供给侧结构性改革方面着手，努力实现供求关系的动态平衡。“三去一降一补”作为推进供给侧结构性改革的重点任务，就是着力促进经济增长新旧动能转换。新动能意味着新的增长点和新的发展方式，新的增长点主要体现在新技术、新业态、新机制和新商业模式上，它们都是供给侧结构性改革成果的体现。从供给侧看，新动能既来自新产业、新产品、新业态等新兴产业的成长，也来自传统产业的转型升级。当前，供给侧结构性改革的重点放在“破”“立”“降”上，大力破除无效供给。同时，大力培育新动能，扩大有效供给，从而提升供给体系质量，提高供给结构对需求结构的适应性。可见，加快新旧动能转换，已成为推进供给侧结构性改革的重要内容和举措。

二、供给侧结构性改革和新旧动能转换以实体经济为着力点

党的十九大报告指出，深化供给侧结构性改革，必须把发展经济的着力点放在实体经济上，把提高供给体系质量作为主攻方向，显著增强我国经济质量优势。加快建设制造强国，加快发展先进制造业，推动互联网、大数据、人工智能和实体经济深度融合，在中高端消费、创新引领、绿色低碳、共享经济、现代供应链、人力资本服务等领域培育新增长点、形成新动能。

培育新动能，要以振兴实体经济为着力点。在劳动者方面，要着眼于提高劳动生产率，建设知识型、技能型、创新型劳动者大军；在企业发展方面，要着眼于提高企业竞争力，培育具有全球竞争力的世界一流企业，激发和保护企业家精神，鼓励更多社会主体投身创新创业；从产业发展来看，要更加注重用

新技术新业态全面改造提升传统产业，注重用“加减”的办法化解过剩产能，促进传统产业优化升级，优化产业结构，培育新动能。可见，新旧动能转换是涉及劳动者、企业和产业发展的一次新的革命，是涉及经济社会各领域、多方面的重大系统性工程。新旧动能转换本质上是对企业优胜劣汰，是既培育新动能，也要把传统动能转换为新动能的动态演进过程。

深化供给侧结构性改革，实现经济的高质量发展，着力点也在于实体经济。目前，我国实体经济发展的基础还不稳固，实体经济的发展层次还较低。比如，制造业中的大多数行业集中于附加值较低的加工、制造、储运、分销环节，缺少附加值较高的设计、研发、销售和智能化、电子化控制等高端环节。在全球价值链中，我国企业大多处于中低端，需要向中高端迈进。因此，制造业作为立国之本、兴国之器、强国之基，是供给侧结构性改革的着力点，也是培育新动能的主战场。迫切需要大力发展先进制造业，深化制造业与互联网融合发展，促进互联网、大数据与人工智能和实体经济的深度融合，着力于中高端消费、创新引领、绿色低碳、共享经济、现代供应链、人力资本服务。同时，推动传统产业优化升级，促进产业迈向全球价值链中高端。坚持去产能、去库存、去杠杆、降成本、补短板，优化存量资源配置，扩大优质增量供给，实现供需动态平衡。这既是深化供给侧结构性改革的主要任务，也是具有巨大潜力的培育新动能的重要途径。

以实体经济为着力点，推动制造业与互联网的融合，就要激发制造企业的创新活力、发展潜力和转型动力，目标是推动新旧发展动能的转换，标志是形成新模式、新业态。因此，需要推行智能制造，大力发展网络化协同制造、个性化定制、服务型制造、分享制造等制造新模式，积极扶持工业电子商务、产业链金融等制造新业态，不断激发制造业创新活力，调整、改造、升级传统动能，培育新的经济增长点。这是深化供给侧结构性改革的着力点，也是加快新旧动能转换的发力点。

三、供给侧结构改革和新旧动能转换以创新为核心

创新是经济发展的第一动力，要把创新放在经济社会发展的核心环节。目前，我国经济正处于从传统的要素驱动转向创新驱动的过程中，新旧动能转换是从传统的要素驱动转向创新驱动的关键步骤。供给侧结构性改革和新旧动能转换的核心，都是从要素驱动转向创新驱动，通过创新来提高全要素生产率。推进供给侧结构性改革和加快新旧动能转换的各项举措，最终都要落在创新驱

动发展、培育创新型经济上。

新旧动能转换要以创新为基础。创新包括在未来的生产中所用的技术比现在的技术好，或者是进入的产业的附加价值比现在的高，即产业升级[①]。熊彼特在《经济发展理论》中提出，创新包括：采用一种新产品或一种新的特性；采用一种新的生产方法；开辟一个新的市场；掠取和控制原材料或半制成品的一种新的供应来源；实现任何一种工业的新的组织。还包括企业家自身，创新的本质在于创造。培育新动能，主要来自两个方面：一是“无中生有”，通过创新培育新产业产生新动能；二是“有中出新”，通过改造提升传统产业产生新动能。无论是“无中生有”，还是“有中出新”，都离不开创新。以“四新”促“四化”中的新技术、新产业、新业态、新模式需要创新，产业智慧化、智慧产业化、跨界融合化、品牌高端化也需要创新。因此，作为新旧动能转换核心的创新，既要发展新的产业，“无中生有”，也要在传统产业上“有中出新”。关键是要创造出新技术、新产业、新业态和新模式，通过创新来引领和驱动新旧动能转换。

以供给侧结构性改革为主线、以创新推进新旧动能转换，几乎遍及所有的产业和经济发展领域。供给侧结构性改革中不仅淘汰落后和过剩产能，还要对现有产能进行模式创新、形态创新、生产组织方式创新，从而能够产生差异化的高效产品供给，以满足人们个性化的需求。从创新激发市场需求看，不仅包括提升产业链，满足现有需求，还包括以新供给创造新需求，包括改革经济体制，改善供给体系，释放潜在需求。供给侧结构性改革就是在新旧动能转换的过程中培育壮大新的增长动力。

从创新驱动的作用机制看，新动能通过技术创新带动经济增长。一方面通过发展新技术、新商业模式、新业态带动经济增长。新产业、新技术、新业态、新模式是现阶段新动能的重要来源。以“互联网+”、大数据、人工智能等为代表的新一代信息技术与制造业深度融合，催生了许多新商业模式，如协同制造模式、大规模定制模式、服务型制造模式、智能制造模式，并且在改造现有业态和产业发展的过程中形成新业态，如智能汽车、3D 打印产品、网约车、共享单车等。这些新业态发展规模不断壮大，改变了传统产业的发展路径和产业竞争力，催生了新产业。另一方面，加快传统业态转型升级带动经济增长。通过技术改造、资产重组、结构调整激发旧动力的活力。新旧动能转换的关键在于发挥旧动力作用的同时，加快培育新动力。

---

① 林毅夫：《准确认识我国五种产业类型》，载《北京日报》2018 年 3 月 5 日。

从实践方面看，山东省利用三年时间对主导产业骨干企业实施新一轮高水平技术改造，[①] 引导企业加大技改投入、优化投资结构、提升投资效益。加快发展高端化工、现代农业、文化创意、精品旅游、现代金融等五个优势产业，推动传统产业提高质量和效益。同时，以知识、技术、信息、数据等新生产要素为支撑，推动互联网、大数据、人工智能等新一代信息技术与实体经济的深度融合，促进产品和服务创新、新业态和新模式发展。这些探索和实践，取得了显著成效，创新是贯穿于这一实践全过程的核心。

四、供给侧结构改革和新旧动能转换以产业转型升级为路径

传统产业是新旧动能转换的重要战场，也是难点所在。供给侧结构改革和新旧动能转换都要瞄准传统产业的关键领域和薄弱环节，加快传统产业应用新技术、推广新模式、培育新业态、派生新产业。因此，产业转型升级是供给侧结构改革和新旧动能转换的共同路径。

一般而言，产业转型升级包括产业间转型升级，即不同产业的替代过程；也包括产业内转型升级，即同一产业的进步过程。产业内转型升级是产业间转型升级的重要驱动力，产业间转型升级通过产业融合进一步推动产业内转型升级，从而实现新旧动能转换，共同推动产业转型升级。产业间转型升级主要包括原有各产业比重的调整和变化，以及新产业的兴起和发展。供应链、产业链和价值链的融合提升是推动产业转型升级的重要途径，也是加快新旧动能转换的重要驱动力。

遵循产业转型升级规律，拉长产业链，促进产业迈向价值链的中高端，是供给侧结构改革和新旧动能转换共同的导向。在全球价值链上，产业转型升级含有四个演进过程，即：工艺流程升级（process upgrading）、产品升级（product upgrading）、功能升级（functional upgrading）、链条升级（inter-sectoral upgrading）。每一个阶段，都有不同的要求。第一阶段是工艺升级，处于全球价值链低端，竞争优势来源于较低的生产成本、运输成本、规模经济。通过引入工艺流程的新的组织方式，可以提升价值链某一环节的生产效率。第二阶段是产品升级，通过引进、研发新产品、新品牌，改进现有产品效率，从而提升产品质量。第三阶段是功能升级，组合价值链的优势环节或战略环节，专注价值

① 参见《山东省实施新一轮高水平企业技术改造三年行动计划（2018－2020年）》，山东省政府网，2018年2月27日。

链某个或某几个优势环节，实现从生产环节向设计和营销等利润丰厚的环节跨越，最终获得该产业价值链的治理权。第四阶段是链的升级，从原有价值链向具有更高价值量的价值链跨越，实现更高的收益率①。推进供给侧结构改革和新旧动能转换，也是这 4 个阶段动态演进的过程。

当前，我国处于经济结构深度调整期，依托互联网技术、信息技术等发展起来的一系列新兴产业，对我国的产业升级和经济发展具有重要引领作用。推动产业转型升级，既要解决产业结构落后和层级低的问题，也要解决如何发展高端产业的问题。因此，供给侧结构性改革过程中，一是对落后和低端产业进行转型和升级，二是培育和发展高端产业。对于“三高三低”（高消耗、高污染、高排放；低技术含量、低附加值、低竞争力）产业比重偏高问题，需要加快转型升级，逐步发展成为“三低三高”（低消耗、低污染、低排放；高技术含量、高附加值、高竞争力）产业。同时，也要积极培育和发展中高端产业，包括节能环保、信息技术、生物、高端装备制造、新能源、新材料、新能源汽车等战略性新兴产业和高新技术产业。这些产业，既是新的经济增长点，又是未来国家之间竞争的制高点。

供给侧结构性改革和新旧动能转换，都是沿着产业转型升级这一路径推进。目前，供给侧结构性改革实行的去产能、去库存、去杠杆、降成本、补短板五大任务，主要是针对我国在供给侧存在的突出问题而提出的综合性解决措施。其中，产能过剩问题和房地产库存问题，属于在发展过程中逐步累积的突出问题，另一部分降成本和补短板，则属于对企业生产销售行为有重要影响的措施。降成本有利于企业走出经营困境，促进供给效率的提升。补短板包括支持企业技术和设备改造、加快技术、产品创新等内容。实施“三去一降一补”五大任务，是在产业转型升级的道路上推进的。

在产业转型升级中，新兴产业与传统产业不是简单的替代关系，而是互为补充、相辅相成的关系。传统产业可以通过注入新兴技术激发其新的活力，转变为新动能；而战略性新兴产业的快速增长也需要传统产业，诸如环境、资本、人才等生产要素的支撑。推进供给侧结构性改革，要做好减少低端供给和无效供给的“减法”。比如，对重化工业做“减法”，以创新发展、可持续发展、绿色发展、低碳发展理念为引领，以市场化、法治化为手段，不断淘汰落后产能。2017 年，山东以处置“僵尸企业”为抓手，加快出清低端落后产能。在完成国家下达的钢铁去产能任务的同时，坚持全覆盖、零容忍，全面排查、

---

① 杨蕙馨、焦勇：《新旧动能转换的理论探索与实践研判》，载《经济与管理究》2018 年第 7 期。

坚决取缔制售“地条钢”违法违规行为，查处“地条钢”企业37家，合计产能675万吨。通过去产能，有效拓展了新旧动能转换的空间。除了做“减法”以外，还要做好扩大有效供给和中高端供给的“加法”。比如，对战略性新兴产业、技术密集型产业做“加法”，壮大产业规模，加快技术创新力度，培育经济发展新亮点和新的增长极，从而为经济增长培育新动力。同时，对传统优势产业要做“乘法”，即依托“中国制造2025”战略和“互联网+”战略，推动传统优势产业“智能转型”“触网发展”，加快互联网与产业的深度融合，利用中低端制造业的优势基础，推动从中国制造向中国质造、中国智造、中国创造的转变，实现“老树发新芽”。

需要指出的是，产业转型升级作为供给侧结构性改革和新旧动能转换共同的导向和路径，其本身具有长期性、系统性的特征。目前，新兴产业和新动能发展较快，但体量较小，占比较低，对经济平稳增长的支撑带动作用还不够突出，因而，新旧动能长期并存。旧动能在相当长的一段时间内仍是经济增长的重要动力源，传统产业也将是产业转型升级的主战场。因此，要在积极培育发展新动能的同时，充分发挥传统比较优势，运用新技术新模式新业态改造提升传统动能，使旧动能焕发新活力，为培育壮大新动能创造条件、优化环境、赢得时间，从而持续推进新旧动能转换。

第三节　深化供给侧结构性改革的主要任务

一、深化供给侧结构性改革的新要求

2016年是供给侧结构性改革的开局之年。国务院及国务院办公厅先后出台20多个文件，构成了实施“三去一降一补”五大任务的政策体系。比如，在去产能方面，2016年2月4日、5日接连发布《关于钢铁行业化解过剩产能实现脱困发展的意见》《关于煤炭行业化解过剩产能实现脱困发展的意见》。此后，国务院办公厅还就建材工业、有色金属工业、石化产业三个产业的调结构、促转型、增效益也发布了指导意见。在降成本方面，2016年的8月22日，国务院发布了《降低实体经济企业成本工作方案》；6月27日，国务院办公厅发布了《关于清理规范工程建设领域保证金的通知》。这些政策都致力于降低成本，减轻企业负担。在去房地产库存方面，2016年6月3日，国务院办公

厅发布了《关于加快培育和发展住房租赁市场的若干意见》。在去杠杆方面，2016 年 10 月 10 日，国务院发布了《关于积极稳妥降低企业杠杆率的意见》和《关于市场化银行债权转股权的指导意见》。在补短板方面，2016 年以来，国务院常务会议多次聚焦该问题，部署在关键领域和薄弱环节加大补短板的工作力度，就脱贫攻坚、教育脱贫、生态环境保护等制定规划。而且，国务院还特别在创新和消费品升级方面、加快众创空间发展服务实体经济转型升级方面出台了一系列的政策措施。同时，推进市场化、法治化的债转股和企业兼并重组，推进企业效益改善和转型升级等推进供给侧结构性改革的体制机制也在不断创新。

2017 年以来，供给侧结构性改革进入深入推进阶段。党中央提出了很多新思路、新要求，供给侧结构性改革向更广维度、更深层次、更大空间深化拓展。新思路、新要求，集中体现在 2016 年和 2017 年底的中央经济工作会议之中，对供给侧结构性改革“深入推进什么”“如何深入推进”作了全面部署。内容包括：

一是确立了深化供给侧结构性改革的战略定位。强调要深刻认识到重大结构性失衡和多年累积的体制机制问题，难以在短期内得到解决，旨在解决新常态下深层次矛盾和问题的供给侧结构性改革难以一蹴而就；要深刻认识到供给侧结构性改革是一项“攻坚克难，久久为功”的事业，必须保持战略定力，把深化供给侧结构性改革作为经济工作的核心任务和重中之重。

二是拓宽了深化供给侧结构性改革的范围和领域。2016 年供给侧结构性改革，重点围绕去产能、去库存、去杠杆、降成本和补短板五大任务展开。2017 年在继续深入推进“三去一降一补”的同时，还要深入推进农业供给侧结构性改革、着力振兴实体经济、促进房地产市场平稳健康发展。2017 年底中央经济工作会议提出了三个转变，即：中国制造向中国创造转变、中国速度向中国质量转变、制造大国向制造强国转变。这些新思路、新要求，丰富了供给侧结构性改革的内容，更加注重农业领域的供给侧结构性改革和挤出房地产泡沫，把发展实体经济提到“振兴”的高度，深化和推进了供给侧结构性改革。

三是强化了深化供给侧结构性改革稳中求进的方法论。强调深化供给侧结构性改革，必须始终坚持稳中求进的工作总基调，兼顾改革的基础和可控性，在保持经济社会稳定的基础上，有步骤、有重点地开展各项供给侧结构性改革，避免操之过急；在坚持宏观经济政策要稳、社会政策要托底的前提下，适度扩大总需求；适度调整供给侧结构性改革的重点，抓住改革进程中的主要矛盾。

四是重申了深化供给侧结构性改革的目标遵循。强调要把有利于增添经济发展动力的改革、有利于促进社会公平正义的改革、有利于增强人民群众获得感的改革、有利于调动广大干部群众积极性的改革作为重大指引，坚持以满足需求为最终目的，以提高供给质量为主攻方向。

五是明确了深化供给侧结构性改革的推进方向。2017 年的供给侧结构性改革不是 2016 年内容和模式的简单延续和重复，而是在广度和深度上实现全面提升：在继续深化推进“三去一降一补”五大任务的基础上，把供给侧结构性改革从工业领域扩展到农业领域，从房地产库存调整扩展到房地产健康运行的基础性制度和长效机制建设上，从简单的去杠杆扩展到着力振兴实体经济。2018 年深化供给侧结构性改革，重点在“破”“立”“降”上下功夫。即大力破除无效供给，推动化解过剩产能；大力培育新动能，强化科技创新，推动传统产业优化升级；大力降低实体经济成本，降低制度性交易成本，继续清理涉企收费，加大对乱收费的查处和整治力度，降低用能、物流成本[①]。

六是突出了深化供给侧结构性改革的实施路径。强调要着力减少对行政力量的依赖，更多从基础制度、标准、法治等方面来推进改革，适时推出各类基础性改革，从根本上完善市场在资源配置中起决定性作用的体制机制，深化电力、石油天然气、铁路等行业改革，以深化改革为根本途径来深化供给侧结构性改革。

二、深入实施“三去一降一补”五大任务

（一）深入推进去产能

去产能是 2016 年实施供给侧结构性改革的一项任务，重点是去煤炭和钢铁行业的过剩产能，也包括淘汰水泥、平板玻璃等落后产能，主要目的是调优供给结构。“从 2016 年开始，在近年来淘汰落后钢铁产能的基础上，用 5 年时间再压减粗钢产能 1 亿 ~ 1.5 亿吨”，“用 3 至 5 年的时间，煤炭行业再退出产能 5 亿吨左右、减量重组 5 亿吨左右”。[②]

去产能针对的是产能过剩问题。何为产能过剩？一般用产能利用率或设备利用率作为产能是否过剩的评价指标。通常，设备利用率的正常值在 79% ~ 83%，超过 90% 表明产能不足，如果设备开工低于 79%，则说明存在产能过剩现象。

去产能的关键是处置“僵尸企业”。深化供给侧结构项改革，要把处置

---

① 《中央经济工作会议在北京举行》，载《光明日报》2017 年 12 月 21 日。

② 国务院于 2016 年 2 月 4 日、5 日先后下发的《关于钢铁行业化解过剩产能实现脱困发展的意见》及《关于煤炭行业化解过剩产能实现脱困发展的意见》。

"僵尸企业"作为重要抓手。"僵尸企业"（zombie company 或 zombie firm）一词最早出现于对20世纪90年代早期日本资产价格崩盘后漫长经济衰退的研究中，意指接受信贷补贴的企业或没有利润的借贷企业[①]。在我国，"僵尸企业"虽然没有全国统一的标准，而是由各省确定具体标准。但一般来说，"僵尸企业"是指不具有自生能力，主要依靠政府补贴、银行贷款、资本市场融资或借债而勉强维持运营或维持不下去的企业。

我国现阶段的"僵尸企业"大多分布在产能过剩行业。钢铁、水泥、电解铝等产能绝对过剩行业里有"僵尸企业"，光伏、风电等相对产能过剩行业里也有，还有一部分存在于诸如服装等处于产业生命衰退期的企业之中。对于"僵尸企业"，如果不及时处置，将带来严重后果。第一，降低资源使用效率。"僵尸企业"都是靠"输血"生存，如果这些资源用于健康企业则能够获得更好的收益。第二，破坏竞争秩序。为"僵尸企业"提供补贴和低成本信贷，本身就导致了对其他企业的不公平竞争。同时，大量"僵尸企业"的存在，加剧了产能过剩。第三，放大金融风险。"僵尸企业"背负大量债务却又缺乏偿债能力，一旦一批"僵尸企业"违约，银行的不良贷款就会大幅度增加，造成一系列企业的破产倒闭，放大金融风险。

深入推进去产能。一是严格执行环保、能耗、质量、安全等相关法律法规和标准来实现产能的退出和去化。采用市场化、法治化手段，推进企业兼并重组、债务重组或破产清算。并且应尽可能多兼并重组、少破产清算。比如，鼓励行业领军企业和优质企业对本行业的"僵尸企业"进行兼并，达到既防范系统性金融风险，又提高产业集中度的目的。二是大力拓展产能国际合作新空间，鼓励支持国内相关企业主动参与国际市场竞争，通过公开公平竞争加快产业结构优化升级步伐。三是配套实施企业人员安置方案，确保相关人员安置工作落实到位。四是依靠创新驱动，在做大增量、做优存量上下功夫，切实增强去产能的针对性、实效性。

2018年全国再压减钢铁产能3000万吨左右，退出煤炭产能1.5亿吨左右。加上之前退出的钢铁产能1.7亿吨，已经超出"十三五"期间1亿~1.5亿吨的预期目标。2018年再退出煤炭产能1.5亿吨左右，加上之前的去煤炭产能8亿吨，已接近压减煤炭产能10亿吨的目标。

（二）因城施策去库存

去库存主要是去房地产库存。房地产库存不是指二手房，而是指新建住

---

① 黄群慧、李晓华：《"僵尸企业"的成因与处置策略》，载《光明日报》2016年4月13日。

房。2016 年中央经济工作会议定调："房子是用来住的，不是用来炒的"。2017 年去房地产库存依然是重点内容，但在政策体系上增加了新内容：坚持分类调控和因城因地施策。深入去房地产库存，重点是解决三四线城市房地产库存过多问题。其基本思路：

一是把去库存和促进人口城镇化结合起来，提高三四线城市和特大城市间基础设施的互联互通，提高三四线城市教育、医疗等公共服务水平，增强对农业转移人口的吸引力。

二是以满足新市民住房需求为主要出发点，扩大有效需求，打通供需通道，消化库存，稳定房地产市场。允许农业转移人口等非户籍人口在就业地落户，将公租房扩大到非户籍人口，发展租赁市场，加快建立多主体供应、多渠道保障、租购并举的住房制度。

三是抓住当前经济结构调整的机遇，充分运用市场机制和经济手段，推动相关产业落户中小城市，对进城农民工开展培训，解决其进城定居面临的就业困难等问题，让到城市购房的农民工能够尽快找到工作，能在城市长期定居。

四是完善促进房地产市场平稳健康发展的长效机制，保持房地产市场调控政策连续性和稳定性，分清中央和地方事权，实行差别化调控。

2017 年以来，各地房地产政策从差异化供地，到租赁住房、共有产权住房等公共住房建设的持续推进，表明，在去库存过程中已着力健全促进房地产市场平稳健康发展的长效机制，坚持"房住不炒""因城施策"方略，从而保持调控政策的定力。

（三）积极稳妥去杠杆

去杠杆，就是把较高的杠杆率降下来，目的是防范和化解金融风险。高杠杆指总资产与净资产的比重，净资产等于总资产减去总负债，资产负债率越高，净资产就越低，净资产越低，总资产一定的条件下，杠杆率就越高①。因此，资产负债率越高，杠杆率就越高。杠杆率包括政府部门杠杆率、非金融企业杠杆率、居民部门杠杆率等。就全社会而言，如果把 GDP 作为收入，那么全社会的杠杆率就是各个部门的总债务之和与 GDP 的比值。

2017 年以来，去杠杆是在降低总杠杆率的前提下，把企业去杠杆作为重中之重。方式主要有：一是在企业新增融资中增大股权融资力度、适当降低债权融资的比率。二是企业通过主动处置资产降杠杆。企业利用资产价格较高的

① 赵昌文、许召元：《"去产能"是经济企稳转好的重中之重》，载《人民日报》2016 年 3 月 2 日。

有利时机进行资产形态的转换，让资产处置所产生的收益再回到企业生产经营体系里。三是适当通过政府加杠杆来引导企业去杠杆。通过政府投资基金、政府分级基金的使用，以及政府相应置换债务的安排，帮助企业降低杠杆。

实施去杠杆，按照国务院《关于积极稳妥降低企业杠杆率的意见》，主要以市场化、法治化方式降低企业杠杆率，开展市场化债转股。市场化债转股的最大特点就是市场化和法治化，具体体现在：债转股的对象企业由市场化选择、价格市场化确定、资金市场化筹集，股权退出市场化进行。因此，市场化和法治化涵盖了债转股的整个流程。

2018 年 4 月 2 日，中央财经委员会第一次会议提出新要求：要以结构性去杠杆为基本思路，分部门、分债务类型提出不同要求，地方政府和企业特别是国有企业要尽快把杠杆降下来，努力实现宏观杠杆率稳定和逐步下降①。

从改革实践来看，积极稳妥去杠杆取得初步成效，我国宏观杠杆率上升势头明显放缓。根据国际清算银行（BIS）数据，截至 2016 年末，我国总体杠杆率为 257%。截至 2017 年一季度末，我国总体杠杆率为 257.8%②。2017 年杠杆率虽然比 2016 年高 2.4 个百分点，但增幅比 2012 ~ 2016 年杠杆率年均增幅低 10.9 个百分点。2018 年一季度杠杆率比 2017 年高 0.9 个百分点，增幅比去年同期收窄 1.1 个百分点。可见，去杠杆初见成效，我国进入稳杠杆阶段③。

（四）多策并举降成本

在降成本方面，2016 年打出了组合拳，实施“六降行动”④。2017 年以来，主要在减税、降费、降低要素成本上加大力度。降低各类交易成本，特别是制度性交易成本；减少审批环节，降低各类中介评估费用；降低企业用能成本；降低物流成本；提高劳动力市场灵活性，推动企业眼睛向内降本增效。具体要求是：在调整税制和优化税收结构的基础上减税降费，降低直接反映在财务报表上的企业财务成本；进一步改革社会保险制度，降低企业人工成本；调整能源政策和价格形成机制，降低企业用能成本；改革运输和物流体制，降低企业物流成本；创新体制机制，降低企业的制度性交易成本。

目前，多策并举降成本的推进思路是：把着力点放在降低实体经济的运行

---

①《研究打好三大攻坚战的思路和举措》，载《人民日报海外版》2018 年 4 月 3 日。

② 卞靖：《坚持以供给侧结构性改革为主线推进经济高质量发展——2018 年全国两会精神解读》，宣讲家网，2018 年 3 月 14 日。

③《刘世锦谈杠杆率趋势：住户部门杠杆率仍处较低水平》，载《北京青年报》2018 年 7 月 5 日。

④ 降低制度性交易成本；降低企业税费负担；降低保险费；降低企业财务成本；降低电力价格；降低物流成本。

成本上，提高实际收益水平，拓展市场空间，支撑企业转型发展和创新发展；把减税、降费作为降低实体经济运行成本的重要举措；把降低融资成本和增强金融便利作为提振实体经济活力的重要手段；把降低各类交易成本特别是制度性交易成本，作为激发市场活动的关键措施；以收入规模、社保成本和劳动生产率为重点，有效引导劳动要素成本增速的相对回落。同时，加大政策支持力度。比如，扩大小微企业享受减半征收所得税优惠的范围，年应纳税所得额上限由 30 万元提高到 50 万元；科技型中小企业研发费用加计扣除比例也由 50% 提高到 75%。这些政策的实施，进一步降低了科技型中小企业的负担，并对科技型中小企业的持续投入形成有效激励和支持。

（五）精准发力补短板

补短板，不仅要增加经济总量，还要经济的更高质量、更有效率、更加公平、更可持续。因此，补短板是我国经济从量到质的全面提升，是经济社会质的根本性变化①。

补短板从满足广大人民群众美好生活需要的角度看，包括：补农业中的短板、补制造业中的短板、补服务业中的短板、补基础设施中的短板、补生态建设中的短板、补扶贫和改善民生中的短板。

补短板的目的是要扩大有效供给，增加有效需求。因此，要从严重制约经济社会发展的重要领域和关键环节、从人民群众迫切需要解决的突出问题着手，既补硬短板，也补软短板；既补发展短板，也补制度短板。硬短板指的是生产能力和技术手段的不足，软短板指发展环境和产权保护的不足；发展短板是指产业体系和生产效率的不足，制度短板是指制度供给不足或市场在资源配置中的决定性作用发挥不足。精准发力补短板，就是坚持补硬短板和补软短板并重、补发展短板和补制度短板并举。

三、以三大重点拓展供给侧结构性改革领域

（一）深入推进农业供给侧结构性改革

农业供给侧结构性改革的目标是农业、农村、农民问题。推进农业供给侧结构性改革，必须在农产品供给问题上着力，核心是围绕市场需求进行生产，

① 黄泰岩：《补短板的政治经济学分析》，载《光明日报》2016 年 4 月 27 日。

优化资源配置，扩大有效供给，增加供给结构的适应性和灵活性，真正形成更有效率、更有效益、更可持续的农产品有效供给体系。

推进农业供给侧结构性改革的关键是改革农村土地制度，赋予农户对土地的承包权、宅基地的使用权、集体经营性建设用地的所有权的商品属性，让农村土地能够作为商品进入市场，从而为土地使用权流转、劳动力流动、农民工市民化创造体制条件。

深入推进农业供给侧结构性改革，一是把增加绿色优质农产品供给放在突出位置，突出抓好农产品标准化生产、农产品品牌创建、农产品质量安全监管。二是加大农村环境突出问题综合治理力度，加大退耕还林还湖还草力度。三是积极稳妥推进粮食等重要农产品价格形成机制和收储制度改革。四是细化和落实承包土地“三权分置”办法，培育新型农业经营主体和服务主体。五是深化农村产权制度改革，明晰农村集体产权归属，统筹推进农村土地征收、集体经营性建设用地入市、宅基地制度改革试点。

（二）着力振兴实体经济

实体经济是强国之本、富民之基。着力振兴实体经济，一要坚持以提高质量和效益为中心，坚持创新驱动发展，扩大高质量产品和服务供给。二要推动新旧动能转换，大力发展战略性新兴产业，加快传统产业转型升级步伐。三要加快基础性制度建设，推动实现权利平等、机会平等、规则平等，使市场在资源配置中起决定性作用，为企业创造公平竞争的市场环境。四要加快要素市场化改革，消除土地、人力资本、资金、科技等要素自由流动的体制障碍。五要加快财政金融体制改革，进一步减税降费，营造公平税负环境，提高实体经济发展能力和国际竞争能力。

（三）促进房地产市场平稳健康发展

坚持“房子是用来住的、不是用来炒的”这一科学定位，让住房回归居住的属性。在思路上，中央政府主要是加快财税、金融、土地、市场体系和法律法规等基础性制度建设，地方政府主要是落实“分类指导、因城施策”调控要求，加强预期引导，完善制度，维护房地产市场稳定运行，为房地产市场长期平稳健康发展奠定坚实基础。

促进房地产市场平稳健康发展，需要强化政策保障和优化环境。一是在宏观上管住货币，微观信贷政策要支持合理自住购房，严格限制信贷流向投资投机性购房。二是在土地政策上要落实人地挂钩政策和地方政府主体责任，盘活城市闲置和低效用地。三是加快住房租赁市场立法，促进机构化、规模化租赁企业发展。四是加强住房市场监管和整顿，规范开发、销售、中介等行为。

第四节　深化供给侧结构性改革的路径

一、以深化改革为根本途径

推进和深化供给侧结构性改革，最终目的是满足需求，主攻方向是提高供给质量，根本途径是深化改革。无论是深入推进“三去一降一补”，还是推进农业供给侧结构性改革，着力振兴实体经济，促进房地产市场平稳健康发展，其根本途径还是依靠改革。

（一）推进要素市场化配置改革

深化供给侧结构性改革，必须校正要素配置的扭曲，这是供给侧结构性改革的核心问题。推进供给侧结构性改革，根本途径是深化改革，就是要完善市场在资源配置中起决定性作用的体制机制。为此，必须深化行政管理体制改革，打破垄断，健全要素市场，使价格机制真正引导资源配置。必须破除劳动力、土地、资金、能源等要素市场化配置的体制机制障碍，加快要素价格市场化改革。必须用改革的办法转变思路，推进结构调整，构建提高供给体系质量和效益的体制机制。

实现要素市场化配置，要以土地、劳动力、资本、技术的要素市场化配置改革为重点。目前，作为供给方的土地、劳动力、资本、技术等资源要素，主要通过政府行政手段来配置，存在很大弊端。一方面，政府只对要素的初始分配进行干预，并不参与企业的生产流程。一旦企业占用了要素，政府很难对企业闲置或低效利用要素的行为进行干预，企业生产效率与其所占有的要素之间不匹配，造成资源配置效率下降。另一方面，长期由政府行政手段配置要素，导致要素价格扭曲，不能灵活反映要素市场供求关系的变化和资源稀缺程度，造成企业千方百计通过非市场化方式从政府手里获取各类要素。此外，还造成要素市场建设滞后，资金、土地、劳动力等要素价格远未市场化，严重制约和影响社会主义市场经济体制的完善。

推进要素市场化配置改革，解决资源要素配置扭曲、使用效率低下问题，关键是要最大限度地减少政府对资源的直接配置，放开要素价格，让要素价格真实反映要素市场的供求变化。要素价格只有在由市场方式决定的条件下，要素价格机制才能充分发挥在资源配置中的决定性作用。只有让各类生产要素能够作为商品进入市场，让每一类市场主体都拥有获得生产要素的机会，并根据市场规则、市场价格进行竞争，引导生产要素配置到效率最高的地区部门和企业中去，才能提高资源配置效率，获得更高的经济效益。因此，激活生产要素，完善要素市场制度结构，健全要素定价机制，促进经济结构调整，成为深化供给侧结构性改革的核心和关键。

推进要素市场化配置改革，必须破除要素市场化配置障碍。第一，完善现代产权制度。健全归属清晰、权责明确、保护严格、流转顺畅的现代要素产权制度，推进产权保护法治化，依法保护各种所有制经济和各种要素主体的权益。第二，构建合理的要素价格体系，促进土地、资本和劳动力等要素资源的自由流动，提高要素配置效率。土地制度改革的核心在于确权和加速农地流转，从而提高土地使用效率；资本要素改革的核心在于降低企业成本、提升企业盈利；资源品价格改革聚焦于降低原材料成本，减税降费、加速折旧、降低财税成本；养老保险体系改革聚焦于降低人力成本。第三，加快完善要素市场体系。坚持农用地集体所有，实现土地规模经营；同时加快建立城乡统一的建设用地市场，推进农村集体经营性建设用地与国有建设用地同等入市、同权同价；推进金融、劳动力、技术等要素市场体系改革，提高要素供给弹性、流动性，提升全要素生产率。第四，加快相关体制机制改革，激发人才创新创造活力。加快破除一切妨碍人才流动和优化配置的体制机制，加快形成有利于人才成长的培养机制、有利于人尽其才的使用机制、有利于竞相成长各展其能的激励机制、有利于各类人才脱颖而出的竞争机制，从而实现人力资源、人才资源的充分有效配置，增强人力资源的内生动力。

深入推进要素市场化配置改革，需要结合实际，积极探索要素市场化配置改革的具体模式。浙江省海宁市“亩产效益”要素市场化配置改革就是积极的探索、有益的尝试。海宁市的“亩产效益”改革（2018 年 5 月，此项改革已扩展到浙江全省范围），是建立在要素价格倒逼机制的基础上，以“亩产效益”为计量标准，通过对企业分类评估，形成对低效、落后产能的退出激励机制，使土地、电、水、环境、人才、科技等要素通过市场化配置到高效优质企业，推动了企业的转型升级。因此，海宁的“亩产效益”改革是供给侧结构性改革的生动实践，对全国来说具有典型示范意义。

（二）以多层次深化改革推动“三大转变”

在我国经济已由高速增长转向高质量发展阶段，必须把发展经济的着力点放在实体经济上，在适度扩大总需求的同时，深化供给侧结构性改革。深化供给侧结构性改革，必须推动“三大转变”，即中国制造向中国创造转变，中国速度向中国质量转变，制造大国向制造强国转变。这是一个需要多层次全方位的深化改革，才能推进的系统工程。

推进这一系统工程，从企业发展层面来看，核心是提高产品质量，通过技术进步提高产品的档次和质量。为此，一要鼓励和引导企业加强科学技术研究，加强企业技术改造，促进科技成果尽快向现实生产力转化，不断开发新产品、新材料、新工艺，全面提高产品档次和质量水平。二要适应新时代高端化、个性化、绿色化消费需求的变化，创新技术与商业模式，从而提供更高质量的产品和服务。三要抓住新一轮科技革命迅猛发展的机遇，提高企业发展的质量。企业既要有质量意识，树立质量理念，制定严格的质量管理规范，也要增强自主创新能力，加快技术进步步伐。

从产业发展层面看，核心是产业转型升级。产业结构失衡，造成了产业结构与需求结构不适应，产品过剩与供给不足并存。因此，深化供给侧结构性改革，需要调整产业结构，推动产业向中高端迈进，形成产业发展新格局。为此，一方面，要发展新兴产业。目前，信息技术仍是引领经济社会进步的主要技术力量，互联网、物联网、云计算等新技术的应用，催生出一批新兴业态。应大力发展新能源、绿色和低碳技术、生命科技及生物技术。另一方面，促进传统产业转型升级。传统产业转型升级是供给侧结构性改革的关键，要坚持以市场为导向，根据技术、安全、环保、能耗等标准，加大传统产业内部整合，鼓励和引导企业从传统产业升级模式向全球价值链升级模式转变，鼓励企业打造供应链管理平台，提高自身的综合实力和核心竞争力。

从宏观政策层面看，核心是促进高质量发展。中央经济工作会议指出，供给侧结构性改革要始终向振兴实体经济发力、聚力，要高度重视“脱实向虚”的苗头，坚持以提高质量和核心竞争力为中心。因此，需要推进制度创新。一是依托科技创新，促进企业发展新产品、新材料，扩大新品种、新花色，加速老产品的更新换代。二是依托自主创新，实现从模仿创新到自主创新的转型，形成完备的技术创新体系。三是依托体制创新，进一步完善社会主义市场经济体制。建立质量效益型激励，为实现高质量发展提供有利的激励导向。四是依托战略创新，形成一系列实现高质量发展的战略支持体系。

二、丰富完善并深入贯彻落实五大政策

深化供给侧结构性改革，需要五大政策支柱，即：宏观政策要稳、产业政策要准、微观政策要活、改革政策要实、社会政策要托底。五大政策支柱相互支撑、相互配合，旨在为推进供给侧结构性改革营造良好的环境和条件。宏观政策要稳，就是要为供给侧结构性改革营造稳定的宏观经济环境；产业政策要准，就是要准确定位供给侧结构性改革方向；微观政策要活，就是要完善市场环境、激发企业活力和消费者潜力；改革政策要实，就是要加大力度推动改革落地；社会政策要托底，就是要在深化改革中守住民生底线。

五大政策伴随供给侧结构性改革的全过程，五大政策的具体内容随着改革的深化而不断丰富和完善。从宏观政策要稳来看，主要是财政政策和货币政策要稳。目前，要加大积极的财政政策力度。实行减税政策，阶段性提高财政赤字率，加大向企业、创业者减税的力度和幅度。在适当增加必要的财政支出和政府投资的同时，主要用于弥补降税带来的财政减收，保障政府应该承担的支出责任。从货币政策来看，要实现“稳健中性”。稳健的货币政策要灵活适度，既要营造适宜的货币金融环境，降低融资成本，保持流动性合理充裕和社会融资总量适度增长，扩大直接融资比重，优化信贷结构，也要完善汇率形成机制。

从产业政策要准来看，深化供给侧结构项改革，就要推进农业现代化、加快制造强国建设、加快服务业发展、提高基础设施网络化水平，推动形成新的增长点。同时，坚持创新驱动，注重激活存量，着力补齐短板，发展实体经济，促进绿色发展。从微观政策要活来看，就是通过深化改革让企业更加有活力，进一步挖掘消费者的消费潜力。为此既要在制度上、政策上营造宽松的市场经营和投资环境，鼓励和支持各种所有制企业创新发展，保护各种所有制企业产权和合法利益，改善企业市场预期。也要营造商品自由流动、平等交换的市场环境，破除市场壁垒和地方保护主义。从改革政策要实来看，就是要加强统筹协调，完善落实机制，调动地方积极性，允许地方进行差别化探索，发挥基层首创精神。促进各项改革举措抓实落地，使改革不断见到实效，使人民群众有更多的获得感。从社会政策要托底来看，就是要更好发挥社会保障的社会稳定器作用，保障群众基本生活，保障基本公共服务。当前处于全面建成小康社会的决胜期，打好打赢防范金融风险、精准脱贫、污染防治三大攻坚战，是社会政策要托底的重要内容。

三、正确认识和处理四个重大关系

2017 年 1 月，习近平总书记在主持中共中央政治局第三十八次集体学习时强调，推进供给侧结构性改革，要处理好政府和市场的关系、短期和长期的关系、减法和加法的关系、供给和需求的关系。这四大关系切中了深入推进供给侧结构性改革中的矛盾和问题。

（一）正确认识和处理政府和市场的关系

党的十八届三中全会提出，“经济体制改革是全面深化改革的重点，核心问题是处理好政府和市场的关系，使市场在资源配置中起决定性作用和更好发挥政府作用”。这是社会主义市场经济体制的核心问题，是经济新常态下处理政府与市场关系的基本要求。

推进和深化供给侧结构性改革，就要运用好市场这只“无形之手”和政府这只“有形之手”。深化供给侧结构性改革，必须破除行政垄断，切实减少和消除经济体系中的扭曲，让市场在资源配置中起决定性作用，通过市场化价格引导资源向更富有效率的领域集中。在发挥市场在资源配置中起决定性作用的同时，也要更好地发挥政府的作用。既要遵循市场规律，善用市场机制来解决问题，也要更好地发挥政府的作用。在尊重市场规律的基础上，用改革来激发市场活力，用政策来引导市场预期，用规划明确投资方向，用法治规范市场行为。

“去产能、去库存、去杠杆、降成本、补短板”五大任务的实施，离不开市场和政府之间的密切配合。例如去产能，我国的产能过剩或多或少与政府调控有关，要解决这一问题，必须有政府的介入。需要在运用市场力量实施破产清算、兼并重组的同时，政府做好完善市场制度环境、企业债务处理、失业人安置、协助企业开拓新的投资渠道和销售渠道等工作。政府的这种作为，是在市场决定资源配置的基础上进行的，与市场配置资源的方向一致。从供给侧结构性改革的其他任务来看，也不同程度的需要政府发挥作用。需要指出的是，处理好政府和市场的关系，应避免采用行政命令的手段，而是善于运用市场机制解决问题。

（二）正确认识和处理短期和长期的关系

供给侧结构性改革作为我国经济发展的主线，意味着这一改革不可能一蹴而就，需要统筹近期任务和长期任务。我国经济结构中存在的矛盾和问题，尤其是深层次的结构性失衡问题，都是长期积累形成的。因此，推进供给侧结构性改革，需要长短兼顾、统筹结合。

“去产能、去库存、去杠杆、降成本、补短板”五大任务并非都是近期任务，有些需要付出长期努力。其中，去产能、去库存、去杠杆是近期需要完成的任务，或者说是有“去”的区间，不是一味地“去”下去。而降成本、补短板则不是短期能完成的，需要远近结合、统筹谋划。降成本，虽然在短期内可通过减税、企业挖潜、节约成本等见效，但从根本上看，我国一些产品的成本和价格远高于发达国家，是由于我国生产技术水平和劳动生产率低。生产技术水平低，产品的质量和档次就低；劳动生产率低，产品的成本和价格就高。要提高产品质量和档次，就需要科技创新、管理创新、制度创新，还需要不断提高职工的能力素质和操作水平。从补短板来说，开发高端产品，扩大高端产品生产能力是主要任务。这同样需要强化科技创新，需要政府、企业、科研机构相互配合、协同发力，是一个需要持续推进、久久为功的过程。因此，深化供给侧结构性改革，既要立足当前，着力解决一些突出矛盾和问题，也要着眼于长远，从构建长效体制机制、重塑中长期经济增长动力着眼，通过改革加快形成完善的体制机制。既要在战略上坚持持久战，又要在战术上打好歼灭战。战略上坚持稳中求进，搞好顶层设计，把握好节奏和力度，久久为功；战术上抓落实、干实事，注重实效。供给侧结构性改革中出现的短期阵痛是必须承受的阵痛，需要合理引导社会预期，尽量控制和减少阵痛，妥善处置企业债务，做好人员安置工作，做好社会托底工作，维护社会和谐稳定。同时，要在培育新的动力机制上做好文章、下足功夫，着力推进体制机制建设，激发市场主体内生动力和活力。

（三）正确认识和处理减法与加法的关系

供给侧结构性改革中做减法，就是减少低端供给和无效供给，去产能、去库存、去杠杆，为经济发展留出新空间。做加法，就是扩大有效供给和中高端供给，补短板、惠民生，加快发展新技术、新产业、新产品，为经济增长培育新动力。

无论做减法，还是做加法，都需要用力得当，精准、有度。做减法不能“一刀切”，要减得准，着力去低端产能，做加法不能一拥而上，要避免“大水漫灌”，避免产生新的产能过剩和新的重复建设。要增加社会急需的公共产品和公共服务供给，缩小城乡、地区公共服务水平差距。实现调存量与优增量、推动传统产业改造升级与培育新兴产业的有机统一，振兴实体经济。要统筹部署创新链和产业链，全面提高创新能力，提升科技进步水平，提高全要素生产率。

（四）正确认识和处理供给和需求的关系

供给和需求是一对相辅相成的概念，是市场经济关系的两个基本方面。供给强调生产，需求强调消费。生产决定消费，消费是生产的目的。没有供给，需求无法实现；没有需求，供给无从谈起。供给和需求是既对立、又统一的辩证关系，二者是经济运行的内在动力。

供给必须以需求为目标，需求又必须依赖供给，二者相互依存、互为条件，缺一不可。这就决定了供给侧结构性改革不能脱离需求一方。二者要相互配合、协调推进。过去我们强调需求管理，着力发挥"三驾马车"的作用。现在，推进和深化供给侧结构性改革，是要在适度扩大总需求的同时，推进供给侧结构性改革。供给侧结构性改革并不是抛弃促进"三驾马车"发挥作用的需求管理，而是要求投资、消费、出口适应需求变化的结构性改革。因此，深化供给侧结构性改革，需要用好需求侧管理这个重要工具。一方面，供给侧结构性改革需要一定的有效需求作为前提；另一方面，需求在短期之内要适度扩张，要对经济有适当管控。供给侧改革和需求侧管理相辅相成、相得益彰，才能为供给侧结构性改革营造良好环境和条件。

参考文献：

1. 习近平：《在省部级主要领导干部学习贯彻党的十八届五中全会精神专题研讨班上的讲话》，载《人民日报》2016 年 5 月 10 日。

2. 习近平：《决胜全面建成小康社会　夺取新时代中国特色社会主义伟大胜利——在中国共产党第十九次全国代表大会上的报告》，人民出版社 2017 年版。

3. 曾宪奎：《经济发展新常态下的供给侧结构性改革》，载《红旗文稿》2017 年 4 月 26 日。

4. 林毅夫：《准确认识我国五种产业类型》，载《北京日报》2018 年 3 月 5 日。

5. 许鹏鸿：《全面优化产业结构》，载《人民日报》2018 年 2 月 12 日。

6. 马建堂：《加快发展新经济　培育壮大新动能》，载《人民日报》2016 年 7 月 19 日。

7. 马晓河：《经济高质量发展的内涵与关键》，载《经济参考报》2018 年

7 月 11 日。

8. 马晓河：《中国经济新旧增长动力的转换》，载《前线》2018 年 2 月 8 日。

9. 厉以宁：《转变发展方式和新动能的涌现》，载《光明日报》2017 年 3 月 14 日。

10. 邱兆祥：《从供给侧推动产业结构优化升级》，载《人民日报》2016 年 8 月 24 日。

11. 宋瑞礼：《找准新旧动能转换的着力点》，载《经济日报》2018 年 5 月 17 日。

12. 张文、张念明：《供给侧结构性改革导向下我国新旧动能转换的路径选择》，载《东岳论丛》2017 年第 12 期。

13. 杨蕙馨、焦勇：《新旧动能转换的理论探索与实践研判》，载《经济与管理研究》2018 年第 7 期。

14. 隆国强：《培育新动能要处理好三方面关系》，载《山东经济战略研究》2017 年第 13 期。

15. 罗志军：《深刻认识和有效推进供给侧结构性改革》，载《人民日报》2016 年 5 月 16 日。

16. 陈东琪：《抓紧抓好供给侧结构性改革》，载《人民日报》2017 年 4 月 12 日。

17. 刘伟等：《经济增长新常态与供给侧结构性改革》，载《新华文摘》2016 年第 9 期。

18. 郝全洪：《从供需关系看供给侧结构性改革》，载《人民日报》2018 年 6 月 13 日。

19. 刘伟：《以供给侧结构性改革为主线建设现代化经济体系》，载《人民日报》2018 年 1 月 26 日。

20. 黄群慧：《中国经济如何跨越发展阶段转换关口》，载《经济日报》2017 年 12 月 11 日。

21. 郑必坚：《让供给侧结构性改革释放强大正能量》，载《人民日报》2017 年 6 月 2 日。

22. 黄泰岩：《补短板的政治经济学分析》，载《光明日报》2016 年 4 月 27 日。

第七章 构建新旧动能转换的支撑体系

新旧动能转换是一个系统工程，培育新动能、推动传统动能转型升级，需要多方齐发力，构建新旧动能转换的支撑体系。这就需要以创新驱动提供新旧动能转换的动力支撑，以扩大开放释放新旧动能转换潜力，以提升政府服务效能、人才优先发展、强化基础设施建设提供新旧动能转换的支撑保障，建立完善一整套动力系统和支撑体系，保障新旧动能转换的系统性、整体性、协同性。

第一节 创新驱动增强新旧动能转换动力

当前，新一轮科技革命和产业变革风起云涌，科技前沿不断延伸，产业更新换代日趋加快，创新是引领发展的第一动力。崇尚创新、推动创新已经成为今日中国社会最大共识。科技创新是催生新动能的源泉和推动传统动能转型升级的根本手段。山东的科技创新能力不断提升，但与广东、江苏和浙江相比，差距明显。因此，山东省要实现新旧动能转换和高质量发展，就必须补齐科技创新这个短板，大力实施创新驱动发展战略，提高科技创新能力，在科技供给上出现新突破。

一、强化企业创新主体地位，提高企业的创新能力

企业是创新的主体，也是新旧动能转换的主体。世界科技研发投资的80%、技术创新的71%，均由世界500强企业所创造和拥有，62%的技术转让在500强企业间进行。近百年世界产业发展的历史表明，真正起巨大推动作用的技术几乎都来自企业。企业的创新能力，直接决定了产业、区域的创新能力，决定了产业、区域的竞争力。企业创新是山东的一个短板。2016年山东高新技术企业只有4692家，仅占全国的4.5%，而广东、江苏、浙江分别达到

19855 家、13183 家、7707 家。[①] 因此，山东省在建设区域技术创新体系时，要强化企业的主体地位，让企业成为研发投入的主体、技术创新的主体和创新成果应用的主体。

（一）培育一批创新龙头企业

龙头企业对区域创新能力的提升和经济发展起着至关重要的作用。广东拥有华为、腾讯，北京拥有联想、小米，上海拥有上汽、中芯国际，这些省市围绕龙头企业建立起了具有特色的优势产业集群，对当地的创新发展、产业升级起着引领作用。长期以来，山东工业大中型企业专业化水平不高，小型企业分工不细致，没有形成合理的分工协作关系，导致市场有限的资金和技术等资源投入分散，在生产、市场、研究与开发等方面难以发挥出规模经济的优势。因此，未来时期要把培育具有国际竞争力的龙头企业作为山东创新能力、促进新旧动能转换的重点。要进一步加强创新型企业建设，努力培养一批龙头企业，促使大中型企业建立技术研发机构，使企业成为创新决策、研发投入、科研攻关、成果转化的主体，提升企业的核心竞争力。实施创新百强企业培育工程。培育一批工程化条件好、系统集成能力强的龙头骨干企业，壮大一批研发能力较强，拥有核心技术、自主知识产权和自主品牌的科技创新型大企业大集团，使其在重大技术研发、成果转化和产业化投入中发挥支撑和示范作用。实施高新技术企业倍增计划，培育一批具有全球影响力的领军企业、骨干企业和创新型企业。完善协同创新机制，支持骨干龙头企业牵头建设产业技术创新战略联盟和产业共性技术研发基地。

（二）加强对中小企业创新的支持

中小企业是创新体系的重要组成部分。一些创新型国家如美国、日本等，中小企业是技术创新的重要驱动力，在推动科技创新成果产业化、推动新兴产业形成、传统产业升级等方面发挥着重要作用。根据统计资料，从 20 世纪初到 20 世纪 70 年代，美国中小企业完成的科技发展项目占全国的 55%，80 年代后，这一比例上升到 70% 左右，中小企业的人均创新发明是大企业的两倍。中小企业不仅有很强的发明创造力，而且科技成果推出快，科技投资回收期约比大企业短 1/4，其发展新技术、新产品的效率高于大企业。目前，世界知名的微软、IBM、谷歌、苹果、惠普等企业都是从最初的科技型中小企业发展而

① 《国家战略的山东担当》，载《大众日报》2018 年 2 月 22 日。

来。因此，山东应引导中小型企业走“专、精、特、新”路子，聚焦细分领域深耕细作，研发关键环节的高端技术。培育一批拥有自主先进技术的“高、精、尖”中小企业，开展中小微企业创新竞技行动，大力培育“瞪羚”企业、“独角兽”企业和制造业单项冠军企业。也要大力发挥民营中小企业在科技创新和产业化中的作用。可以借鉴美国、日本及南方先进省市支持中小企业发展的一些政策和做法，对成长性较好、有自主知识产权的创新型中小企业在财政政策上给予扶持，如财政资助、加大“创新券”等普惠性政策支持、政府采购中小企业创新产品等，积极推动科技型小微企业创新发展，培育自主创新生力军。提升针对中小企业的技术服务层次，设立高质量的共性技术服务机构，并在各机构间逐步建立互联互通机制。如已经设立的山东工业技术研究院，就可为中小企业创新提供服务。也可成立行（产）业研究中心，实行开放式的研究平台，实现信息共享、协同创新。借鉴美国、日本等的小企业创新研究（SBIR）和小企业技术转移（STTR）政策，制定中小企业创新发展的全生命周期扶持政策。

支持大中小企业协同发展。目前，由于信息技术的发展，为各企业间的协同创新提供了很大的空间，开放式创新、区块链等将成为未来创新新模式。山东应鼓励开展企业创新创业协同行动，支持大型企业开放供应链资源和创新需求，促进大中小微企业融通发展、创新发展。同时，加强企业创新平台建设。要积极建设创新中心，重点支持行业技术中心、企业技术中心、工业设计中心、工程技术研究中心等建设。鼓励企业走出去到国外设研发中心，充分利用国内国际创新资源。

二、着力推动科技成果转化

要让科技创新成为引领经济发展的第一动力，成为新旧动能转换的动力支撑，关键在于要增强科技创新成果的转化能力，提高产业化率，改变经济和科技“两张皮”问题，使经济和科技紧密结合。

（一）积极建设济青烟国家科技成果转移转化示范区

2017 年 10 月 10 日，国家科技部正式复函，支持山东省建设济青烟国家科技成果转移转化示范区。这是山东省深化供给侧结构性改革和科技体制改革、加快推进创新型省份建设的又一重大战略之举。推动科技创新，就必须紧紧抓住科技成果的转移转化，转移转化示范区的建设就是实现贯穿政产学研金服用以及科技中介等创新主体，为山东省加快推进创新型省份建设、推动新旧动能转换提供动力支撑。因此，山东省要围绕济青烟国家科技成果转移转化示范区建设，在科技服务体系、科技转化平台及体制机制中深化改革，在济南、青岛和烟台打造符合本地实际和发展优势的科技成果转化服务体系和交易平台。①

为提高山东创新能力，让创新成为推动山东新旧动能转换、引领山东经济高质量发展的第一动力，需要结合山东经济社会发展现状、科技创新基本情况及国际产业技术发展方向，瞄准新一代信息技术、生物工程、高端装备、新材料新能源、现代海洋、绿色低碳、数字创意等关键领域，加快推进科技创新成果转化，培育一批具有较大影响力的领先技术、产品和品牌。

（二）完善技术市场体系

健全的技术市场体系是科技成果转化和产业化的重要媒介和前提条件，是利用市场机制配置创新资源的重要场所。为了推动科技成果转化，山东省政府于 2018 年 1 月 4 日发布《山东省人民政府办公厅关于进一步推动科技成果转化的实施意见》，提出了完善技术市场体系的具体办法。

在全省构建开放共享的技术市场体系。积极建设国家农业科技成果转移转化中心山东分中心和国家农业技术交易中心山东分中心，努力发展成为全国重要的农业科技成果转化中心；推动济南建设技术成果转化综合服务中心，在技术信息发布、技术成果转化、科技金融支持等方面提供全链条服务，培育成为国家区域性中心；加快山东省技术转移转化中心建设，主动承接京津冀成果转移，辐射带动全省技术转化。构建四级技术市场体系。发挥省知识产权交易中心、青岛海洋技术转移中心、中国（烟台）知识产权保护中心、寿光果菜品种权交易中心、鲁南技术产权交易中心、齐鲁技术产权交易中心等中心作用，打造特色鲜明的行业性产权交易中心，形成国家分中心、区域性中心、省中心和行业性中心互相衔接、资源共享的四级技术市场体系。健全全省统一的网上技术交易平台体系。构建数据标准、品牌标识、管理制度和服务规则相统一的全省网上平台。鼓励有条件的市、县（市、区）建设省技术市场分支机构。省财政科技资金按照规定对作用突出的服务平台给予支持。②

（三）抓好成果转化和中介服务平台建设

重点支持各级各类技术创新服务中心和中介机构，分层次、分行业建设各

---

① 宋晓雨：《加快科技成果转化　山东再添新“王牌”》，载《联合日报》2017 年 11 月 24 日。

② 山东省人民办公厅：《山东省人民政府办公厅关于进一步推动科技成果转化的实施意见》，2018 年 1 月 4 日。

类专业技术信息服务平台，为高校、科研机构和企业提供科技信息、成果转化、成果孵化、技术交易、科技评估、科技咨询和人才中介等方面服务，切实推动科技成果转化。

1. 构建公共科技创新服务平台

具体包括重大共性和关键技术研发平台、检测实验平台、科技信息服务平台及科技成果转移转化平台等，不断提升平台开放共享和运营服务水平，为全省各类企业特别是中小企业的科技创新和成果转化服务。山东已提出在全省布局建设一批通用性或行业性技术创新服务平台，开展研发设计、检验检测、技术标准等服务。鼓励企业牵头建立中小微企业创新中试平台，为中小微企业开展中试熟化与产业化开发提供检测检验、集成与二次开发、评估与评价、技术示范推广与交易等服务。推动政府将政府所属部分事业单位转制为企业，以利于更方便地为企业提供成果检测和评估、科技咨询等服务。

2. 构建完整的企业孵化、成果转移、技术转移和创业服务体系

促进天使投资、风险投资、创业辅导、技术中介、转移咨询等创业服务机构与众创空间、孵化器、苗圃、加速器等创业服务载体的结合。支持建设众创、众包、众扶、众筹等虚拟孵化平台，推动“互联网 +”与传统创业载体融合。要把科技成果转化与创业服务紧密结合在一起，更好地培育新动能。

3. 鼓励建立多样化的服务中介机构

鼓励高校、科研院所及社会力量，可以利用自身技术优势及人才资源，创办各类科技中介服务机构，以发挥中介机构对成果评估、促进成果转化、推动技术扩散和优化科技资源配置的重要作用。鼓励有实力的企业、产业联盟、工程中心等面向市场开展中试和技术熟化等集成服务，构建完善的科技成果转化服务体系。

4. 健全科技中介服务体系，提高服务质量

健全科技成果产权交易市场，形成技术论证、评估、交易、经纪、培训一体化服务。大力要培养科技中介服务人才，培养专业化、职业化、国际化的技术经纪人队伍。这类人才属于复合型人才，目前比较短缺，需要政府制定相应的培养和引进政策，加强人才队伍建设。另外，吸引投融资机构、银行、证券等各类金融机构加入科技成果转移转化服务体系，引导技术转移服务机构开展科技成果权益化、商品化、资本化试点。①

① 潘强、于平阳：《科技创新助力青岛新旧动能转换思路与措施》，载《科技与产业》2018 年第 2 期，第 78 ~ 82 页。

三、打造区域创新发展载体

创新创业平台，是创新型企业和人才特别是研发型人才进行创新活动的载体，是创业者成长的载体，是能否吸引高端人才和创新团队的关键。山东应进一步加大投入，建设高效创新创业平台。

（一）建设一批新型研究机构

山东要加快建设山东半岛国家自主创新示范区，在示范区建设中，应学习先进省市的经验，建立一批有助于产业发展和成果转化的新型研究机构。来自深圳的数据则显示，近年来，深圳累计培育了93家集科学发现、技术发明、产业发展“三发”一体化发展的新型研发机构。这些新型研究机构打通了产学研和资本的全链条通道，联通原始创新与成果转化、技术应用，在引才机制、激励机制、融资机制、项目筛选机制等方面进行了大胆创新。中科院深圳先进技术研究院实现了政产学研资一体化、创新创业创富一体化，累计孵化637家企业，持股191家，估值最高的联影医疗科技公司已达百亿规模。江苏省产业技术研究院将研发作为产业来打造，将技术作为商品来推销，为支持产研院改革，江苏出台“创新十条”，在财政资金使用方式、使用范围、管理方式近10个方面都有较大突破。为促进科技成果转化，上海于2012年专门设立了上海产业技术研究院，上海产业技术研究院是非营利性科技研发与服务机构，不设围墙，向社会开放创新资源，吸引社会各界创新人才、思想、资本等共同参与创新，分享智慧，共享成果。通过开展产业共性技术研发，解决产业链缺失环节、关键环节上的技术需求，提升传统产业升级；通过新型产业技术的研发和服务，发展战略性新型产业。上海产业技术研究院作为组织者和行动载体，推动共性技术的研发，推动科技成果的转化、推动商业模式的创新。山东应借鉴上海和江苏的经验，由省委省政府出面专门设立类似产业技术研究院这种实施开放式创新、推动科技成果转化、服务产业发展的高端平台。这样就可以利用充分创新型人才信息数据库，根据产业发展和企业的需求，适时地组织相关专家和研发型人才进行某一专题和项目的研究工作，既能充分聚集和利用国内外高端创新人才，又服务于产业发展，做一些高校、科研院所不愿做、企业特别是中小企业做不了的创新活动，将已有的创意和技术应用转化成生产力，较好地解决科技和经济两张皮问题。而这种创新平台一方面可以着眼于科技创新前沿领域、制定的战略性新兴产业如高档数控机床和机器人、3D打印、新材料等科技成果应用转化，推动战略性新兴产业的发展；另一方面，可以根据企业的需要，组织创新型人才开发应用相应的技术。山东已有的创新平台，也可以按照这种模式采用柔性的、开放式的创新型人才管理办法，充分利用创新资源，培育新动能，推动山东产业转型升级。当然，新型研究机构是提高创新能力的一个重要抓手，山东还要深入推进创新型城市建设，支持创建国家级高新区，以聚集更多的创新要素聚集。

（二）打造一批重大科技创新平台、产业和企业创新平台

完善山东半岛国家自主创新示范区发展建设资金支持重点和分配因素，支持打造具有国际影响力的山东半岛海洋科技创新中心和特色海洋科技产业聚集示范区。推动青岛海洋科学与技术国家实验室进入国家实验室序列，推动共建中国科学院海洋大科学研究中心。支持黄河三角洲农业高新技术产业示范区建设，与中国科学院共建黄河三角洲现代农业技术创新中心，打造现代农业科技创新中心，带动提升山东现代农业发展水平。

围绕“十强产业”重点领域，着力培育具有超前研发能力和自主知识产权，跟踪国际先进技术水平，达到国内一流水平的创新平台，做大做强一批省级重点企业技术中心，鼓励大中型骨干企业，强化研发机构建设，提升自主创新能力，增强吸纳高层次人才的能力。抓好企业创新平台，重点支持行业技术中心、企业技术中心、工业设计中心、工程技术研究中心等建设，加大投入，推进国内外名校大企业共建创新载体。从而吸引更多的创新型人才向企业流动。支持国家“双创”示范基地、国家小型微型企业创业创新示范基地、国家中小企业公共服务示范平台，建设培育一批创业孵化示范基地和农村创新创业示范基地，支持青岛创建工业互联网创新中心。实施军民融合发展战略，支持青岛（古镇口）创建国家军民融合创新示范区，培育形成一批军民结合、产学研一体的创新平台和创新示范载体，提高军民融合发展助推新旧动能转换的能力。鼓励众创空间的发展。吸引更多的风险投资公司入驻创新创业平台，为科技成果转化和创业者创业提供资金支持。

此外，还要抓好成果转化和中介服务平台建设。重点支持各级各类技术创新服务中心和中介机构，分层次、分行业建设各类专业技术信息服务平台，为高校、科研机构和企业提供科技信息、成果转化、成果孵化、技术交易。

四、强化知识产权创造、保护和运用

在知识经济时代，国家和区域的经济持续发展主要取决于国家和区域创新

能力的培育和积累。知识产权作为支撑经济社会可持续发展的一项战略性资源，是构建国家和区域创新体系、承载国家和区域创新能力的重要支柱，是衬托国家和区域创新面貌的核心要素。知识产权保护力度及制度建设水平，已经成为国际国内的相关权威机构用来衡量国家和区域创新能力和综合发展实力的重要尺度。只有通过强化知识产权创造、保护和运用，才能更好地营造创新创业的良好环境，激发创新主体的创新活力。

党的十九大报告强调，强化知识产权创造、保护、运用。要完善产权保护制度，让创新、创业、创富者有“方向感”和“安全感”。要进一步完善创业创新的法律法规制度，以法治夯实“双创”根基。改善中小企业经营环境，促进中小企业健康发展。保障创业创新主体的合法权益，让创业创新的各个活动有法可依、有法可循。

（一）健全知识产权公共服务体系

健全知识产权公共服务体系，完善知识产权评估、质押、托管、流转、变现和风险补偿机制。开展知识产权综合管理改革试点和重点产业专利导航试点，加快建设一批国家级知识产权保护中心。构建省知识产权公共服务平台和齐鲁知识产权交易中心，为创新主体提供综合服务。开展知识产权区域布局试点，推进青岛知识产权运营服务体系和国家知识产权服务业集聚区建设。在烟台、东营、潍坊市设立知识产权保护中心，为企业和发明人提供知识产权快速审查、确权、维权的“绿色通道”。也可以依托省、市知识产权局成立专门机构，为企业提供咨询、管理等服务。

（二）鼓励企业加强知识产权管理

一是对在国际上具有一定竞争力的产业，鼓励省内企业之间及与国内同行业的企业之间组成专利池，增加企业之间的专利共享，并能有效地参与国际竞争，应对国际知识产权纠纷。二是积极落实《山东省工业企业知识产权推进计划》，培育优势企业、培植知识产权试点。企业应学习国外创新型企业的知识产权管理经验，组成专门机构并配备专业知识产权管理人员及律师等管理本企业的知识产权事务。大部分跨国公司十分重视知识产权的管理工作，如拜尔公司一个重要的专门委员会就是负责知识产权管理的专利委员会。跨国公司十分重视公司内部制度的建设，通过与其员工的各种合同来保护自己的知识产权。这都是值得我们企业学习的地方。鼓励有条件的企业可以设立专门管理知识产权的部门和人员，提高管理水平，应对国际竞争。

（三）加大执法力度

强化专利行政执法，严厉打击假冒专利行为和涉及专利的诈骗行为。济南市、青岛市分别挂牌了专门的知识产权法庭，要强化知识产权保护执法，推进知识产权民事、刑事、行政案件审判“三审合一”，加强知识产权行政执法与刑事司法的衔接，加大知识产权司法保护力度。要通过事后维权和重罚加大知识产权侵权成本，打击侵权行为。加大知识产权侵权行为惩治力度，提高知识产权侵权法定赔偿上限，对情节严重的恶意侵权行为实施惩罚性赔偿，提高知识产权侵权成本。需要进一步完善知识产权民事、行政、刑事程序的内在运行机理以及相互之间的合理衔接机制，强化不同诉讼程序之间的协调与配合；需要进一步完善知识产权行政保护与司法保护之间的衔接机制、实现二者的优势互补，等等。构建起科学、合理的知识产权综合保护的机制，发挥知识产权制度的创新激励效能。

第二节　扩大开放释放新旧动能转换潜力

作为沿海大省，山东的经济外向程度落后于广东、浙江和江苏。开放也是一种改革，着眼于此，山东将充分利用沿海独特地理位置，着眼塑造开放型经济发展新优势，加快完善法治化、国际化、便利化的开放环境，构建开放型经济发展新体制，推动形成陆海内外联动、东西双向互济的全面开放新格局。

一、深度参与“一带一路”建设

山东地处“丝绸之路经济带”和“海上丝绸之路”交汇区域，同时又作为新亚欧大陆桥经济走廊的重要沿线地区，有明显的区位优势。山东应充分利用比较优势，借助“一带一路”建设的契机，完善自身发展，提升开放型经济发展水平。山东积极参与“一带一路”，目前，山东与世界 220 多个国家和地区建立了经贸关系，与“一带一路”沿线国家 47 个城市建立了友好关系。在对外经贸合作、国际产能合作、互联互通设施建设、海洋经济合作、人文交流合作等方面实现了“五个新突破”。比如，对外经贸合作方面，山东创建国家级境外经贸合作园区 4 家，数量全国第一；互联互通设施建设方面，开通欧亚班列，2016 年开行 279 列，运输货物 29.9 万吨。[①]

作为“一带一路”重要交汇枢纽，地处新亚欧大陆桥东端的山东正致力于构建对外开放新格局。山东秉承共商、共建、共享原则，聚焦海洋经济、经贸投资、国际产能、交通互联、能源资源、金融服务、人文交流、生态环保等重点领域，全面参与“一带一路”建设。

（一）积极推动国际产能合作

依托新亚欧大陆桥、中蒙俄等国际经济合作走廊布局建设境外经贸合作园区和重点项目，带动优势产能、优质装备和先进适用技术输出。新亚欧大陆桥以基础设施互联互通为突破口，推动农业、建筑、机械制造等产业对接欧亚市场。中蒙俄经济走廊将突出国际产能合作，通过落实环渤海地区合作机制，推动机械家电、纺织服装、农产品加工等产业布局。孟中印缅经济走廊突出农业和科技、旅游业。中南半岛经济走廊是山东境外项目首要集聚地。东南亚 11 国是山东在“一带一路”沿线国家中最大的经贸合作伙伴。山东省“一带一路”实施方案确定的境外优先推进项目中，东南亚地区占比近 50%。中巴经济走廊主要以园区为重点。目前，已建设有国家级园区海尔—鲁巴经济园区、圣山南亚工业园、巴基斯坦烟台园区、济宁纺织企业如意纺织工业园等。其中海尔—鲁巴经济园区的产量在巴基斯坦首屈一指。

稳妥参与境外油气、矿产等能源资源勘探和开发，提高配置全球资源的能力。东营和力投资发展有限公司在塔吉克斯坦推进石油能源合作项目，烟台杰瑞石油公司为哈萨克斯坦、乌兹别克斯坦提供油气开采装备。鼓励更多的企业参与境外油气、矿产勘探和开发合作。

山东是我国农业大省，农业发展良好。扩大农业对外合作，支持龙头企业开展农林牧副渔等领域互利共赢的投资合作。山东推进农业融入“一带一路”建设，不仅有利于提高农业增值空间，带动国内经济发展，还满足了沿线农产品稀缺国的不同农产品需求。为促进农业更好地“走出去”，不断符合“一带一路”建设需求层次和目标导向，大力推进农业供给侧结构性改革，发展可持续性农业，不断推动农业科技创新，实现农业动能转换和转型升级。山东提出将发挥山东农业开放优势，积极融入“一带一路”建设，在全国率先基本形成全方位、宽领域、多层次的农业开放合作新格局。

---

① 陈丙会：《构建对外开放新格局山东全面参与“一带一路”》，载《中国工业报》2017 年 5 月 18 日。

（二）加强技术合作

加强与境外高新技术和先进制造业企业合作，支持在境外设立研发中心。在引进技术、积极进行消化吸收再创新的同时，山东工业企业积极在国外设立研发中心，充分利用国外的人才。1168 家省级以上企业技术中心都有了海外特聘专家或海外专业技术人才，建立国外科研合作机构的占五分之一。国外科研合作机构208 个，搭建的技术创新国际合作平台50 个（不含青岛）。很多企业已把在海外设立研发中国作为国际化战略的重要环节，在装备制造、家电、电子信息、海洋食品等行业的企业不断走出去，在海外设立研发中心，以提高企业的自主创新能力。以后，山东将积极开辟新的国际航线，建设东亚海洋合作平台、东亚畜牧交易所，为推进务实合作搭建平台，支持企业、高等院校、科研机构与沿线著名大学、大型企业和科技园区展开合作，共建研发机构和联合实验室。

（三）打造合作平台，优化服务

为助力企业“走出去”，山东积极打造针对“一带一路”市场的展会平台，在 2017 年实施的“境外百展市场开拓计划”中，“一带一路”市场展会数量占到近四成。同时，积极推动在沿线国家建设多个跨境电商公共海外仓，加强区域通关一体化合作，“一带一路”沿线国家和上合组织成员方已成为山东外贸进出口的重要增长点。未来，山东将支持开辟新航线，打造优势航线组群。同时，优化中亚班列开行方案，打造快捷运输品牌。积极推动与“一带一路”沿线通关一体化和检验检疫一体化，提高贸易便利化水平。

山东将以上合组织青岛峰会为契机，加快构建山东国际开放大通道，再造对外开放新优势。将把山东（青岛）作为上合组织有关国家、中亚地区面向亚太市场的“出海口”，也为日韩等亚太国家商品进入中亚地区、辐射中东欧、西欧地区提供了重要平台。下一步，我们将继续深入探索与上合组织国家的贸易物流合作新模式，打造贯通欧亚大陆的国际贸易物流通道，进一步彰显山东在“一带一路”开放格局中的重要作用，再造山东对外开放新优势①。

山东要抢抓“一带一路”建设的宝贵时间窗口和重要战略机遇期，充分利用现有合作机制和平台，根据沿线国家情况，确定好重点线路，对重点国别、优先领域、关键项目，集中力量取得突破，努力成为“一带一路”建设的排头兵。

① 魏华祥：《以峰会为契机再造山东对外开放新优势》，载《青岛日报》2018 年 6 月 9 日。

二、构建开放型经济新体制

对外开放是我国的基本国策。面对新形势新挑战新任务，我国提出加快构建开放型经济新体制，进一步破除体制机制障碍，使对内对外开放相互促进，引进来与走出去更好结合，以开放促改革、促发展、促创新。作为沿海经济大省，在当前的国际国内形势下，山东积极改革探索，借鉴自贸区经验，进行体制机制创新，构建适合山东特点的开放型经济新体制。

根据“三核”及“多点”各地特点，进行改革试点工作。在济南、青岛、烟台市，依托国家级新区、国家级经济技术开发区、国家级高新技术开发区、海关特殊监管区，以及济南新旧动能转换先行区，充分借鉴自由贸易试验区改革试点经验，加快体制机制创新。借鉴中国自贸试验区试点的改革试验，不断改革创新，构建山东开放型经济新体制。

（一）加快政府职能转变

加快政府职能转变，主要是推动与政府职能有关的投资管理制度的改革。一是采取“负面清单”的投资管理制度。“负面清单”管理模式的实质是投资自由化，减少了外资准入限制。在投资领域方面要继续扩大服务业和先进制造业等的开放。同时也使得政府监管的重心由事前审批转向事后监管。探索“无感知”和“低感知”监管方式。二是转变管理的方式。对“负面清单”之外的领域，内外资实行统一管理，将外商投资项目核准制改为备案制，将外商投资企业合同章程审批改为备案管理。从而切实提高投资便利化水平，加快完善现代市场体系。三是完善准入体系。负面清单中还系统梳理了涉及外资的各类政策法规，凡涉及外资限制的规定统一在清单中列明，并且清单中的特别管理措施涉及国民待遇、高管要求、业绩要求等方面，为投资者提供了一份全面的准入指南，大大增强了外资政策的透明度。四是推行“服务大使”制度，加强重点外资企业点对点直通包办服务。这就需要采取以下措施：加强信息共享和服务平台应用；健全综合执法体系；支持社会力量参与市场监督，完善企业年度报告公示和经营异常名录制度；加强信息公开，提高行政透明度；推进公平竞争、产权保护制度等。[①]

---

① 王媛媛：《开放型经济新体制下的中国自由贸易试验区建设研究》，载《东南亚纵横》2016 年第 4 期，第 69～75 页。

（二）推动贸易监管制度创新

构建海关、商检和外汇等政府机构的协同、高效管理模式。实行“一线放开、二线安全高效管住、区内自由”的监管制度。这就要求建立数据共享系统和电子口岸，推行第三方检验检疫，国际贸易结算服务，拓展专用账户的服务贸易跨境支付和融资功能等海关、商检与其他职能部门高度协调的监管体制。推进贸易监管制度创新的核心是通过推进海关特殊监管区域的整合优化和工作机制创新，推进贸易便利化改革。

（三）推动金融领域的开放与创新

金融开放和创新是中国自由贸易试验区制度创新的重要任务。它包括金融制度的创新和增强金融服务功能。上海自由贸易试验区金融自由化改革的重点，一方面是金融服务业的开放：自由贸易区明确支持各类金融机构在试验区设立分支机构，包括中外资银行、保险公司以及非银行金融机构，特别是允许民营银行、金融租赁公司和消费金融公司等金融机构。另一方面是金融市场化改革：自由贸易区内允许实现人民币资本项目的可兑换，金融产品利率市场化、人民币跨境使用等先行先试。第一，在自由贸易区内实现金融机构资产实行市场化定价。第二，鼓励企业充分利用境内外两种资源、两个市场，实现跨境融资便利化。第三，深化跨国公司总部外汇资金集中运营管理试点，促进跨国公司设立区域性或全球性资本金管理中心，实现贸易投资便利化。[①] 山东可以借鉴上海自贸区的一些经验，开展跨境电子商务人民币结算、跨境资产转让政策创新和融资租赁试点。

（四）扩大服务业领域的开放

服务贸易领域的开放是今后各国关注的焦点。截至目前，中国的服务业开放度仍然比较低，中国服务业对外开放的限制主要在许可证的发放、外资股权比例限制、资本规模要求、业务范围限制等方面。因此，在全球化新趋势下，中国服务业的开放还有很大的空间和潜力。根据国家部署，山东将有序放开育幼养老、建筑设计、会计审计、商贸物流、电子商务等服务业领域准入限制。

结合山东经济发展实际，加大招商引资力度，创新引资引智引技方式，对

---

① 全毅：《论开放型经济新体制的基本框架与实现路径》，载《中国经贸》2015 年第 9 期，第 17 ~ 25 页。

外商投资实行准入前国民待遇加负面清单管理制度。组织实施点对点、产业化招商，重点招世界500强和行业隐形冠军，切实引进一批技术水平高、产业关联性强、发展空间大的大项目、好企业。要探索建立招商引资促进机制，通过招商引资，招出发展氛围，让山东成为投资兴业的热土。目前累计已有212家世界500强企业在山东投资①。

三、加快转变外贸发展方式

当前，国际国内形势发生着深刻的变化，不断出现新特点，要求山东加快转变外贸发展方式，由贸易大省向贸易强省迈进。

（一）加快培育竞争新优势

当前，山东出口商品大多属于中低技术和劳动密集型产品，缺乏核心技术，技术含量和附加值偏低，缺乏自主品牌，绝大多数出口商品都是贴牌产品。因此，必须以技术、标准、品牌、服务为核心，推动货物贸易和服务贸易协调发展，实现优质优价、优进优出。大力实施创新驱动战略和“互联网+”行动计划，以信息化与工业化深度融合为主线，推动工业转型升级，提升工业竞争力和国际化水平。鼓励高新技术、高端装备、品牌产品出口。着力提高轨道交通、海运装备、工程机械等机电高新技术产品智能制造水平，强化出口综合竞争优势，推动传统产业向中高端迈进。加快建设“出口农产品质量安全示范省”，推广应用山东省农产品食品链全过程管理通用标准，扩大农产品出口优势。落实国家“自主品牌出口增长”行动计划，加快培育一批代表山东产品新形象的国际知名和国内一流品牌。实施“全球价值链跃升”工程，推动加工贸易向微笑曲线两端延伸，增加出口商品附加值，迈向价值链中高端。

（二）大力发展服务外包

近年来，山东外贸总量在省份排名中居于前五之列，但服务贸易比重较低，与广东、江苏、浙江相比还存在一定差距。山东服务贸易企业实力也不够强大，服务贸易企业代工现象多见，且业务大都处于中低端服务层面；与国际知名企业差距大，对接难，导致服务业尤其是新兴服务业利用外资偏少。② 适

① 《山东拓展开放发展新空间》，载《人民日报》2018年6月7日。

② 王爱华、荀克宁：《服务贸易壮大山东楼宇经济的着力点》，载《山东社会科学》2012年第1期。

应世界服务贸易发展的新特点和趋势，积极发展计算机和信息服务、金融、建设、软件、研发设计、节能环保、文化艺术等服务贸易。加快推进文化贸易，在重点国家和地区举办“孔子家乡文化贸易展”。大力发展服务外包产业。充分发挥山东各大软件园的载体作用，进一步加大扶持力度，积极承揽国际离岸服务外包、信息、技术外包业务、业务流程外包业务、知识流程外包业务，大力培育在岸服务外包市场，着重发展文化创意、教育、交通物流、健康护理、科技服务、批发零售、休闲娱乐等领域服务外包。[①] 支持烟台创建服务外包示范城市。

（三）培育外贸新业态、新模式

2017 年召开的全省开放型经济发展大会指出，要着力发展外贸新业态新模式，运用好互联网思维，以品牌品质支撑核心竞争能力，以“制造+服务”提高出口质量效益。新业态新模式正成为山东外贸发展的新动能、新亮点。一是加快发展跨境电子商务。跨境电子商务是一种新型贸易方式，是外贸新增长点，代表着国际贸易的未来。山东省将建立该省统一跨境电商线上综合服务平台，支持青岛跨境电商综合试验区落实国家网上保税零售进口政策，推动济南、烟台、潍坊、威海、日照等省级跨境电商综试区加快发展。山东将充分利用自身外贸基础、产业特色、人才优势和区位条件，顺应“互联网+外贸”发展趋势，加大鼓励支持力度，跨境电商将在促进外贸发展方面实现跨越式发展。探索推广“特色产业集群+自主品牌+跨境电商平台+外贸综合服务企业+公共海外仓”五位一体模式，开展国际自主品牌培育行动计划和“山东品牌产品”环球行等专项活动，与时俱进培育更多对外贸易新业态新模式。二是加快培育外贸综合服务企业。按照“政府引导、市场运作、模式创新、融合发展”工作思路，大力发挥口岸优势，坚持培育本地企业和引进外来企业相结合，重点打造一批服务功能完善、带动和辐射能力强的外贸综合服务企业。鼓励外贸综合服务企业为跨境电子商务提供通关、仓储、融资等服务，支持外贸综合服务企业打造电商交易、贸易服务、风险管控、政策落地“四位一体”的跨境电商综合服务平台，助力企业拓展海外市场。支持有实力的外贸综合服务企业建设公共海外仓，发展海外物流配送渠道，主动融入境外零售体系。[②]

---

①② 梁文静：《实施创新驱动战略加快转变山东外贸发展方式》，载《中共济南市委党校学报》2016 年第 5 期，第 57~61 页。

（四）推进外贸管理机制改革

完善监管制度、服务体系和政策框架，支持跨境电子商务、市场采购贸易、外贸综合服务、国际中转集拼、保税展示交易等健康发展。进一步加快政府职能转变，向加快转变外贸发展方式提供优质的公共服务转变。切实抓好外贸制度创新。调整关税结构，改革进出口信贷制度，改革和完善口岸管理制度，加快推进大通关建设。加快建设电子口岸，推广国际贸易单一窗口、一站式作业、一体化通关。进一步探索鲁港、鲁台经贸合作新模式，加快建设东亚海洋合作平台。

此外，在鼓励出口的同时，实施更加积极的进口政策，扩大先进技术设备、关键零部件和优质消费品等进口，促进进出口平衡发展。支持青岛汽车整车进口口岸开展汽车平行进口试点。

四、纵深推动区域开放合作

扩大开放，不仅包括对国外的开放，还包括对国内其他区域的开放。目前，国家已经批准和发布了包括东北地区、京津冀区域、中部崛起区域、沿边开放区域、珠三角区域、长三角区域、长江经济带、大湾区、北部湾区域等各区域编制的发展规划或开放发展指导意见。对山东周边区域来讲，各区域发展势头良好，对山东的挤压越来越重。北边的京津冀，北京加快“瘦身提质”、天津加快“强身聚核”、河北加快“健身增效”，特别是雄安新区横空出世，定位“千年大计、国家大事”，未来发展不可限量。山东应加快融入京津冀协同发展国家战略，主动承接北京非首都功能疏解及京津产业转移，积极服务雄安新区建设，支持黄河三角洲地区发展“飞地经济”。特别是德州和滨州，要积极融入。向南，长江经济带生机勃勃，其龙头上海建立了中国首个自由贸易试验区，正全力申建自由贸易港，将引领长江经济带进入发展新阶段，改变中国的经济地理版图。山东要加强环渤海地区合作，繁荣发展湾区经济。密切与长三角、珠三角、东北地区等的经济联系，构建区域间协作发展机制。建立多层次合作协调机制，建立相关的联席会议制度、高层领导定期会晤机制，建立区域内对口部门、社会团体、行业协会等交流运行机制，逐步形成不同层次、不同范围的区域联动机制。改进区域之间的信息通信、教育、医疗卫生、体育娱乐、能源、水利设施、生态环境保护、政务信息、城市公共基础设施等方面的互联互通。各地区政府之间加强沟通和发展政策对接，要补齐公共基础设施互联互通上的缺口，避免出现跨区域边界地区成为“三不管”地带。①

第三节　强化新旧动能转换支撑保障

适应新时代新趋势新要求，山东要全面提升政府服务效能，深入实施人才优先发展战略，合理布局重大基础设施建设，建设一流服务政府、一流人才队伍、一流基础设施，为新旧动能加快转换提供坚实支撑。

一、全面提升政府服务效能

（一）持续深化政府的放管服改革

继续推进政府放管服改革，建设稳定公平透明可预期的营商环境。营商环境是评估各地企业经营发展环境的指标，是企业投资时选择投资地的最重要标准之一，是吸引创新创业人才的最重要指标之一。对山东来讲，就要建设包容创新、审慎监管、运行高效、法治规范的服务型政府，构建形成亲清新型政商关系，推进治理体系和治理能力现代化，营造宽松便捷的市场准入环境、公平有序的市场竞争环境、安全放心的市场消费环境。当前要做好“一次办好”审批制度改革。苏浙粤三省结合自身特点，在“放管服”改革中提出了各具特色的改革，大大改善了营商环境。浙江从四张清单、一张网到最多跑一次，每次都是全国领先；江苏全面推行网上办、集中批、联合审、区域评、代办制、不见面审批新模式，实现了审批监管扁平化、规范化；广州推行一门一网式的改革，基本实现了一个大门通办百事，一张智网全面服务，一个标准规范审批。山东要对标先进，重点借鉴浙江在项目审批制度创新中的经验做法，积极推进“一次办好”改革，不断提高便利化、公开化、标准化水平。各级政府的领导干部要当好服务基层、服务企业的“店小二”，努力形成创新创业的阳光雨露，让各类创新主体茁壮成长。

（二）要进一步深化商事制度改革

自我国实行商事制度改革以来，新登记企业呈井喷式增长。山东要实施以

① 夏先良：《构建区域全面开放发展新格局》，载《国家治理》2018 年第 5 期，第 20 ~ 40 页。

停薪留职和高校弹性学制等举措，推进包容失败的创业创新制度建设。加快法规制度适应性变革，完善快速响应和精准服务机制，建立支持新生市场主体创新创业、发展壮大的生态系统。加大对“双创”的财税和金融扶持力度，减轻初创企业负担，降低创业成本，用市场化方式使用政府创业创新的基金，推动“放”与“扶”相结合，改变初创企业“快生快死”问题，提高初创企业存活率。

进一步推进政府信息化建设。信息化、互联网的发展为提高政府的办事效率提供了技术支持。推广“互联网+政务服务”，全面实行并联审批、阳光审批、限时办结等制度，推进信息共享和数据开放。深化“先照后证”改革，扩大“证照分离”改革试点范围，在试点基础上全面推开“证照分离”改革，实施“多证合一”，推进企业登记全程电子化和电子营业执照。提高政府在经济发展方面的管理水平，改进政府对企业的服务质量，实现政务公开和加大经济发展统计力度与投入。从而为企业发展创造一个良好的外部环境。

创新监管模式。为了鼓励安全、智慧、绿色的新技术新产业新业态新模式加快发展，要创新监管模式，完善快速响应服务，深入推进“双随机一公开”监管制度，探索包容创新的审慎监管制度。加强社会信用体系建设，完善跨地区、跨部门、跨领域的守信联合激励和失信联合惩戒机制。加大竞争执法力度，加强对商标、广告、网络领域的监管，加大打击假冒伪劣，虚假宣传，盗版侵权，互联网新型传销等违法行为，规范市场秩序，净化市场环境，按照审慎监管的原则，对新产业新业态坚持在创新中发展，在规范中完善。①

（三）强化法制保障

全面清理制约新技术、新产业、新业态、新模式发展的法规规章和规范性文件，加快出台公共数据和电子政务、社会信用、知识产权保护、科技成果转化、能源节约、现代服务业等领域的法规规章。建设行政处罚、行政强制权力网络运行系统，实现省市县互联互通。依法依规加强和改善市场监管，严厉打击各种垄断行为和不正当竞争行为，确保各类市场主体依法平等使用生产要素、公平参与市场竞争、同等受到法律保护，强化产权保护，建立公平有序的市场竞争环境。要加强食品、药品、农产品等重要产品监督管理，健全产品质量追溯体系，提升消费者维权能力，构建安全放心的市场消费环境，激发消费潜力。

---

① 张茅：《推进商事制度改革向深度、广度扩展》，新华网，2017年12月23日。

二、强化人才智力支撑

创新是第一动力，人才是第一资源，创新驱动实质上是人才驱动。要促进新旧动能转换，打好培养、吸引、留住、用好人才的组合拳，广聚天下英才，建设人才强省。加强高层次科技人才队伍建设，积极参与国家“千人计划”“万人计划”，完善提升“泰山”系列人才工程，精心打造“齐鲁”系列实用人才工程，大力引进“高精尖缺”人才，关键是要构建一支规模宏大、结构优化、布局合理、素质优良的创新型人才队伍，统筹推进各类创新型人才队伍建设，为新旧动能转换提供智力支撑。

（一）构建动态的山东省创新型人才信息数据库

在经济发展的不同时期，急需的人才种类也在不断发生变化。在山东经济发展的现阶段，比较急需的是企业家人才和各产业特别是战略性新兴产业领军人才和创新团队。积极引进各类创新型人才特别是产业领军人才是山东人才工作的一项重要任务。大数据时代的人才可以出现在世界任何一个角落，他可以为世界上任何一个公司效力，人才国际化将全方位开启，人才战争将比以往更为激烈。谁能尽早把大数据体系建立起来，谁就能在新一轮人才战争中占据主动地位。构建数据库的目的，就是发现潜在人才，掌握这些人才的信息，以便为我所用。

1. 建立专家信息数据库

对国内外专家根据其从事专业类别进行分类，方便为各产业发展引进专家，或者委托专家完成某个具体的研究项目。

2. 构建海内外创新型人才信息甄别数据库

（1）创业企业家人才信息甄别数据库。在全球利用互联网技术构建山东省急需产业的创业企业家如互联网科技企业家、互联网工业企业家、战略新兴产业企业家等信息数据库，发现潜在的创业企业家。

（2）研发型人才信息甄别数据库。第一步可以构建山东籍海外留学（理工科类）攻读博士学位及已在海外就业人才信息甄别数据库，根据他（她）们所学专业及其所属产业领域进行归类，根据历史资料（学习经历、发表论文）及现今所在学校、单位对其潜在能力进行评价甄别。第二步可以扩大到所有中国留学人才信息。对他们的信息进行长期的跟踪并进行分析，对具有领军人才潜质的特别关注，这样可以及时发现山东省产业转型升级所需研发型人才并能适时引进。第三步扩大到外籍人才。在建立数据库时，可加强与各海外留学生联谊会、境外猎头公司的联系和合作，及时获得和更新海外人才信息。

（3）知识产权人才信息甄别数据库、营销型人才信息甄别数据库，这些创新型人才甄别数据库的建设与研发型类似。

山东省于2016年已遴选了首批高端智库人才，183名海内外人才入库①。下一步省人才中心应对省人社厅、教育厅、科协、高校、职业院校之间的人才信息数据库进行整合，构建全省统一的创新型人才信息数据库，对现有的各类人才分类整理，实施动态管理。

（二）加大引才力度，创新人才引进机制

对产业领军人才、各类创新型人才和创新团队，应加大引进力度。

1. 要加大配套经费支持力度

与广东、江苏等省份比，山东在人才引进经费、项目资金资助等方面力度明显较小。鉴于高层次人才的超高回报率，在引进国际一流的产业领军人才（如诺贝尔奖获得者或者某学科国际顶尖人才）和创新团队时，项目研究经费应向广东、江苏等省份看齐。

2. 实施人才安居工程

对于引进的产业领军人才和创新团队而言，各种配套政策如子女入学、配偶就业、住房等，要落实好。特别是对于来企业工作的高层次人才，政府应给予优惠的政策和补贴。对于各类创新型人才，在住房上可采取一定的措施。也可采用发放住房补贴、购房补贴等政策解决好各类创新型人才的住房问题，给人才更多的关心、关爱和关怀，解决好创新型人才的后顾之忧，让他们全心投入到创业创新活动中去。

3. 创新外籍高层次人才引进和服务机制

放宽外籍高层次人才来山东条件，成立集人才信息匹配、人才统筹管理、一站式服务等功能为一体的国际人才组织机构，建立符合国际规则和惯例的引才机制和服务模式。要整合现有的信息服务平台，在外籍人才集聚的地区创新网络服务，开展国际人才社会融入性培训，提升国际人才来华发展的融入能力与认同感。可借鉴广东省广州市向优秀人才发放“广州人才绿卡”的做法，使其成为人才在当地工作、生活的“通行证”，为人才提供综合性服务。建设与国际接轨的社会保障体系。建设高端的创新创业平台吸引外籍高层次人才，

① 《2016年山东人才十件大事》，齐鲁网，2016年1月17日。

支持国内外高校、科研机构在山东设立新型研发机构和中试基地，建设国家级博士后创新创业基地和专家服务基地，支持青岛国际院士港等平台建设。

（三）加强对创新型人才的培养

1. 加强企业家人才队伍的培养

按照熊彼特的理论，企业家是创新的主体。一个国家或区域的创新活力，在很大程度上取决于企业家群体的素质。因此，山东应加大对企业家人力资本的培养。完善职业经理人社会化评价机制，建设专业化、市场化、国际化的职业经理人队伍。激发和保护企业家精神，培育一批勇于创新、开放进取的优秀企业家队伍。

2. 加强专业技术人才的培养

增强企业、产业乃至区域的核心竞争力，培育战略性新兴产业，改造提升传统优势产业，最终实现产业的转型升级，其关键在于提高产业的自主创新能力，最终取决于职业技术人才的创新活动。改革和创新高等院校的培养方式，中央驻鲁高校和省属高校要适应新旧动能转换新形势，积极开展“一流大学、一流学科”建设，组织实施新工科优先发展计划，实现高等教育内涵式发展。扎实做好前期工作，积极争取在山东设立能源类、康复类综合大学，培养山东发展新兴产业所需专业人才。

3. 加强技能型人才的培养

首先大力发展职业教育，围绕山东产业发展（特别是“十强”产业）需求，积极调整职业教育专业设置，创新培养模式，推广产学研结合的培养模式，推广订单式培养，重视实践环节，着力培养实用型、复合型的技能人才，为经济发展输送高素质劳动力。其次，鼓励企业设立专门的培训机构，也可以和高校、职业学校合作，积极培训本企业的员工。最后，地方政府也可以设立培训基金，或者采取税收或补贴政策，鼓励企业培训技能人才。创新产教融合、校企合作方式，建设一批高水平公共实训基地，抓好职业教育创新发展试验区建设，弘扬劳模精神和工匠精神，建设知识型、技能型、创新型劳动者大军。

（四）强化人才激励政策

为了激励有真才实学的研发人才从事自主创新，建立符合人才规律的多元化考核评价体系，对科学研究、科研管理、技术支持、行政管理等各类人员实行分类管理，建立不同领域、不同类型人才的评价体系，明确评价的指标和要素。建立将知识合法转化为财富的机制，实现创新人才的知识资本化和知识产权股份期权化，推动人才优势转变为经济发展优势。完善科技人才创新荣誉制度，建设一批“科技领军人才创新工作室”，设立“首席中青年科学家”等岗位。深化事业单位改革，建立事业单位编制省内统筹使用制度，完善政府购买服务机制。进一步完善财政性科研项目和资金管理制度，加大对实施法人治理结构科研院所的创新支持力度。

三、强化基础设施支撑

交通、能源、水流、信息网络等基础设施，是区域经济社会发展的基石，对区域经济社会可持续发展具有重要支撑和引领作用。为推动山东新旧动能转换，就要坚持基础性、先导性、战略性方向，提高智能化、网络化、现代化水平，加快建设技术先进、功能完善、便捷高效、安全坚固的综合基础设施支撑体系。

（一）强化交通基础设施建设

在2018年2月22日春节后上班第一天的讲话中，刘家义指出：“前些年有个说法叫‘广东的桥、山东的路’，但现在我省高速公路通车里程落到了全国第8位，高速公路双向六车道的不足20%，高铁出省通道只有1条，省内高铁尚未实现互联互通。民用航空对外联通能力不足……这集群那集群，交通跟不上难成群。”为此，山东对交通设施建设提出了改进和建设规划。积极融入国家综合交通网，统筹公路、铁路、航空、港口、运河等交通基础设施建设。完善山东省高速铁路网，打造“三环四横六纵”的快速铁路网络，完善“四纵四横”货运铁路网。支持济南机场升级改造，建设青岛新机场，新建和迁建一批支线机场。优化港口功能定位，以资本为纽带、以市场为导向整合港口资源，打造现代化港口群，打造新一代国际智慧港口。支持青岛建设国际性港口城市。推动济南青岛等市的轨道交通建设。实施高速公路改扩建工程，推进普通国省道低标准路段改造，推进“四好农村路”建设。推动交通与物流融合发展，开展多式联运、国际中转集拼业务等试点。大力发展智慧物流，推进国际货运班列运行，打通省内外物流大通道，建设综合性物流基地和节点枢纽城市。

（二）强化能源和水利基础设施建设

实施能源保障、能源网络和能源优化工程，推进能源转型升级，构建清洁低碳、安全高效、供应优化的现代能源体系。提高能源保障能力。实施能源保障和能源网络工程，建立健全统筹内外、多元互补的能源供应保障体系。稳定开发油气资源，有序推进近海油气田和页岩油开发，加快国家骨干油气管网和沿海 LNG 接收站规划建设，充分利用省外、境外油气资源。实施煤电提升改造，加快新能源和可再生能源发电发展，实施光伏发电示范工程，统筹陆上和海上风电开发，合理布局生物质和垃圾发电项目。统筹省外能源引进和省内产需衔接，构筑煤炭主要运输网络。对接西气东输、中俄东线等国家骨干输气工程，加强国家原油战略储备基地建设。加强"互联网+"智慧能源基础设施建设，实施微电网示范推广工程。调整能源结构，逐步降低煤炭消费比重。大幅提高新能源和可再生能源利用规模，推动绿色电力、绿色热力、绿色燃料生产与应用。

突出水资源的刚性约束，以节水、供水重大工程建设为重点，构筑水安全保障体系。加强完善供水保障系统，构建布局合理、余缺互补、优化配置、高效利用的现代生态水网。统筹推进引调水工程，着力增强防洪除涝减灾能力。持续加强农田水利工程。加快建设现代农田灌排体系，发展规模化高效节水灌溉，稳步推进农业水价综合改革，加强渠系节水改造、田间工程建设和农业用水管理，推广喷灌、微灌、管道灌溉等高效节水技术。

（三）强化网络基础设施建设

广泛覆盖、技术先进、高速低价、安全可靠的信息通信网络是"互联网+"推动创新加快新旧动能转换的重要基础设施。构建完善高速、移动、安全、泛在的新一代信息基础设施，形成万物互联、人机交互、天地一体的网络空间。加快建设工业互联网和产业集聚区光纤网、移动通信网、无线局域网等信息基础设施，提升网络互联互通能力和安全水平，为"互联网+"提供网络平台和服务保障。加快互联网骨干节点升级，实施接入网、城域网 IPv6 升级改造。推动海底光缆系统开放，支持青岛建设国际通信业务出入口局，建设济南至互联网国际出入口局的互联网国际通信专用通道。要进一步完善省、市两级电子政务公共服务云平台，稳步实施省、市国家机关新建的业务应用系统的部署和迁移，积极推进基于云平台的信息资源共享和大数据应用，建立健全云平台服务质量评价、云平台标准及政府购买服务价格体系。

参考文献：

1.《中共山东省委山东省人民政府关于推进新旧动能转换重大工程的实施意见》，2018 年 2 月 13 日。

2. 《山东新旧动能转换综合试验区建设总体方案》，2018 年 1 月。

3. 《山东省人民政府关于印发山东省新旧动能转换重大工程实施规划的通知》，2018 年 2 月 13 日。

4. 《国家战略的山东担当》，载《大众日报》2018 年 2 月 22 日。

5. 宋晓雨：《加快科技成果转化　山东再添新“王牌”》，载《联合日报》2017 年 11 月 24 日。

6. 山东省人民办公厅：《山东省人民政府办公厅关于进一步推动科技成果转化的实施意见》，2018 年 1 月 4 日。

7. 潘强、于平阳：《科技创新助力青岛新旧动能转换思路与措施》，载《科技与产业》2018 年第 2 期。

8. 陈丙会：《构建对外开放新格局山东全面参与“一带一路”》，载《中国工业报》2017 年 5 月 18 日。

9. 魏华祥：《以峰会为契机再造山东对外开放新优势》，载《青岛日报》2018 年 6 月 9 日。

10. 王媛媛：《开放型经济新体制下的中国自由贸易试验区建设研究》，载《东南亚纵横》2016 年第 4 期。

11. 全毅：《论开放型经济新体制的基本框架与实现路径》，载《中国经贸》2015 年第 9 期。

12. 王爱华、荀克宁：《服务贸易壮大山东楼宇经济的着力点》，载《山东社会科学》2012 年第 1 期。

13. 梁文静：《实施创新驱动战略加快转变山东外贸发展方式》，载《中共济南市委党校学报》2016 年第 5 期。

14. 夏先良：《构建区域全面开放发展新格局》，载《国家治理》2018 年第 5 期。

15. 张茅：《推进商事制度改革向深度、广度扩展》，新华网，2017 年 12 月 23 日。

16. 张清津：《新旧动能转换重在提升制度竞争力》，载《中国社会科学报》2018 年 4 月 18 日。

17. 《2016 年山东人才十件大事》，齐鲁网，2016 年 1 月 17 日。

18. 《刘家义在山东省全面展开新旧动能转换重大工程动员大会上的讲话》，载《大众日报》2018 年 2 月 22 日。

第八章
健全新旧动能转换的体制机制

推动新旧动能转换，是实现山东经济转型升级、经济可持续发展的重要途径。制度创新是补齐短板，缩小差距，领先发展的关键。刘家义书记曾经讲到，当前山东最大的短板就是有效制度供给严重不足，一定要牢牢把握住制度创新这个最根本、最关键、最核心的问题，尽快补齐短板、加固底板，以制度创新推动改革发展。因此，必须要推动体制机制改革，强化顶层设计、系统谋划和协同推动，构建促进新动能加快成长、传统动能改造提升的政策体系和制度环境，大幅提高资源配置效率和全要素生产率。

第一节　体制机制创新对新旧动能转换的作用

体制机制属于制度范畴，制度属于上层建筑，对经济发展起着非常重要的作用。合理的制度安排能够促进经济的发展，不合理的制度安排就会阻碍经济的发展。

一、制度创新与新旧动能转换的关系

制度是现代经济发展的规则动能，制度创新是经济发展最大、最根本的动力。制度经济学认为，制度决定人的行为和资源配置，进而影响经济绩效。新旧动能转换既需要制度创新来推动，也需要制度创新来保障。推动新旧动能转换要更多的靠创新，这就需要有一套真正能够激励、引导、保护创新的体制机制。

（一）新经济新动能更需要制度来保障

与传统经济基本依靠硬性的生产要素投入不同，新经济新动能不仅仅跟科

技进步和信息化水平联系密切，更重要的是更依赖于制度与理念创新这些软性的因素。培育新动能，从根本上说要依靠创新，新旧动能转换需要更多地启用科技人才，更多地发展高新技术产业和金融、创意、教育、文化、电子网络等现代服务业，而这些产业都属于制度密集型产业。所谓制度密集型产业，即对制度环境敏感的产业。由于这些产业交易的频度比较高，交易的合同或契约会比较多；在生产或交易过程中涉及的人比较多，道德风险也比较大。所以，这些产业高度依赖于制度对产权的保护和对合同法的执行效果。这些产业的沉淀资本少，流动性大，也是它们对制度环境敏感的一个重要原因。[①] 如果说制度环境为传统经济发展提供了产权激励和保护，那么对于新经济新动能而言，制度环境则起到了更为关键的培育与启动作用。跟传统经济相比，新经济新动能发展的影响因素更多，不确定性更强，规模效应更大，对产权激励和保护的要求更高。在现代经济中，资本、劳动力、资源等传统因素对经济发展的影响远弱于制度环境。制度之所以能够对经济增长和经济发展有较大影响，是因为好的制度能够有效地降低交易成本、减弱不确定性、保护创新收益。因此要推动新旧动能转换，必须要有一个鼓励创新、保护竞争、明晰产权、容忍失败的制度环境。

（二）制度创新推动新经济新动能的培育和发展

新动能的中的“四新”——新技术、新产业、新业态、新模式，需要制度创新来培育和推动。一是通过制度创新，保护各种创新，形成可复制的创新经验，对创新的成果进行制度保护，从而促进创新者的收益和创新成果的推广应用。二是通过制度创新，充分发挥市场“看不见的手”和有效发挥政府“看得见的手”的作用，让市场在创新资源的配置中起决定性作用，为创新提供市场激励，加大创新成果的转化和应用。三是通过制度创新来加大基础研究投入，从而提升我国的核心技术和关键技术，为基础研究提供良好的制度环境。四是通过制度创新如财政、金融制度等制度创新，引导创新的方向[②]，形成创新激励，为创新营造良好的环境和氛围。只有好的保护创新的制度，创新才能成为经济发展的第一动力，才能推动“四新”，促进“四化”，真正实现新旧动能接续转换。

（三）制度对新旧动能转换的影响机制

政府层面的制度创新主要是为新旧动能转换提供制度环境和市场环境保

① 张清津：《新旧动能转换重在提升制度竞争力》，载《中国社会科学报》2018 年 4 月 18 日。

② 李增刚：《新旧动能转换需要技术和制度双重创新》，载《国家治理》2018 年第 6 期，第 12 页。

障，营造新旧动能转换的良好环境氛围。通过制度创新，主要是通过体制机制改革，破解制约新动能成长和传统动能改造提升的体制机制障碍、培育壮大经济发展新动能、加快新旧动能接续转换。制度创新可以通过激励、约束机制影响微观主体的投资、消费、创新创业等行为来作用于新旧动能转换。政府的制度创新主要通过从管理机制、市场监管机制、资金支持机制和用人机制四个方面分别对新旧动能转换提供服务、市场资金和人才保障。

政府管理制度创新改进对企业、高校、科研院所、创新创业者等市场主体的服务，对相关的法律法规和政策进行适时的动态调整，主动适应培育新动能和提升改造传统动能的需要，进一步提高行政审批效能，提高服务标准，营造一个有利于创新创业、新旧动能转换的营商环境。

财政、金融等政策创新，通过财政转移支付、税收减免、信贷支持、设立引导基金等形式，从资金角度支持新技术、新产品、新业态、新模式等新动能的培育，同时也支持传统产业的技术改造、落后产能的退出，促进传统动能升级。

政府可以通过市场监管制度创新，加强政府的宏观调控，充分发挥“看得见的手”的作用，同时充分发挥市场机制“看不见的手”的作用，激发市场活力，让市场在资源配置中起决定性作用，推动各种要素向创新领域配置，提高资源配置效率，促进创新成果的转化应用，促进新动能的培育和传统动能的转型升级。

完善人才制度，进一步改革和完善培养人才、引进人才和使用人才的机制，构建人才创新创业的激励机制，激发人才创新创业热情，为新动能培育和旧动能转换提供人才支撑。

总之，各级政府所进行的一系列的制度和政策改革，目的就是破除当前阻碍新旧动能转换的体制障碍，为新旧动能转换提供一个良好的制度环境，形成良好的市场环境。制度是新旧动能转换的保障，只有不断进行制度创新，才能保障新旧动能接续转换，为经济发展提供动力。

二、以制度创新为新旧动能转换提供改革动力

十八届三中全会以来，以推进国家治理体系和治理能力现代化为目标导向的制度改革，廓清了我国全面深化改革的主攻方向和基本路径。党的十九大提出要着力构建市场机制有效、微观主体有活力、宏观调控有度的经济体制，不断增强我国经济创新力和竞争力。处理好政府与市场关系，充分发挥市场对资

源配置的决定性作用和更好发挥政府作用，切实转变政府职能，大力推进简政放权和减税降费，打破垄断，放松管制，将工作重心置于提升公共产品和公共服务的质量与效率，为企业创新和市场竞争塑造法治、公平的国际化营商环境，是当前及今后一段时期制度层面动能供给的重中之重①。山东推动新旧动能转换，就要按照十九大提出的要求，积极落实，推动体制机制改革创新。

（一）制度创新的导向

1. 市场化与法治化导向

推动新旧动能转换，要摒弃惯性依赖行政命令和行政计划的"指令经济"模式，应以市场为导向，以法治为保障，建立健全以市场和法治为基础的动能转换机制。对落后产能的淘汰退出，不能再采取行政命令的方式，而应通过完善市场环境、促进公平竞争、强化审慎监管，在法治规则下通过市场机制的作用实现落后动能的淘汰，以及生产要素的流动与配置，提高资源配置效率。在新动能的培育上，政府主要通过优化服务、完善公共产品、加强政策引导，营造新动能培育的良好环境。

2. 公平性与差异化导向

对新旧动能转换的规则和政策供给，要采用一视同仁的公平性与区别对策的差异化相结合。对让市场对资源配置起决定性作用的领域，特别是市场有效竞争领域，要采用公平原则，各市场主体公平竞争，政府的作用主要是通过制定市场规则营造公平的市场环境，不要过度干预，不能"越位"。而对于市场失灵的领域，例如公共产品，应实施以实质公平为核心的"授权"规则体系，做到具体情况具体对待的有效作为，防止政府"缺位"。

3. 结构性和系统性导向

新旧动能转换，本身就是经济结构的优化调整，因此要求政策的规则和政策对结构调整进行引导和支持。由于新旧动能本身就是一项系统工程，新旧动能转换的政策和法规也是具有系统性的。因此，针对新旧动能转换政府的法规与政策的制定，也要遵循结构性和系统性原则。

（二）体制机制创新的主要内容

影响新旧动能转换的体制机制障碍，主要表现为：官、产、学、研、企等

---

① 张文、张念明：《供给侧结构改革导向下我国新旧动能转换的路径选择》，载《东岳论丛》2017 年第 12 期，第 98 页。

五大主体之间在新旧动能转换方面的合作机制还不畅通，新旧动能转换的跨界合作和联合推动机制还没有形成；新生产要素的市场配置机制不健全，还存在价格扭曲现象，影响全要素生产率的提升；新旧动能转换的考核激励机制不完善，政策的引领和导向作用不明显；行政运行机制流程不通畅等。①

体制机制创新的核心就是要处理好“有效市场”和“有为政府”之间的关系，形成适应新旧动能转换的宏观调控体系；目标就是营造有利于培育新动能、改造提升传统动能的制度和政策环境。按照中央要求，山东要持续深化商事制度、投融资体制、财税体制、金融体制、价格体制、要素市场化配置、科技体制、包容审慎监管等领域的改革，用政府权力的“减法”，换取市场活力的“乘法”，破解经济发展和结构失衡难题，大力发展新兴产业，改造提升传统产业，提升全要素生产率，切实让市场在新旧动能转换进程中发挥决定性作用。②

1. 深化推进简政放权，继续推进“放管服”改革

建设包容创新、审慎监管、运行高效、法治规范的服务型政府，打造最优营商环境。（这部分内容上一章已经论述，本节不再赘述）

2. 完善市场体系，培育市场主体，营造良好的市场秩序

山东省的市场配置作用较弱。新生产要素的市场配置机制不健全，还存在价格扭曲现象，影响全要素生产率的提升。习近平总书记在 2018 年 1 月 30 日中央政治局第三次集体学习时强调：“建设现代化经济体系，要建设统一开放、竞争有序的市场体系，实现市场准入畅通、市场开放有序、市场竞争充分、市场秩序规范，加快形成企业自主经营公平竞争、消费者自由选择自主消费、商品和要素自由流动平等交换的现代市场体系。”破解新旧动能转换的体制机制障碍，要探索知识、技术、信息、数据等新生产要素的市场配置机制和运行机制，建立创新引领新旧动能转换的体制机制，打破地域分割和行政垄断，清理废除妨碍统一市场和公平竞争的各种规定和做法。

3. 构建新旧动能转换政策体系

要深化财税体制和金融体制改革，用足用好留底退税等税收减免优惠政策，强化税收引导、财政激励功能，要解决金融供给不足问题，引导金融回归服务实体经济本源，促进经济和金融良性循环、健康发展；当前尤其值得警惕的是，在新旧动能转换专项资金使用和项目审批中，千万不能使新旧动能转换

---

① 余东华：《新旧动能转换必须突破五大障碍》，载《大众日报》2018 年 3 月 14 日。

② 宋瑞礼：《找准新旧动能转换的着力点》，载《经济日报》2018 年 5 月 17 日。

重大战略和重大工程落入“俗套”，变成地方政府和企业来省里抢项目、抢资金的大水漫灌式的经济刺激计划。

第二节　充分发挥市场的作用

推动新旧动能转换，创新体制机制，其中重要的一点就是要充分发挥市场的作用，激发市场活力，让市场在资源配置中起决定性作用，切实提高资源配置效率。

一、创新市场主体健康发展机制

（一）深化国有企业改革

党的十八届三中全会以来，山东省国有企业改革发展取得重要进展，但企业体制机制活力不足、国有资本布局结构不优、国有经济发展质量效益不高等问题仍然突出。要发挥国有企业在新旧动能转换中的引导和带动作用，迫切需要加大改革力度，加快改革步伐，强化改革牵引作用，深入落实好山东省加快推动国有企业改革的十条意见。力争到2020年，全省国有企业基本形成规范完善的现代企业制度、灵活高效的市场化经营机制、以管资本为主的国资监管体系、科学合理的国有资本布局结构，使国有经济的活力、控制力、影响力、国际竞争力、抗风险能力明显提高。

1. 优化国有资本布局结构、加快国有企业转型升级步伐

推动国有资本向高端装备制造、高端化工、信息产业、能源原材料、海洋经济、现代农业、文化产业、医养健康、旅游产业、现代金融等“十强产业”集聚，汽车、医养健康、文化旅游、金融、基础设施等领域重组整合稳步推进。制定国有资本投资负面清单，严控新增投资项目进入产能严重过剩行业、高风险业务和低端低效产业，推动国有资本从劣势企业退出。推动山东省国有企业与中央企业、世界500强企业、国内优秀民营企业等行业领先企业开展合资合作，大力实施开放式、市场化、国际化并购重组，建立健全信息发布、工作推进和激励保障机制，促进资本、技术、人才等资源要素优势互补。培育发展世界一流企业工作规划，支持推动省属企业争创具有全球竞争力的世界一流企业。

2. 积极稳妥发展混合所有制经济

积极发展国有资本、集体资本、非公有资本等交叉持股、相互融合的混合所有制经济，开展地方国有企业混合所有制改革试点，探索分类分层推进混合所有制改革的路径模式。在大众创业、万众创新的大环境下，创新“混改”模式。一是探索实行国有资本优先股制度，在保障优先股股东基本权利基础上，对具有一定优势的其他股东让渡部分决策管理权力。探索改制企业根据资产体量和合作方出资规模的大小，将资产评估增值部分设置为优先股；二是允许拥有先进技术、先进管理经验的战略投资者，在一定期限内采取合理的分期出资等方式，提前介入经营；三是支持投资者通过附带购买股权的资产租赁、承包经营等方式参与国有企业混合所有制改革；在少数特定领域探索建立国家特殊管理股制度，依照相关法律法规和公司章程规定，行使特定事项否决权，保证国有资本在特定领域的控制力。

在国有控股混合所有制企业可以试点的基础上，已完成或拟实施混合所有制改革的企业，允许经营管理层、核心技术人员和业务骨干出资入股；鼓励省属国有企业新上项目、新设企业与外部投资者、项目团队共同设立混合所有制企业，开展员工持股试点。允许人才资本和技术要素贡献占比较高的转制科研院所、高新技术企业、科技服务型企业、现代服务企业和创投类企业员工持股。拟持股的管理层人员，不得参与改制方案的制定。“员工”持股是“经营管理层、核心技术人员和业务骨干”持股，而非之前的“全员持股”。建立健全股权流转和退出机制。

3. 加快现代企业制度建设

加快建设有效制衡的公司法人治理结构和灵活高效的市场化经营机制，规范董事会建设，推进契约化高管人员向职业经理人转变。探索建立外部董事、专职监事、职业经理人培训考核制度。深化企业内部改革，全省国有企业实质性管理层级原则上压缩到三级以内，基本建立以合同管理为核心、岗位管理为基础的市场化用工制度。

探索构建多层次多元化正向激励体系。深化业绩考核激励制度改革，制定优化省管企业经济增加值考核意见，探索引入第三方评价机制。制定契约化高管人员薪酬管理指导意见、省管企业上市公司奖励基金激励办法、上市公司股权激励操作指引及工资总额预算管理办法，推动符合条件的省管企业建立实施企业年金制度。

4. 完善国有资产管理体制

进一步完善国有资产管理体制，改革国有资本授权经营体制。建立监管权力清单和责任清单，改组组建国有资本投资公司、运营公司。加强国有资产保值增值、防止流失监管，改进内部流程管控刚性约束，健全重大决策责任追究机制。做大做强新旧动能转换省级服务平台公司，完成省社保基金理事会所持有的20%国有股权划转山东国惠公司（山东国惠将打造成为政府引导、市场运作、运营高效的新旧动能转换战略支撑和服务平台）。

（二）支持民营经济发展

民营经济是国民经济的重要组成部分，是社会活力的重要源泉。民营企业蕴含着新动能的巨大潜力，广大民营企业家是创业创新的主体，是推动新旧动能转换的重要力量。因此，要发挥民营经济在新旧动能转换中的重要支撑作用，政府要积极支持民营经济发展。

1. 营造公平竞争、统一开放的市场环境

按照“非禁即准”“非限即许”的原则，通过全面实施“负面清单”制度，大幅放宽民营资本进入限制。消除非公有制经济主体进入电力、电信、铁路、油气、市政公用、养老、教育等领域的不合理限制和隐性壁垒，大力发展政府和社会资本合作（PPP）等模式，支持民营资本通过资产收购、产权受让、参股控股、合资合作等方式，参与混合所有制改革，除国家规定必须保持国有资本控股的企业外，可允许民营资本控股。设立民间资本投资项目库，形成向社会公开推介项目的长效机制。建立健全公平竞争机制，清理废除妨碍统一市场和公平竞争的各种规定和做法，使各类企业依法平等使用生产要素、公平参与市场竞争、同等受到法律保护。

2. 加快完善现代企业制度

积极推进“个转企”、加快“企升规”步伐、有序推进规范化公司制改制。引导民营企业以股份制改造为重点，完善法人治理结构，创新民营企业经营模式，提升数字化、信息化、网络化水平，促进民营企业向科学化、现代化管理方向发展。优化企业组织结构。开展民营企业股份制改造规范试点，加强政策倾斜，在费用减免、手续简化、税收优惠等方面给予支持，引导民营企业推进多种形式的股份制改革，完善法人治理结构，健全内部激励约束机制，推动民营企业由传统家族式管理向现代企业制度转变。[①] 健全完善企业管理制度，依法规范劳动用工管理。充分发挥企业品牌带动、质量推动和规模经济作

---

① 高福一、孙明霞、张磊、翼晓群、张青：《山东省民营经济发展调研报告》，载《行政大观》2015 年第 6 期，第 42 ~47 页。

用，为企业挂牌、上市打下坚实基础。建立和落实重大事项论证和决策机制、内部制衡和风险控制机制，强化战略管理、基础管理、成本管理、财务管理和风险管控。实现企业产权多元化、治理规范化、管理科学化。

3. 加大扶持力度

政府加大对民营企业的扶持强度，落实企业改制、兼并重组、产业升级等税收优惠和奖励政策，鼓励民营企业更加积极地开展研发创新和技术升级，支持民营企业积极参与国家科技计划、重大科技项目。政府应扶持民营企业加大科技投入，以建立面向民营企业转型升级基金等方式，支持民营企业的转型升级项目，扶持科技含量高、发展前景好、具有明显带动作用和示范作用的重大项目和符合国家产业政策的重点行业的民营企业转型升级，并成为推进山东经济转型升级的重要驱动力。加快推进中小企业服务体系和信用担保体系建设，全面推进小微企业“双升”战略。民营企业融资方面，要改善面向民营企业的间接融资服务，推动各金融机构信贷资金向民营企业倾斜；支持民营企业拓宽直接融资渠道，扩大直接融资规模；大力发展创业投资、私募股权投资等类投资机构，引导社会资金更多关注高新技术产业领域的民营企业。

二、创新要素市场配置机制

习近平总书记指出：“理论和实践都证明，市场配置资源是最有效率的形式。”[①] 要素市场化配置是完善社会主义市场经济体制的关键。市场经济体制的有效运行，完备的市场体系是其先决条件。市场体系是相互联系的各类市场的有机统一体，不仅包括消费品和生产资料等商品市场，也包括土地、资本、劳动力等生产要素市场。市场在资源配置中起决定性作用，前提是要形成统一、竞争、有序、开放的市场体系。生产要素的市场化程度，是市场在配置经济资源中发挥决定性作用的核心。只有生产要素层次的市场化改革得以真正深入，逐步提高生产要素价格市场化的程度，才能发挥市场决定配置资源的有效功能，才能增加市场决定的有效供给，提高资源配置效率和供给质量。因此，要推动新旧动能转换，必须要稳步推进要素市场化改革，创新要素市场配置机制。

（一）加快要素市场配置，构建配套要素交易市场体系

要素的市场化配置首先要求存在完备的生产要素市场，从而使各种生产要

① 习近平：《关于〈中共中央关于全面深化改革若干重大问题的决定〉的说明》，新华网，2013年11月15日。

素同等地进入市场。浙江海宁在原有公共资源交易中心基础上，组建浙江江南要素交易中心作为公共资源交易平台，成为全省首家县级市综合性要素交易所，将国有土地交易、国有产权交易、农村集体产权交易、排污权、企业用能总量指标、工程建设项目招投标、政府采购进行整合，建立规划统一、公开透明、服务高效、监督规范的要素交易平台体系，对外公开发布交易信息，实现信息与资源共享与公平交易，确保要素能够从过剩供给领域快速转移到更有需求的领域。从山东的情况来看，有些地方已经建立了一些要素交易平台，但大多存在要素品种不完整，交易市场机制与制度设计不完善，要素不能跨区交易等问题。要鼓励各地整合现有要素交易中心、公共资源交易平台、产权交易所等相关机构，在建立自己完善的要素交易平台的基础上，再将土地、排污、用能、科技、金融、人才、知识、信息、数据等要素交易都统一到一个市场体系中来，统一发布信息。推动数据资源开放共享，完善政府信息公开和企业信息披露制度。同时，可以在省级层面建立跨行政辖区的省级要素交易平台，允许跨行政区域进行交易，降低交易成本，构建规则统一、公开透明、服务高效、监督规范的公共资源交易平台体系，形成统一开放、竞争有序的大市场。

根据党中央、国务院统一部署，山东将有序开展国有建设用地使用权转让、出租、抵押二级市场试点，创新国土资源节约集约方式。经山东省人民政府依法委托，济南、青岛、烟台市人民政府可行使部分县（市、区）的农用地转用和土地征收方案审批权。

（二）健全资源性产品价格形成机制

目前，像水、电、气、电信这样一些垄断性领域中的物质性的生产要素的价格还没有完全放开。山东可以借鉴浙江海宁的“亩产效益”评价方法，完善资源要素差别化价格政策。在考核评价的基础上，针对不同类型企业，在用地、用电、用能、用水、排污等方面实施差别化的激励和倒逼政策措施。例如，A 类重点扶持类土地使用税减免 80%，用电限额内正常电价；C 类企业不予减免土地使用税，电价限额内每千瓦时加价 0.1 元。在差别化用水方面，对 C 类企业实行差别水价和超计划用水累进加价管理，差别水价执行标准在现行水价基础上每吨水增加 1 元，超计划用水量实行分档累进加价收费。激发了企业通过降低单位能耗、实现产业升级、提高亩产效益的自觉性和主动性。促使要素向优质企业配置，逼退了低效企业和落后产能，挤出了一度被错配、劣配、低效配的资源要素。山东省将建立差别化的资源要素价格形成机制和动态调整机制，对高耗能、高污染和产能过剩行业实施差别价格、超定额累进价格等政策，促进各类资源集约高效利用。

第三节 构建新旧动能转换的政策体系

推动新旧动能转换，要充分发挥“有效政府”的作用。这就必须加大改革创新力度，进一步完善政策体系，释放财税、金融等制度红利，为新旧动能转换提供良好的政策环境。

一、健全财税政策

财税政策是发挥“有效政府”作用的重要政策工具。山东专门制定了支持新旧动能转换的若干财政政策及5个实施意见，切实树立促进新旧动能转换的鲜明导向，推动新旧动能转换重大工程有效实施和经济高质量发展。

（一）构建新旧动能转换的财政体制激励政策[①]

发挥财政政策对新旧动能转换的引导作用，加快形成有利于新旧动能转换和高质量发展的财政体制机制。

一是要建立与新旧动能转换成效挂钩的转移支付分配机制，形成“动能转换越快、成效越大，得实惠越多”的激励机制。二是建立财政收入结构优化奖励机制，对年度税收比重提高幅度超过全省平均水平，增值税、企业所得税、个人所得税等主体税收比重高于全省平均水平，且财政收入保持增长的市，按其上缴省级税收增量部分的一定比例给予分档奖励。三是建立高新技术企业税收增长奖励机制。四是建立重点园区“亩均税收”领跑者激励机制，对确定的182个重点园区，开展以“亩均税收”为主的税收贡献评价，并依据评价结果实施分档激励政策。五是建立“飞地”项目税收利益分享机制。对省内各级政府引导、企业跨区域异地投资建设的重大产业项目，以及承接省外国家重点发展区域的重大产业转移项目，打破行政区域界限，建立项目转出地与转入地主体税收共享制度。六是建立绩效评价与预算安排挂钩机制。着力强化绩效管理，建立绩效和预算安排挂钩机制，切实做到“花钱必问效，无效必问责”。

① 山东省委办公厅、省政府办公厅：《〈关于支持新旧动能转换重大工程的若干财政政策〉及5个实施意见的通知》，2018年8月2日。

（二）完善鼓励创新的财税政策

1. 提升科技创新供给水平

加大应用基础研究支持力度，省财政加大自然科学基金支持力度；聚焦“十强”产业技术领域，省财政持续加大关键共性技术创新投入力度；牵头承担或参与实施国家科技重大专项、重点研发计划项目，对促进新旧动能转换具有重大支撑作用的，省财政择优给予每个项目最高1000万元经费资助；支持山东省氢燃料电池等新旧动能转换重大项目列为央地联合科技创新项目，省市财政以“一事一议”方式确定配套经费，单个项目最高给予1亿元经费配套。

2. 增强创新主体作用

政府可以通过给予企业的创新活动以一定的财政补贴，从而降低企业的创新支出，起到鼓励企业家创新的目的。有学者研究表明，从20世纪80年代以来，西方各工业国政府普遍对创新给予直接的补贴。[①] 财政补贴，和税收优惠两者目的是一样的，但财政补贴意图更明确，方式更灵活。采取适当的财税政策，鼓励企业加大研发投入。全面落实高新技术企业和技术先进型服务企业所得税优惠、研发费用加计扣除、固定资产加速折旧及企业研发投入后补助等财税优惠政策。对企业自主创新的税收优惠政策要覆盖企业自主创新产品的“研发”、“中试”和“产业化”全过程。要积极落实高新技术企业税收优惠政策和促进完善转制院所和科研机构的税收政策，建立和企业之间的联系机制。将企业职工教育经费支出税前扣除限额从2.5%提高至8%，激励企业加大职工教育培训投入。大力支持培育科技型中小微企业，对省级以上孵化器和众创空间培育成功高新技术企业的，省财政给予一次性奖补。实施高新技术企业培育行动计划，将小微企业升级高新技术企业财政补助范围扩大到中小微企业，省财政给予一次性引导补助。支持中小微企业创新竞技五年行动计划。政府可以探索制定高层次人才的税收优惠政策，实施高层次人才所得税优惠政策；适当扩大科技研究开发人员技术成果奖励个人所得税的免税范围；对高等院校、科研机构以股份或出资比例等股权形式给予科技人员个人的有关奖励，可以考虑等到科研成果收益真正到科研者手上时再纳税，而不是一分到股权就交税。

3. 鼓励知识产权创造运用和科技成果转化

支持高价值知识产权创造，提高《专利合作条约》国际专利（PCT）申请单位和个人资助标准，扩大专利创造大户、PCT申请大户奖励范围并提高阶梯

---

① 傅家骥：《技术创新学》，清华大学出版社1998年版，第135页。

奖励标准。完善知识产权质押融资风险补偿政策，扩大省知识产权质押融资财政贴息补助范围，实施企业专利权质押保险补贴政策。省里与济青烟三市联合设立科技成果转移转化发展基金，联动支持济青烟国家科技成果转化示范区建设。对为科技成果转化做出贡献的科技服务机构和平台给予补贴落实支持科技成果转化的税收政策。

此外，在科技创新平台建设，科技人才引进方面，财政也给予较大的支持。

（三）突出财税扶持重点，促进新旧动能转换和产业转型升级

1. 大力支持传统产业转型升级

完善财政贴息、奖补政策，推动全省主导产业骨干企业实施新一轮高水平技术改造。加快推进重点高耗能行业的大调整、大提升，各级财政对因政策原因关闭的企业给予补贴，省财政根据各市任务量和绩效考核情况给予综合奖补。

健全农业支持保护体系。建立健全实施乡村振兴战略财政投入保障制度，公共财政更大力度向“三农”倾斜。设立乡村振兴重大专项资金，集中打造乡村振兴样板区。积极创新财政投入方式，采取以奖代补、先建后补、民办公助、政府购买服务等方式，吸引市场主体加大乡村振兴投入力度。支持构建覆盖全省的政策性农业信贷担保体系，切实解决农业领域融资难、融资贵问题。

2. 大力支持新兴产业发展

加大对新一代信息技术产业、高端装备、新能源新材料、现代海洋、医养健康等五大新兴产业的支持力度。积极培育区块链、人工智能、云计算、虚拟现实、北斗导航、物联网、大数据等新一代信息技术并实现产业化；完善新产品推广应用保险补偿政策，加快高端装备和新材料、高端软件应用推广；支持新能源产业发展，完善新能源汽车和充电基础设施财政奖补政策；推动医养健康产业发展。创新新兴产业政府采购政策，对符合条件的新技术、新产品实行首购制度。深化推进结构性减税降负，有效降减新旧动能转换成本。

山东省设立总规模为6000亿元的动能转换基金，重点支持“十强”产业发展和基础设施建设。充分发挥财政资金的杠杆放大和引导作用，引导金融和社会资本加大对新旧动能转换重点领域的投入，壮大培育新动能，改造提升传统动能。

二、创新金融政策

创新企业融资方式和金融服务模式，引导金融资源配置向经济社会发展重

点和薄弱领域倾斜，推动金融服务普惠化、绿色化发展。

（一）完善创业创新的金融支持机制，建立健全创新创业和科技成果转化投资机制

创新活动是一项需要大量资金投入、风险大的生产性活动。企业家要从事创新活动，有一个重要的现实问题摆在他们的面前：资金的可获得性。对于大型企业而言，资金比较雄厚，向银行申请贷款相对容易，政府对他们的研发活动常有支持性政策，因此，大企业不缺少创新所需资金。而对于中小企业和一些正处在孵化期的创业家，他们资金薄弱，有创新的热情和能力却缺乏资金支持，影响了他们的创新活动。目前，各地都在实施金融政策创新，推动创新创业活动。例如北京市通过创新政府资金投入方式，深化科技金融创新，引导企业加大科技投入，建立起多层次、多渠道的科技成果转化资金投入体系。上海加快建设科技信贷、股权投资、资本市场和科技保险四大功能板块。江苏推进科技支行、科技小贷公司在省辖市和高新区实现全覆盖。浙江推进科技型中小企业贷款保证保险工作，科技企业购买保险公司的履约保证保险，同时政府拿出贷款风险补偿准备金，通过“政府 + 保险 + 银行”的风险共担模式，使无担保、无抵押的科技型中小企业获得银行贷款。借鉴国外和先进省市的经验，山东各级政府应制定鼓励创业创新的金融政策。

1. 政府建立创业、创新投资基金

健全从实验研究、中试到生产全过程的科技创新融资模式。整合省内各类股权投资基金，建立与国家新兴产业创投引导基金、科技成果转化基金等的合作机制，促进省内创新型小微企业加速发展。对于那些创新能力强（可以评估，看他们的团队和历史业绩）的企业，政府可以以投资的方式支持他们的创新活动。

2. 银行创新信贷产品和服务，构建科技信贷的风险市场共担机制

一是针对企业情况，金融机构创新信贷产品和服务方式，开发和推广知识产权和专利权质押贷款、动产质押贷款等一系列创新产品，支持企业进行科研创新。二是创新服务内容和服务手段。银行对优质创新型企业发放研究开发优惠贷款，低息或无息。在确保依法依规、风险可控的前提下，积极运用互联网、物联网、人工智能、大数据、区块链等现代金融科技手段，努力提高金融服务效率和水平。三是金融机构除了提供信贷外，还可以积极帮助企业获取直接融资，降低企业的融资成本。四是由于科技信贷风险较大，降低高新技术产业的融资门槛就要构建科技信贷风险市场共担机制。应当联合银行、证券公

司、投资机构、保险公司、担保机构等将市场风险按比例承担，用市场化的方式解决高新技术产业融资难的问题，加大对新技术、新产业的融资支持力度。

3. 出台担保及风险补偿政策

积极为科技投资提供财政担保、“贴息”资助等融资服务，帮助创业企业家得到研究开发资金。应当出台风险补偿和融资担保补偿政策，对于融资类金融机构的风险损失给予一定的补偿，以鼓励和引导各类金融机构支持创新创业和新旧动能转化重大工程建设。[①]

4. 发展各类风险投资，为创业企业家进行研发活动提供资金支持

特别是要支持天使基金的发展，以支持中小企业的创新活动和实现大众创业、万众创新。要在创新园区吸引风险投资基金公司入驻，让他们参与创业者创业的全过程。

5. 推动发展小微金融，发展科技金融

鼓励银行机构设立小微企业专营机构和专业支行，支持小微企业到区域股权交易市场挂牌，改善对初始创业者的金融服务。加大放松金融业的准入限制力度，鼓励创新，引导小额贷款、民间融资、融资担保、农村合作金融、金融属性交易市场等地方金融组织健康发展。创新发展互联网、大数据、人工智能等金融科技。

6. 增加直接融资比重

支持中小微企业发行企业债、公司债、双创债等债券融资工具，提高直接融资比重。畅通上市挂牌绿色通道，支持符合条件的企业创业板上市。

（二）创新市场化投融资机制

积极推进地方融资平台市场化转型，开展投融资平台存量资产证券化试点。充分利用山东省企业融资服务网络系统，积极发挥山东产权交易中心、齐鲁股权交易中心、蓝海股权交易中心、烟台海洋产权交易中心等权益类交易市场在新旧动能转换中的重要作用，打造专业化投融资服务平台。

建立以互联网为基础，集中统一的不动产权益抵质押登记平台。健全完善知识产权质押登记制度，适当下放质押登记权限，统一质押登记程序和规则，加强知识产权评估行业建设和管理，完善知识产权评估准则体系，加快鉴定、评估等中介机构市场的发展，加强评估行业监管。

---

① 尚小琳：《科技金融助力山东省新旧动能转换智慧产业化》，载《金融经济》2018 年第 6 期，第 156 ~ 157 页。

健全信息平台建设。建立产融信息对接工作机制及网上服务平台，适时发布项目规划、资金需求、在建进度等信息，提高银企双方对接效率。

（三）推动绿色金融加快发展

我国正处于经济发展方式转变和新旧动能转换的关键时期。山东作为国家新旧动能转换综合试验区，要在调整经济结构和转变经济发展方式上先行一步。发展绿色金融，是实现绿色发展的重要措施，也是供给侧结构性改革、推动新旧动能转换的重要内容。山东省委省政府、监管部门和银行机构形成共识：着力推动经济金融绿色发展。绿色金融是指为支持环境改善、应对气候变化和资源节约高效利用的经济活动，即对环保、节能、清洁能源、绿色交通、绿色建筑等领域的项目投融资、项目运营、风险管理等所提供的金融服务。

政府应制定相应的政策，支持银行设立绿色金融事业部或特色分支机构，鼓励符合条件的金融机构探索开展绿色债券、绿色基金和绿色信贷资产证券化等新型金融业务。鼓励和引导各类金融机构开展绿色金融业务，灵活使用财政资金对绿色金融业务进行补贴，充分发挥财政资金的引导作用。也可通过设立绿色金融政策性银行带动各金融机构参与绿色金融业务，发挥政策性银行提供专业化绿色金融业务的规范的示范作用，为金融机构发展绿色金融业务提供有力的参考，并提倡政策性银行为其他金融机构开展绿色金融业务提供必要的担保服务。[①]

将企业环境信息纳入信用信息基础数据库，为金融机构贷款和投资决策提供依据。要通过创新性金融制度安排，引导和激励更多社会资本投入绿色产业，同时有效抑制污染性投资。政府应该制定绿色金融激励机制，对于有突出贡献的企业、机构以及个人，在政策或资金方面予以倾斜，充分发挥政策的导向性作用，鼓励企业绿色发展。强化对企业的环境信息披露，减少信息不对策。鼓励在人民银行备案的第三方评级机构，开发针对环境友好型企业的专属信用评级产品，并将评级结果在金融机构中推广应用。

支持设立各类绿色发展基金，实行市场化运作。地方政府和社会资本共同发起区域性绿色发展基金，支持地方绿色产业发展。支持社会资本和国际资本设立各类民间绿色投资基金。政府出资的绿色发展基金要在确保执行国家绿色发展战略及政策的前提下，按照市场化方式进行投资管理。

发挥能源环境等交易市场平台作用，发展排污权、用能权、水权等环境类

① 李继伟：《我国绿色金融发展探析》，金融时报－中国金融网，2018 年 7 月 9 日。

交易以及相关融资工具。通过专业化担保和增信机制，对在环境信用评价中达到良好和诚信等级的非“两高一剩”工业企业，逐步引导扩大排污权抵质押贷款投放。

第四节　构建城乡融合发展机制

统筹城乡一体化发展，建立健全城乡融合发展的体制机制和政策体系，推进以人为核心的新型城镇化，发展特色县域经济，深入实施乡村振兴战略。

一、推动以人为核心的新型城镇化

（一）推进半岛城市群建设

城市群的分工、合作和竞争决定着未来世界经济、政治的格局，强大的城市群是赢得国际竞争的关键。《国家新型城镇化规划（2014～2020年）》提出，以城市群为主体形态，推动大中小城市和小城镇协调发展。国家深入实施区域发展总体战略，重点实施“一带一路”建设、京津冀协同发展等重大战略，大力推进城市群建设，为山东半岛城市群转型发展带来重大机遇。经过长期的努力，山东半岛城市群建设取得了显著成效，综合经济实力不断增强，区域内、区域间以及与周边区域呈现了融合协调发展的新态势。但与国内外先进城市群相比，山东半岛城市群在整体发展水平、作用发挥等方面还存在差距，仍有较大潜力可以挖掘。要大力提高山东半岛城市群开放发展和一体化发展水平。

城市群的空间结构为“两圈四区、网络发展”。“两圈四区”即济南都市圈、青岛都市圈和烟威、东滨、济枣菏、临日四个都市区。济南都市圈重点突出省会城市优势，强化与周边淄博、泰安、莱芜、德州、聊城等城市同城化发展，建设成为半岛城市群向中西部拓展腹地的枢纽区域。青岛都市圈重点发展蓝色经济，协同潍坊等城市一体发展，建设陆海统筹、具有较强国际竞争力的都市圈。积极培育发展烟威、东滨、济枣菏、临日四个都市区，推动区域设施共建、市场共育、服务共享、环境共保。加快提升沿海城镇发展带，优化培育济青聊、京沪、滨临、烟青、德东、鲁南等发展轴线，构筑“一带多轴”网络体系。引导城市群人口有机集聚。根据资源环境承载力和生产力布局特点，以都市圈（区）为主要载体，统筹推进人口市民化。到2020年，济南、青岛迈入特大城市行列；临沂、烟台、淄博、济宁、潍坊进一步壮大规模，枣庄、威海、德州等8个城市发展成为大城市。极化县城发展，形成15个左右城区人口超过50万的中等城市，35个左右城区人口20万～50万的城市，30个左右城区人口20万以下的城市。培育10个左右新生小城市，创建100个左右特色小镇。推进交通、水利、能源、信息等基础设施建设一体化，加强基础设施的对接和融合，合力构建山东半岛城市群互联互通的区域基础设施网络。推动城市群产业协同发展。优化城市群产业结构，大力发展高端制造业，做大做强现代服务业，推动传统产业转型升级，着力构建错位发展、分工协作的产业体系。实施创新驱动战略，加快建设山东半岛国家自主创新示范区，实现“山东制造”向“山东创造”转变。以产业园区为载体，引导产业集聚发展，加快建设协同创新、合作共赢的现代产业集群。积极推进产城融合，引导产业发展与城镇扩容良性互动，支持有关城市建设国家级产城融合示范区。①

（二）推进农业转移人口市民化

新型城镇化是一种完全的制度创新，是传统城镇化中积累的种种问题和矛盾衍生出的诱致型制度创新和政府主导的从上至下的强制性制度创新的综合体。户籍制度改革是新型城镇化的基本制度创新，按照国家统一部署，各地区应因地制宜地以户籍制度改革为切入口，逐步放松农村居民户口迁移条件，最终实现社会保障体系的全面改革和农民工的市民化。各个城市应在国家宏观政策指引下，综合考虑城镇综合承载能力，有序地逐步放开落户限制。各地市应进一步提高人口登记制度的信息化、电子化水平，逐渐构建融合就业失业登记、社会保障、计划生育等社会基本公共服务为一体的综合信息交换和服务平台。全面实施财政转移支付、省级投资基金安排、城镇建设用地增加规模同农业转移人口市民化挂钩的“三挂钩”政策，稳步实现城镇基本公共服务常住人口全覆盖。各地市还应因地制宜，逐步缩小城乡福利差距，改变社会公共服务和基本社会保障的“城乡二元化”格局。济南、青岛等大城市可率先作为试点城市，在不断扩大社会保障和公共服务覆盖范围和对象的基础上，规划设计城乡统一的社会保障制度和公共服务体系，确保城乡居民均能分享包括基本教育、医疗、就业、文化等方面的社会公共服务和福利。其他中小城市应进一步提高城镇和乡村的公共服务水平和范围，为城乡一体化创造有利条件和外部

① 参照《山东半岛城市群规划（2016～2030年）》。

环境，条件成熟后，再实现完全的城乡基本公共服务和社会保障一体化。①

（三）推动智慧城市、海绵城市建设

智慧城市是运用物联网、云计算、大数据、空间地理信息集成等新一代信息技术，促进城市规划、建设、管理和服务智慧化的新理念和新模式。是信息化、工业化和城镇化的深度融合。建立在物联网、互联网、云计算、大数据、遥感遥测等新一代信息技术基础上的智慧城市，不仅可以带来研发、生产、管理、服务效率的提高，还可以打破时空限制，实现生产生活要素有机组合，使城市的公共服务资源向乡镇延伸和覆盖，让城市管理更加科学，居环境更加优美，产业结构更加高效，城乡发展更加均衡，进一步提高城镇化的质量与内涵。山东积极进行智慧城市试点，已有26个城市列入国家智慧城市试点。截至2017年4月，山东所有的地级城市和70%以上的县级城市提出了建设智慧城市的规划目标，53个县级以上试点示范建设了一批智慧照明系统、公共安全管理、数字化城管等项目，覆盖交通、市政、教育、应急等20多个领域②。目前，正在建设山东网信智慧城市产业园。智慧城市建设通过共享、共建，建设大数据中心，促进部门之间的信息共享互通，能够推出更好的、更有效的、便民的、便企的、便于社会运行的服务和管理，提高社会管理和经济运行的水平。

海绵城市建设，可助推城市功能品质的提升。山东省要重点建设海绵型建筑与小区、海绵型道路与广场、海绵型绿地与公园建设、城市水系保护和生态修复、城区黑臭水体整治。各地要通过“渗、滞、蓄、净、用、排”等措施，将至少75%的降雨实现就地消纳和利用，逐步实现小雨不积水、大雨不内涝、水体不黑臭、热岛有缓解的目标。推进基础设施扩容量，全面推进海绵城市建设，在城市规划建设管理各个环节落实海绵城市理念，不断增强综合承载力和宜居性。

二、大力发展特色县域经济

习近平总书记在党的十八届五中全会上所作的《中共中央关于制定国民经济和社会发展第十三个五年规划的建议》中明确提出要发展特色化县域经济。

---

① 黄涌、王新娜：《自主新驱动型山东省新型城镇化的发展路径研究》，载《经济师》2016年第2期，第183~186页。

② 《山东省新型智慧城市建设加速》，载《中国智慧城市论坛》2017年4月25日。

山东省县域经济发展总体水平多年来一直位列全国第一梯队，但与江苏、浙江两个龙头省份相比，在反映经济质量效益以及人均相关指标上，山东县域还有很大的潜力和发展空间。对标苏、浙、粤，苏、浙、粤很多县域依托自身产业基础和资源禀赋，不求全和大，只求专和强，因地制宜，通过打造专业化、集约化、链条化水平较高的产业集群，形成了特色鲜明的县域经济发展格局，为县域经济发展奠定了坚实的基础。从山东省县域经济发展情况看，产业结构雷同，特色不明显，这种同质化竞争造成了资源浪费和效益低下，不利于县域经济核心竞争力的提升，这也是山东省县域经济发展亟须解决的突出问题。为此，山东省 2018 年 7 月出台《关于加快县域经济健康发展转型发展的若干意见》，提出大力发展特色县域经济的举措。

（一）以发展特色产业提升县域经济

开展新一轮县域经济提升行动，推动县域融入毗邻区域中心城市主导的产业分工体系，引导县域特色主导产业绿色化、品牌化、高端化、集群化发展，做大做强园区经济、民营经济、开放型经济。一是各县域优选确定 1 ~ 2 个特色主导产业，开展县域特色产业集群转型升级行动。二是鼓励县域利用资源禀赋优势实现差异化发展，提出沿海县域要巩固提升传统海洋优势产业、培育发展海洋高技术产业，支持具有产业、生态、文化、旅游等基础的乡（镇、街）、产业园区，打造创新引领、主业突出、宜居宜业宜游的特色小镇。三是支持县域品牌高端化，提出支持县域充分发挥各方面优势，开展品牌示范区等创建和认定。

（二）深化改革

扩大县域经济社会管理权限，在转移支付、土地供应、资金筹措、人才支持、项目建设等方面向县域重点倾斜。规范建设用地指标供应，提出设区市人民政府确保建设用地年度指标及时、足额落实到县域。开展土地征收制度和农村集体经营性建设用地入市、宅基地制度“三权分置”改革试点等，进一步加强最优制度供给、释放最大活力。推进县域开发区体制机制创新，支持有条件的县域开发区不断提升。

三、深入实施乡村振兴战略

习近平总书记在党的十九大报告中明确提出实施乡村振兴战略，在中央农村工作会议上深刻阐述了什么是中国特色社会主义乡村振兴之路，怎样走好中国特色社会主义乡村振兴之路，这是党中央着眼于全面建成小康社会、基本实现现代化、全面建设社会主义现代化国家作出的重大战略决策。习近平总书记参加十三届全国人大一次会议山东代表团审议时，就实施乡村振兴战略特别是推动产业振兴、人才振兴、文化振兴、生态振兴、组织振兴和乡村振兴健康有序进行作出重要指示，要求山东充分发挥农业大省优势，打造乡村振兴的齐鲁样板，为山东省做好乡村振兴工作，指明了前进方向，提供了根本遵循，注入了强大动力。山东省委、省政府深入贯彻党的十九大和十九届二中、三中全会精神，坚决落实习近平总书记对新时代山东工作的总要求，以及关于实施乡村振兴战略的重要指示，山东省委省政府 2018 年 5 月专门出台了乡村振兴战略规划及具体的工作方案，咬定“走在前列”目标定位不动摇不放松，以实际行动打造齐鲁样板，奋力谱写新时代乡村全面振兴山东篇章。

（一）推动乡村产业振兴

产业振兴是乡村振兴的物质基础。深入开展质量兴农行动，深化农业供给侧结构性改革，积极推动农业“新六产”发展，不断提高农业创新力、竞争力和全要素生产率，加快农业新旧动能转换，率先实现农业现代化。

农业发展的根本出路在于科技，推动农业科技创新重大工程建设，构建面向现代农业发展、具有国内领先水平和国际较强竞争力的新型农业科技创新体系，以科技创新引领农业高质量发展。山东农业科技有比较好的优势，2017 年全省农业科技进步贡献率达到 63.27%①。下一步要深入实施创新驱动发展战略，推动农业科技创新和成果转化，给农业插上科技的翅膀，提升农业的品质。促进互联网 + 农业，推动一二三产融合发展，推动终端型、体验型、智慧型、循环型新产业新业态“四型发展”，促进产业链相加、价值链相乘、供应链相通“三链重构”，构建全环节提升、全链条增值、全产业融合的现代农业产业体系、生产体系、经营体系。推动农业产业结构优化升级，做大做强现代农业。

（二）推动乡村人才振兴

要实现乡村振兴，就要强化人才支撑，把人力资本建设放在首位，加强人才队伍建设。一是要培育新型农民，按照现代农业的特点和要求，培育爱农

① 《山东省新旧动能转换现代高效农业专项规划（2018～2022）》，2018 年 7 月 20 日。

业、懂技术、善经营的新型职业农民。二是加强农村实用人才培养，推进“齐鲁乡村之星”工程，加大选拔优秀农村实用人才力度，创新培训方式，让更多的优秀人才脱颖而出。三是加强专业技术人才队伍建设，推动农村科技进步。四是吸引社会各类人才到农村创新创业。实施新型农业经营主体提升工程。

（三）推动乡村文化振兴

要以乡风文明为保障，坚持物质文明和精神文明一起抓，培育文明乡风、良好家风、淳朴民风，促进文化兴盛，提振农村精气神，加快形成齐鲁乡村文明新风尚。一是要持续开展乡村文明行动，全面提升农民文明素养，倡导树立乡村文明新风，广泛开展文明创建活动。二是要强化农村文化服务，推动城镇公共文化服务向农村延伸，使更多资源向农村和农民倾斜。加强乡村公共文化载体建设，提高文化产品和服务供给质量，培育壮大乡村文化队伍。三是弘扬乡村优秀传统文化，传承发展儒家文化、农耕文化和红色文化。把优秀传统文化融入乡村生产生活，形成良性乡村文化生态。充分发挥山东传统文化底蕴和红色文化基因的优势，创造性转化、创新性发展乡村传统文化，以现代理念、优秀文化引领乡村振兴。

（四）推进乡村生态振兴

牢固树立绿水青山就是金山银山理念，统筹山水林田湖草系统治理，推动形成绿色发展方式和生活方式，打造农民安居乐业的美丽家园，让良好生态成为乡村振兴的支撑点。持续改善农村人居环境，以垃圾污水治理、改厕和村容村貌提升为重点，开展村庄环境综合整治，加快推进厕所革命和城乡环卫一体化，加强养殖废弃物处理与资源化利用。积极创建美丽乡村。推进农业绿色发展，推进投入品减量化、生产清洁化、废弃物资源化、产业模式生态化，走出一条产出高效、产品安全、资源节约、环境友好的可持续发展道路。加大乡村生态保护与修复力度，完善生态系统保护制度，促进乡村自然生态系统功能和稳定性全面提升，持续改善生态环境质量。

（五）推动乡村组织振兴

健全党委领导、政府负责、社会协同、公众参与、法治保障的现代乡村社会治理体制，坚持自治为基、法治为本、德治为先，发挥好群众组织作用，打造共建共治共享的乡村善治格局。加强农村基层党组织建设，强化农村基层党组织领导核心地位，加强基层党员队伍建设，推进基层党组织制度和作风建设。完善乡村自治制度，推动乡村治理重心下移，尽可能把资源、服务、管理下放到基层，健全和创新村党组织领导的充满活力的村民自治机制。推动法治乡村建设，提升乡村德治水平，以德治滋养法治精神，让德治贯穿乡村治理全过程。

参考文献：

1. 习近平：《关于〈中共中央关于全面深化改革若干重大问题的决定〉的说明》，新华网，2013 年 11 月 15 日。

2. 《中共山东省委山东省人民政府关于推进新旧动能转换重大工程的实施意见》，2018 年 2 月 13 日。

3. 《山东新旧动能转换综合试验区建设总体方案》，2018 年 1 月。

4. 《山东省人民政府关于印发山东省新旧动能转换重大工程实施规划的通知》，2018 年 2 月 13 日。

5. 山东省委办公厅、省政府办公厅：《〈关于支持新旧动能转换重大工程的若干财政政策〉及 5 个实施意见的通知》，2018 年 8 月 2 日。

6. 傅家骥：《技术创新学》，清华大学出版社 1998 年版，第 135 页。

7. 张清津：《新旧动能转换重在提升制度竞争力》，载《中国社会科学报》2018 年 4 月 18 日。

8. 李增刚：《新旧动能转换需要技术和制度双重创新》，载《国家治理》2018 年第 6 期。

9. 张文、张念明：《供给侧结构改革导向下我国新旧动能转换的路径选择》，载《东岳论丛》2017 年第 12 期。

10. 余东华：《新旧动能转换必须突破五大障碍》，载《大众日报》2018 年 3 月 14 日。

11. 宋瑞礼：《找准新旧动能转换的着力点》，载《经济日报》2018 年 5 月 17 日。

12. 高福一、孙明霞、张磊、翼晓群、张青：《山东省民营经济发展调研报告》，载《行政大观》2015 年第 6 期。

13. 傅家骥：《技术创新学》，清华大学出版社 1998 年版。

14. 尚小琳：《科技金融助力山东省新旧动能转换智慧产业化》，载《金融经济》2018 年第 6 期。

15. 李继伟：《我国绿色金融发展探析》，金融时报 - 中国金融网，2018 年 7 月 9 日。

16. 黄涌、王新娜：《自主新驱动型山东省新型城镇化的发展路径研究》，载《经济师》2016 年第 2 期。

17.《山东省乡村振兴战略规划（2018～2022)》，2018 年 5 月。

18.《山东省人民政府关于印发山东省新旧动能转换现代高效农业专项规划（2018～2022 年）的通知》，2018 年 7 月 21 日。